大学之道

新生入学教育

DAXUE ZHI DAO

XINSHENG RUXUE JIAOYU

楼世礼 主编

苏州大学出版社
Soochow University Press

图书在版编目（CIP）数据

大学之道：新生入学教育 / 楼世礼主编. —苏州：苏州大学出版社，2021.8（2022.8 重印）
ISBN 978-7-5672-3682-0

Ⅰ.①大… Ⅱ.①楼… Ⅲ.①大学生—入学教育 Ⅳ.①G645.5

中国版本图书馆 CIP 数据核字（2021）第 161573 号

书　　名：大学之道——新生入学教育

主　　编：楼世礼
责任编辑：周建兰
装帧设计：吴　钰

出版发行：苏州大学出版社（Soochow University Press）
社　　址：苏州市十梓街 1 号　邮编：215006
印　　刷：苏州市深广印刷有限公司
邮购热线：0512-67480030
销售热线：0512-67481020

开　　本：787 mm×1 092 mm　1/16　印张：16.75　字数：397 千
版　　次：2021 年 8 月第 1 版
印　　次：2022 年 8 月第 2 次修订印刷
书　　号：ISBN 978-7-5672-3682-0
定　　价：49.00 元

若有印装错误，本社负责调换
苏州大学出版社营销部　电话：0512-67481020
苏州大学出版社网址　http：//www.sudapress.com
苏州大学出版社邮箱　sdcbs@suda.edu.cn

前言

十年寒窗苦泛舟，终得梅花扑鼻香。

感谢你们选择了南昌交通学院（原华东交通大学理工学院），带着对未来美好的憧憬，跨入了大学校门，从此与南昌交通学院结下不解之缘，开始了新的人生航程。作为即将陪伴你们成长的朋友，很高兴与你们一起分享丰富多彩的大学生活。

如果说高中生活只是人生图景的底稿，那从现在起，你们就要开始浓墨重彩地描绘这幅杰作了。对刚刚步入大学校园的你们来说，这是你们放下高考的重担，开始追逐自己的理想；这是你们第一次离开家庭的港湾，开始独立的求学生活。大学是人生的一个重要阶段，它像一个梦工厂，描绘着你们的未来，编织着你们的梦想。但是，当同学们沉浸在对大学生活和美好未来憧憬之中时，却有同学可能由于对新环境缺乏心理准备，而感到困惑、迷茫、空虚、无所适从，一时无法确立新的目标，无法找到现实自我的准确定位，以至于对过去的自我、理想的自我进行否定，从而导致生活、学习的不适应。环境和角色的变化，使你们打破了先前对大学生活所怀有的浪漫梦幻，而丧失信心和斗志。

为了能更好地帮助入学新生顺利完成角色转变，更快地适应大学的新生活，避免由于不适应新的、独立的生活而产生心理问题，我们组织了长期从事学生工作的教师编写了此书。本书内容涵盖了大学情况介绍及大学阶段的学习、生活、教育实践等各个主要方面，具体包括初识大学，走进我的大学，我的大学生活，我的大学学习，我的大学活动，我的大学管理，大学生之安全教育，大学生之诚信、感恩、廉洁和励志教育，大学生之礼仪和养成教育。我们希望通过本书的引导，帮助同学们了解大学，了解南昌交通学院，认识大学的生活、学习和活动，学会抓住机遇，学会做人、做事、做学问，学会规划自己的大学生涯，走向成功。

长风破浪会有时，直挂云帆济沧海。亲爱的同学们，学海悟道，请拿出你们的激情与豪迈投入大学生活中来吧！让我们揽万卷文采，汲百代精华，踏实地走好每一步，共同携手，在南昌交通学院的沃土中生根、发芽、成长、成才，谱写壮丽的青春之歌！

编　者

CONTENTS

目 录

第七章 大学生之安全教育

第八章 大学生之诚信、感恩、廉洁和励志教育

第九章 大学生之礼仪和养成教育

第一章　初识大学

"大学之道，在明明德，在亲民，在止于至善。"

——《礼记·大学》

步入大学校园，首先必须要了解大学的由来、功能和精神，并认真回答“什么是大学”。这是一名大学生在开始大学生活之前必须要认真回答的一个先导性问题。对这个问题的认识和回答，直接影响着大学生如何度过大学生活。

大学，充溢着智慧的灵性和文化的光芒。读大学，先从认识大学开始。

第一节 大学的由来

大学的由来源远流长，不同的人对“什么是大学”或许有不同的诠释，但总的来讲，对大学的认识和理解是随着时代的发展而不断升华的。

一、什么是大学

关于大学的定义，历来是“言人人殊”。

一曰：“大学者，囊括大典，网罗众家之学府也。”“大学为纯粹研究学问之机关，不可视为养成资格之所，亦不可视为贩卖知识之所。学者当有研究学问之兴趣，尤当养成学问家之人格。”

二曰：“所谓大学者，非谓有大楼之谓也，有大师之谓也。”“一所大学之所以为大学，全在于有好的教授。”

三曰：“大学自古以来就是人类智慧和知识产生、汇集和向外界辐射和散播的场所。随着‘知识’和‘人才’成为社会经济发展的主要动力，被广泛地誉为高素质人才的‘摇篮’和知识创新的‘发动机’的大学，无疑将在21世纪的社会中发挥空前重要的作用，从昔日处于社会的边缘走向社会的内核，成为人们注目的中心之一。”

四曰：“大学是指实施高等教育的机构中那些综合性、多学科、正规的高等学校，主要实施本科及本科以上层次的全日制高等教育。”

五曰：“大学是学术殿堂，它研究高深学问，发展和传授知识；大学是专业教育机构，它实施高等专业教育计划，培养专家和专门人才；大学是社会服务机构，它介入国家和地区的社会生活和经济生活，并为国家和地区服务；大学是岗位培训站，它通过各种形式的教育和教学，培训各类职业岗位的人员，使他们能够胜任本职工作或适应工种的变换。”

小贴士

大学通常被人们比作象牙塔。象牙塔最初只是用来描述新娘美丽的颈项。这个词后来被逐渐运用到社会生活的各方面，主要是指“与世隔绝的梦幻境地，逃避现实生活的世外桃源、隐居之地”。在汉语中，象牙塔的外延含义主要是“比喻脱离现实生活的文学家和艺术家的小天地”。

二、大学一词的由来

在国外，最早的大学（university）是公元前3世纪在古希腊成立的“雅典大学”，这是在欧洲第一次正式使用大学这个名称来称呼高等学校。该大学一直延续到公元 529 年，被东罗马帝国（拜占庭帝国）的查士丁尼大帝关闭。世界现存的最古老的大学是公元 859 年创立的摩洛哥非斯城的卡鲁因大学和公元 972 年创立的埃及开罗的艾资哈尔大学。

更准确地说，大学肇始于欧洲中世纪。其标志是 12 世纪创建的 5 所大学，即意大利的博洛尼亚大学和萨勒诺大学、法国的巴黎大学和蒙彼利埃大学及英国的牛津大学。欧洲很多国家的近代高等教育体系都是在中世纪大学的基础上演变、发展而成的。在 11—13 世纪，伴随着商业贸易的发展、自治城市的涌现、宗教的兴盛和社会的安定，市民生活渐趋活跃。为了获得自由、自立和自治，各阶层市民们以各种形式建立了旨在保护其自身利益的“行会”。“行会”一词的拉丁文为 universitas，原意为“行会”“社团”“公会”。在英语中，“师生行会”称为 university。后来这个英语词汇就为教学团体所专用。鉴于其追求知识、智慧和文化的意义，与作为一种博大精深的中国古代大学相似，我国翻译家便将这类“行会”巧妙地翻译为“大学”，使作为学问的、观念形态的大学，与作为知识分子教学团体的实体机构的“大学”在此中西联璧、合二为一。

三、中国大学的起源

中国的大学教育源远流长，迄今已有 3 000 余年的悠久历史。早在公元前 15、16 世纪的殷商时代就有了大学，称为“右学”，它们为中国古代最早的“大学”。战国时代的齐国，在都城临淄创建“稷下学宫”（稷下，即齐国都城临淄稷门附近地区），被称为中国古代最早的“私立大学”。公元前 124 年，汉武帝设立“太学”，这是我国历史上有文献记载的正式大学的开端。东汉末年太学生达到 3 万余人。

我国近代大学的创设肇始于第二次鸦片战争之后。两次鸦片战争的惨败，令国人扼腕，从而引发了中国近代高等学校的初创。中国近代开办的第一所具有大学雏形的高校是由盛宣怀于 1895 年奏议光绪帝批准的天津中西学堂。而由清政府在 1898 年维新运动中孕育、创办的京师大学堂则是中国近代由政府正式开办的第一所最完备的公立大学。

1903 年，清政府正式颁布了中国历史上第一个学制系统，明文规定高等教育机构有大学堂、高等学堂、高等实业学堂、高等政法学堂及优级师范学堂。“大学堂”即现代意义上的“大学”，分本科、通儒院（今研究生院）和预科。中华民国成立后，也对大学逐步进行了改造、创建和规范。例如，由蔡元培主持起草的于 1912 年 10 月 24 日颁布的《大学令》就规定：大学分文、理、法、商、医、农、工七科，以文理二科为主；或者文、理二科并设，或者文科兼法、商、工科，或者理科兼医、农、工三科，方能称大学。1913 年 1 月 12 日颁布的《大学规程》则改称为学院，并规定必须具备 3 个以上的学院才能称为大学。

据统计，至 1947 年，中国已有高等学校 202 所，1912—1947 年的 36 年间共培养了 21.08 万名大学生，还有 1 万余名从欧、美、日留学回国的人员。值得一提的是，19 世纪末 20 世纪初，西方一些传教士也相继在中国办起了“教会大学”。到中华人民共和国成立前夕，共有 21 所教会大学，较著名的有圣约翰大学、燕京大学、金陵大学、震旦大学、辅仁大学、岭南大学、齐鲁大学、东吴大学、华中大学等。中华人民共和国成立后，自 1951 年中华人民共和国中央政府接管所有教会大学，1952 年又将其他私立高等院校全部收归国有之后，私立大学便在中华大地上消失了，及至 20 世纪 80 年代末才又悄然兴起。

知识链接

中国部分历史超百年的大学

北京大学、清华大学、北京师范大学、北京交通大学、中国矿业大学、复旦大学、上海交通大学、同济大学、南京大学、苏州大学、武汉大学、东南大学、西安交通大学、西北大学、华中农业大学、河南大学、暨南大学、华南农业大学、四川大学、河南理工大学、西南交通大学、山东大学、浙江大学、天津大学、湖南大学、兰州大学、山西大学、南昌大学等。

第二节　大学的职能

大学的职能也可以称为大学的使命，不同高校均有不同的侧重。当今时代以高科技为基础的知识经济的兴起，进一步要求大学从社会的外围、边缘走向中心，从而赋予大学职能以新的内涵。培养人才、科学研究、服务社会、传承文化与创新是目前公认的大学的四项职能。

一、培养人才

当今时代是一个经济全球化、社会知识化、文化多元化、信息网络化的时代，科学技术更新的周期越来越短，科技成果转化为现实生产力的速度越来越快，产业结构和职业结构的调整越来越频繁。这样的时代需要全面发展的高素质人才。国际教育委员会提出了“学会认知、学会做事、学会共同生活、学会生存”是教育的四个支柱。近年，哈佛大学明确提出要培养国家的领袖人物。麻省理工学院正在从培养具有科学背景的工程师转向培养具有全球经济背景的工程师，使之成为企业经理和跨国公司的总经理。清华大学认为，清华不仅要培养出一流的工程师，而且要培养一大批声播四海的学术大师。当前，大学生要明确成才的方向与标准，增强成才的紧迫感和使命感，积极参与探究式学习、跨学科培养，积极参与实践与科学研究，从学习已知向探索未知、创造未来跨越，逐步成长为高素质的创造性人才。

二、科学研究

高层次大学已经或正在成为各国知识创新的中心和推动科技成果向生产力转化的重要力量。据统计，大多数诺贝尔奖成果是在一流大学中产生的。不但如此，如今大学科学研究不断地由上游向中游、下游延伸，拓展发展空间。大学应当在知识经济的发展中扮演知识创新的中心、知识企业的孵化器、高新技术的辐射源和高新技术开发区的智力支柱等多重角色。以美国斯坦福大学为主导发展起来的“硅谷”科学工业园区，以麻省理工学院、哈佛大学为核心的波士顿科研中心及英国剑桥科学园，都是以著名大学为中心、以高新技术产业群为基础形成的产学研结合的典范。

三、服务社会

培养人才和科学研究，其实都是在为社会服务，只不过它们的服务方式相对间接而已。大学利用人才、设备、信息等资源，直接为经济、政治、科技、文化等领域的发展服务，是大学人尽其才、物尽其用、融入社会的进一步体现。大学服务社会职能的实现主要以教学和研究活动为基础，但其服务内容日益丰富，不断拓展，现今主要有继续教育服务、决策咨询服务、社会批判与监督、科技推广服务、科技培训服务、资源共享服务、兴办知识企业等。

四、传承文化与创新

文化是民族的血脉，是人民的精神家园。当今世界正处在大发展、大变革、大调整的时期，世界多极化、经济全球化深入发展，科学技术日新月异，各种思想文化交流、交融、交锋更加频繁，文化在综合国力竞争中的地位和作用更加凸显，文化越来越成为民族凝聚力和创造力的重要源泉，成为经济社会发展的重要支撑。大学是一个国家的精神高地，是文化传承与创新的战略资源。从古代的稷下学宫，到现代大学，没有教育，尤其是没有高等教育，就没有民族文化的传承与发展。在清华大学百年校庆时，胡锦涛总书记发表重要讲话，强调大学具有文化传承与创新功能。大学无论是在学科建设、人才培养、科学研究、弘扬中国优秀传统文化方面，还是在帮助广大青年树立社会主义核心价值观、建设中华民族共有的精神家园方面，都肩负着推动文化大发展、大繁荣的重要使命和崇高责任。大学要充分发挥文化传承与创新职能，为培养具有中国传统文化、跨文化交流能力及科学技术能力的文化人才做贡献。大学生要着力提高跨文化意识，培养跨文化交际能力，养成弘扬中华民族优秀传统文化与吸纳外来优秀文化的自觉性，增强民族文化自信心，进一步拓展跨文化心理空间，展现宽宏大度、兼容并蓄的跨文化人格，在跨文化交际中树立爱国主义精神，激发民族自豪感、自信心。

第三节　大学的精神

人需要一种精神，大学同样需要一种精神。这种精神虽是无形的，作用却是巨大的：它滋养着人的人格、理想，孕育着超越的精神文化，并以此为社会设立一个精神价值尺度，从根本上引领着社会进步。

一、何谓大学精神

大学精神既深藏于大学之中，又游离于大学之外。它给大学注入了生命活力，大学不仅仅是教学楼、图书馆、林荫道等冷冰冰的建筑群落，也不仅仅是人才的集散地，而是人、思想、价值观念、理性思考、创新、智慧与博大胸怀的代表。大学精神是在某种大学理念的支配下，经过所在大学人的努力，长期积淀而成的、稳定的、共同的追求、理想和信念，它是大学生命力的源泉，是大学文化的精髓和核心之所在，是对大学的生存起决定性作用的思想导向。大学精神之于大学，正如土壤、空气、水、阳光之于植物一样重要。

二、大学精神的主要内容

从普遍的意义来看，大学精神主要体现为自由精神、民主精神、人文精神、科学精神、批判精神和创新精神。这几种精神互相关联，互相促进。

1. 自由精神

自由精神是大学的基本精神，是大学精神的灵魂所在，也是大学精神产生和发展的根基。大学是一种学术机构，以学术为根基，以学术为人类服务。“海纳百川，有容乃大”，大学研究高深博大的学问，必须要有宽广博大的心胸，以容纳百家之言。因而，学术自由是大学学术研究活动的题中应有之义。从本质上而言，大学有别于行政机构，也不同于各种经济实体。大学的基本宗旨是发展学术、追求真理。为了追求真理，大学提供自由探索的空气，不允许不利于或者妨碍自由探索的东西存在。这就是大学的自由精神。

大学的自由精神主要体现在学术上，包括教学的自由、研究的自由、学习的自由。当然，这并不意味着不受规范的制约，大学遵循着一定的规律和规范，“自由”地、“随心所欲”地发展着。

学术的自由带来学术的繁荣，“万物并育而不相害，道并行而不相悖”，世界因有万事万物并存而呈现无穷的生机，大学也因各家学说相竞相长而显出学术的生命。学术自由是追求真理的先决条件。大学提倡“百花齐放，百家争鸣”，允许各种学说在这里竞相发展，因而能激发人的创造力和追求真理的勇气，能不断推陈出新，创造新文化，并不断随着时代的进步而进步。反之，如果没有学术自由，就没有创造的自由，也就很难达到很高的学术水平，很难产生大师级的人物，大学也将缺少生机与活力，发挥不了推动社会进步的巨大威力，乃至大学将不成其为大学。

自由精神还体现在大学具有自主办学的权利，这也是大学学术自由的重要条件，它与学术自由相伴而生、相辅相成。

2. 民主精神

民主与专制相对，强调人的自主、自由、平等与进步，强调人性的尊严和个性的发展。

大学是个讲“理”的地方，大学的共同宗旨就是追求真理。大学倡导在真理面前、学术面前人人平等，学者有追求学术进步、献身真理的权利。大学有权自主办学，决定自己的教育目标、发展目标和学校内部的运行管理。大学提倡法治与制度创新，其校长、教师、学生都是学校的主人，都有权利与义务为学校的发展做出自己的贡献，并依照一套行之有效的制度化方式管理学校，追求大学的法治。大学提倡充分发展学生的能力与个性，并追求创造一个民主进步的社会，促进社会的全面发展与进步。

3. 人文精神

广义的人文精神是一个宽泛的概念，在这里，我们使用的是一个狭义的概念。根据我们的理解，大学的人文精神就是指大学所倡导的在处理人与自然、人与社会、人与他人、人与自己关系时的价值观及建立在这种价值观基础上的行为规范。具体地讲，大学的人文精神至少包括以下几个方面的内容：追求生命的价值，追求人自身的完美；发展人性，完善人性；具有强烈的社会责任感和历史使命感及高尚的道德精神；坚持民主参与意识，强化法制契约观念，谋求个性解放，并建立自然、和谐、协调的人际关系；倡导人与自然的和谐与统一。

4. 科学精神

科学精神是科学工作者在科学研究和科学技术发展过程中所形成的价值准则和行为规范。大学是开展科学研究、培养科学人才的重要基地，科学家在科学研究中所形成的价值准则和行为规范通过教育、感染而内化为一代代学人的精神气质，形成了他们的科学良知和科学道德。大学相信科学技术的巨大变革力量并致力发展科学技术，但它并没有在理性和科学精神面前迷失了自我。它意识到科学技术是一把双刃剑，在给人类带来福祉的同时也会给人类降临灾难。大学意识到自己的责任重大，它在利用科学技术为人类进步服务的同时，要教给人类道德和生存智慧，以使科学技术更好地为人类服务。

5. 批判精神

大学的批判精神是指大学以真理为唯一标准的价值观及在此基础上所形成的追求真理、批判错误、纠正错误的行为规范和精神气质。这种批判精神主要体现在三个方面：其一，从文化传递的视角看，大学是整理、保存、传递、发展文化的场所，无论是哪一项活动，都要用批判的眼光看待文化；其二，大学是各种思想观念兼容并蓄、自由发展的场所，各种思想观念是在批判与反批判的交锋中发展的；其三，大学作为探索高深学问的机构，应当在社会批判和监督中发挥自己独特的作用。大学从产生之日起，就不是消极地顺应时代，而是以理性、智慧为武器剖析社会、批判社会、构建社会。

6. 创新精神

大学从产生之日起，就是探索、发现、传播新知识的场所。正是为了探索和发展高深学问，才有了大学。“教师和学生共同探索学问的行会组织”是最初意义上的大学。即使以坚守理性主义和古典主义者著称的英国红衣大主教纽曼，也认为大学乃是“一切知识和科学、事实和原理、探索和发现、实验和思考的高级保护力量”。柏林大学的创立确立了教学与科研相结合的办学原则，以发现新知为目标的科学研究成为大学的重要职能，创新、开拓逐渐成为大学精神气质中重要的特征，创新精神也开始有了更为广泛的含义。大学的创新精神，一是指向科学研究，它通过鼓励开拓科学这个无止境的疆界，取得大量开拓性的成果，培养大批的科学家、发明家；二是指向社会发展，大学以新思想、新制度改革社会，推动社会的进步；三是指向人才培养，它把培养具有开拓创新精神的人才作为自己最根本的任务；四是指向大学自身，一代代人不断根据社会经济发展和大学的理念来改造大学、发展大学，使大学成为时代精神的体现者。

大学不仅传递文化，更重要的是选择、批判和创新文化，体现出一种生机勃勃的向上的创新精神，这种创新精神带有很浓的批判性、前瞻性和引导性。大学的创新精神指向社会的未来，它努力创造生机勃勃的未来社会，而不是被动地由社会所左右。大学的崇高意义在于，它不仅为社会各行各业培养了许多具有创新意识和创新能力的人才，而且为社会培养了具有领先时代潮流的英雄人物，更重要的是它肩负着创新科学文化并使其造福人类的重要使命。

第四节　大学的责任

一、对人格的责任

现代大学首先要树立它作为一种特殊的社会结构在全社会生活领域的尊严和自尊，尽量保持它的特色和不可替代性。凡在大学里工作、学习的每一位教职员工、学生都应该不折不扣地为捍卫大学的尊严而努力，并在各自的领域中加以实施。大学教师通过教学、科研和其他工作对学生进行人格教育和培养。从国家利益出发，大学的人格责任显得更加重要。

二、对知识的责任

在大学，教师最普遍和日常必要的工作便是教给学生知识及教给学生发现、应用知识的能力。教师的首要职责是教给学生一种可发展的能力，而不是结论性的相对固定的知识。知识是经过整理和选择的，这是大学知识与社会领域里知识的显著差别。可以说，大学不仅是知识的生产地和传播地，也是知识的主要集散地。一般来说，大学图书馆的规模、水平、管理等方面在地方皆为一流，大学的校园网络在地方起步早、成型早且使用效率高；大学学术性、普及性期刊的水平及影响力在地方举足轻重。大学在知识和信息集散方面的功能将有效促进知识的生产、分配和使用，加快知识经济的发展和地方的全面发展。

三、对社会的责任

大学教师本身带着思想、带着科学走向社会。著名未来学家 J. 麦克黑尔有一段关于未来的格言：过去的未来在未来，现在的未来在过去，未来的未来在现在。决策无疑是面向未来的，决策是行为的前提。面向未来的未雨绸缪，首先表现在思想和思路上。大学学科专业齐全，具有跨学科探索、解决综合性社会问题的优势，大学教师具有从事决策研究、决策咨询的显见实力。

大学培养社会所需要的各种各样的专门人才，并将这些带有一定思想知识烙印的专门人才输送给社会，进而在社会生活的各个领域起作用。

第五节　大学教学的特点

大学是一个崭新的世界、一种全新的生活，在这里要学习的东西太多，大学生从进校门的第一天起，每一天都有许多新的感受，这一切都与过去的高中生活完全不同。

一、从教学内容看，大学教学有明显的专业倾向性

专业倾向性的确切含义，一是围绕专业培养目标、方向和规格来考虑基础知识、技能；二是以打好学科理论基础为前提，逐步提高专业化程度。教学理论与实践相结合，科学处理基础与专业这对“源”与“流”的关系，使学生在理论抽象方面“上得来”，实际应用方面也“下得去”，在“通”与“专”之间保持一种合理的“度”。对知识点的教学，在强调学生对基本概念、基本原理牢固掌握的基础上，引导学生运用该原理分析现实生活中的问题和现象，或用理论知识去解决实际问题。

二、从教学关系看，大学教学突出学生学习的自主性

当前一些大学生满足于上课记笔记、下课补笔记、复习考试背笔记，这是一种缺乏自主精神的被动学习，既不利于智力、创造力的发展，也影响学生良好个性的形成。

尊重并发展学生学习的自主性，并不等于教师可以放任自流。学生需要的是“益友”式的“良师”，师生在人格上是平等的，在课堂上、在实验室里师生可以切磋交流、共同探讨，教学质量也可以视为师生共同创造的结果。但教师毕竟“术业有专攻”，学生毕竟是求知者，正处于成长中，教师任何时候也不应放弃自己传道、授业、解惑的职责，关键是如何在引导学生发展自主性上下功夫。“教是为了不教”，就是这个道理。

三、从教学活动的组织看，大学教学注重学生学习的探索性

探索问题的能力不是一朝一夕就能形成的，从大学入学起就要注重培养学生的探究意识，无论是课堂教学组织，还是时间环节的安排，都应有学生独立探究的成分，且随年级增高，逐步加重教学内容的探究性。

当然，把科研与教学相结合，只是让学生受到科研方法的初步训练，还要因人而异、因校而异。关键是在教学过程中要激发学生的研究兴趣，调动学生自主探究、独立思考的积极性，培养学生科学的态度和创造的志向，让学生逐步掌握科学研究的方法；否则，这种结合只能是“貌合神离”或“徒有其表”。

四、从教学效果的考核看，大学教学更注重形成性评价与终结性评价的结合

传统意义上的对教学效果的考核，主要是对学生进行终结性评价，往往习惯于用一张试卷来衡量学生的学习效果和教师的教学效果。大学教学考核方式不宜一卷定得失，要改革对学生的考核形式，使理论考核与实践能力考核结合起来，使形成性评价与终结性评价结合起来，更注重考核的过程性和教学的实践性、全面性，从而客观、公正地对学生学习理论知识和理解应用知识的情况及学习过程的表现进行综合评价，以此来衡量大学教学的效果。

认识到大学生活与高中生活的主要区别，同学们就能在入学后以积极乐观的态度投入新的学习和生活中去，相信同学们一定会拥有一段美好的大学生活。

第二章　走进我的大学

我的大学——南昌交通学院（原华东交通大学理工学院），位于有着“物华天宝，人杰地灵”之美誉的江南历史文化名城——江西省南昌市，坐落在风景秀丽的黄家湖和墨轩湖畔。

目前，学校有南昌黄家湖校区、靖安墨轩湖校区和靖安中华传统文化园（实习实训基地）。

第一节 省情、市情、县情简介

一、江西省简介

江西省简称赣，因公元733年唐玄宗设江南西道而得省名，又因为江西省最大河流为赣江而得简称。全省境内除北部较为平坦外，东、西、南部三面环山，中部丘陵起伏，成为一个整体向鄱阳湖倾斜而往北开口的巨大盆地。赣江、抚河、信江、修河和饶河为江西五大河流。江西处北回归线附近，全省气候温暖，雨量充沛，无霜期长，为亚热带湿润气候。

江西区位优越、交通便利。江西省地处中国东南偏中部长江中下游南岸，东邻浙江、福建，南连广东，西靠湖南，北毗湖北、安徽而共接长江，乃“形胜之区”。江西为长江三角洲、珠江三角洲和闽南三角区的腹地，与上海、广州、厦门、南京、武汉、长沙、合肥等地的直线距离大多在700千米之内。境内高速公路达3 000千米，出省主要通道全部高速化。京九铁路、浙赣铁路纵横贯穿全境。航空和水运便捷。

江西生态良好、资源丰富。全省有1处世界文化遗产（庐山）、2处世界地质公园（庐山、龙虎山）、11个国家级风景名胜区、25个省级风景名胜区、8个国家级自然保护区、28个省级自然保护区、43个国家级森林公园、100个省级森林公园。有全国最大的淡水湖鄱阳湖、风景如画的柘林湖、浓淡相宜的仙女湖等。全省森林覆盖率达63.1%，居全国前列。江西矿产资源丰富，已发现的矿产有171种，已探明储量的有111种，保有储量居全国首位的有12种，居前10位的有66种。

江西物产丰厚、品种多样。景德镇的瓷器源远流长，以“白如玉、明如镜、薄如纸、声如磬”的特色闻名中外。樟树的四特酒，因周恩来总理赞誉其“清、香、醇、纯”而得名。遂川狗牯脑茶叶，曾获巴拿马国际食品博览会金奖。南丰蜜橘，历史上是皇室贡品。此外，还有庐山云雾茶、奉新猕猴桃、赣南脐橙、南安板鸭、泰和乌鸡、江铃汽车、凤凰照相机等，列入中国驰名商标的品种有9种。

江西产业齐备、特色鲜明。江西农业在全国占有重要地位，是中华人民共和国成立以来全国两个从未间断向国家贡献粮食的省份之一。生态农业前景可喜，绿色农产品正成为江西重要增长点，全省绿色食品数量达916个，居全国前列；有机食品数量415个，居全国第一位。农业产业化水平不断提升，省级以上农业产业化龙头企业273家，其中国家级企业14家。进入21世纪以来，江西大力实施以新型工业化为核心的发展战略，汽车航空及精密制造、特色冶金和金属制品、中成药和生物制药、电子信息和现代家电产业、食品工业、精细化工及新型建材六大支柱产业有了较好的基础。近年来，光电、高精铜材、优特钢材、特种车船、精密机械、生物医药、特色化工、绿色食品、度假旅游、新型服务等产业呈现了良好的发展势头。

二、南昌市简介

南昌市是江西省的省会，是全省的政治、经济、文化、科技中心。现辖3县（南昌县、进贤县、安义县）、6 区［东湖区（著名的滕王阁就位于东湖区内，图 2-1）、西湖区、青云谱区、湾里区、青山湖区、新建区］、两个国家级开发区（南昌高新技术产业开发区、南昌经济技术开发区）和红谷滩新区及江西桑海经济技术开发区，总面积为 7 402 平方千米，其中市区面积为 617 平方千米，总人口为 504 万，是全国 35 个特大城市之一。

图 2-1　滕王阁

（位于南昌市东湖区仿古街，与湖北黄鹤楼、湖南岳阳楼并称“江南三大名楼”）

南昌地处长江中下游，濒临鄱阳湖西南岸，自古就有“粤户闽庭，吴头楚尾”之称，是唯一一个和我国经济发展最具活力的 3 个三角洲（区）——长江三角洲、珠江三角洲和闽南三角区相毗邻的省会城市，是京九、浙赣铁路的交会点，也是京九线上唯一的省会城市。随着近年来“三环十一射”城区路网的完善和进出城快速通道的建设，南昌承东启西、沟通南北的区位优势日益明显，6 小时内便可通达 8 个省会城市。南昌是一座历史文化名城，拥有 2 200 多年的深厚历史文化底蕴，素有“物华天宝，人杰地灵”的美誉；南昌又是一座具有光荣革命传统的英雄城，人民军队在这里诞生，八一军旗在这里升起；南昌还是一座风景秀丽的山水绿色都城，赣江穿城而过，城内河湖纵横，城外青山积翠，生态环境一流；南昌更是一座充满活力的现代动感新城，在“大气开放、诚信图强”的城市精神引领下，正大踏步走向全国、融入世界，日益呈现出全面崛起的态势。近年来，南昌先后获得“世界十大动感都会”“最值得向世界推荐的中国名城”等称号，连续六年被评为台商投资“极力推荐城市”，进入《福布斯》（中文版）评选的“中国大陆最佳商业城市”之列，跻身“全球经济增长最快的 20 个城市”“中国十大最美丽城市”“中国十大最具幸福感城市”，并在中华人民共和国成立 60 周年之际被国家统计局评选为 32 个大城市发展代表之一，又被中国社科院评为“未来十年最具潜力城市”。南昌已经成为最适宜人居、最适宜创业的新型现代城市，“城以民为本，民以城为家”蔚然成风。

改革开放后特别是进入 21 世纪以来，南昌在党中央、国务院和省委、省政府的正确领导下，紧紧围绕实现富民强市、快速崛起的目标，从南昌处于中部地区欠发达省会城市的实际出发，把握快速发展、科学发展、和谐发展的有机统一，大力实施大开放主战略和打造先进制造业重要基地核心战略，全力做好建设更高水平的现代区域经济中心城市和现代文明花园英雄城市“两篇文章”，工业化、城市化、国际化、市场化、信息化进程不断加快，初步走出了一条“起步晚、起点高，势头好、后劲强”的具有南昌特色的科学发展之路，呈现出经济更好更快发展、城市不断发生变化、社会各项事业进步、人民更加幸福安康的喜人局面。

三、靖安县简介

靖安县地处江西省西北部，总面积1 377多平方千米，辖5镇6乡，经昌铜高速，距南昌仅37千米，距昌北国际机场56千米。靖安县是全省首个国家级生态县、全国首批“绿水青山就是金山银山”实践创新基地，连续六年获评全省科学发展、高质量发展考评综合先进县。“一产利用生态、二产服从生态、三产保护生态”的绿色发展模式，获得上级肯定，被国家发改委点名推广。2021年，全县地区生产总值完成76.8亿元，同比增长9.3%；财政总收入完成12.25亿元，同比增长12.8%；规模以上工业增加值同比增长11.7%；固定资产投资同比增长11.9%；社会消费品零售总额同比增长18.1%；外贸出口同比增长31.2%。多项指标增幅位居全市前列。

境·诗境靖安。吴头楚尾，风水形胜。靖安人文厚重，东周古墓出土文物改写中国纺织织造史，禅宗八祖马祖道一弘法宝峰禅寺，名播海内外。自建县以来，先后诞生了明代尚书李叔正、青天况钟、《白香词谱》作者舒梦兰等诸多历史文化名人，刘慎虚、曾巩、陆九渊、王阳明均曾游历靖安，是中华诗词之乡、江西书画之乡。

净·纯净靖安。风景秀美，生态优越。靖安森林覆盖率高达84.25%，九岭尖海拔1 794.49米，是赣西北最高峰，拥有国家全域旅游示范区，如九岭山国家级自然保护区、三爪仑国家森林公园、国家4A级旅游景区等国字号招牌。靖安的空气和水质一流，出县交界断面水质达到二类标准，被评为中国天然氧吧。境内动植物资源丰富，拥有野生动物429种、野生植物2 106种，超过全省总量的50%，是中国娃娃鱼之乡。

静·宁静靖安。水木清华，养生福地。据我国最早的一部百科词典——三国时《广雅》所载，“靖，安也”。意为安定、和平之意，这也是靖安现今国泰民安、群众安居乐业的真实写照。靖安县是全省平安县、全省公众满意县，公众安全感测评、扫黑除恶群众满意度位列省市前列。靖安县是人居佳地，高标准打造了宝峰特色小镇、中源避暑小镇、三爪仑知青小镇等特色小镇，以及高湖古楠村、水口青山村等秀美乡村，荣获中国最美县域。

劲·强劲靖安。产业升级，项目井喷。2020年纳入省级调度的重大项目达25个，总投资303亿元。坚持项目为王，着力推进“生态精品农业、生态绿色工业、生态全域旅游、生态康养城市”四大领域产业发展。“靖品—靖安生活馆”农产品区域公用品牌正式发布，“靖安白茶”品牌估值达14.22亿元，全县78个农产品获得“三品”认证；缘生生物科技、中德伯尔等大健康产业项目加速建设，洪屏电站税收突破1亿元；南昌交通学院靖安校区，已于2021年9月正式开学，迎来第一批新生，宜春将新增一所本科院校；虎啸峡、观音岩等景区完成改造，智慧旅游体验馆、溪真度假酒店等项目建成，拥有中高端精品民宿30多家，全县旅游接待人数突破1 100万人次。正在建设蓝城九岭春风、绿地明镜湾、南大一附院国际康养度假区等一批康养项目，着力打造生态康养旅游名县。

进·奋进靖安。潜力巨大，前景美好。在新冠肺炎疫情防控阻击战中，靖安干群众志成城、群防群控，重点项目和规上企业复工复产率、产能恢复率在全市位居前列。下一步，靖安将立足新发展阶段，贯彻新发展理念，融入新发展格局，以“山水林田湖草”综合管护为基础，以“生态+大健康”产业为龙头，以强攻工业为重点，以兴农旺旅为支撑，深入践行“一产利用生态、二产服从生态、三产保护生态”绿色发展模式，持之以恒抓好干部队伍建设，落实全面从严治党各项要求，着力建设山清水秀的自然生态和风清气正的政治生态“双一流”靖安。

第二节　校情简介

一、学校概况

南昌交通学院（原华东交通大学理工学院）成立于2001年，是经教育部批准成立的全日制普通本科高校。目前，学校以本科学历教育为主，适当开展继续教育和技能培训，并与华东交通大学在建筑与土木工程、交通运输工程、机械工程、会计、翻译五个专业联合开展硕士研究生培养。2020年年底，教育部正式公布，华东交通大学理工学院转设更名为南昌交通学院，是江西省首批成功转设的高校之一。

办学条件：学校有南昌黄家湖（图2-2）和靖安墨轩湖（图2-3）两个校区，占地1 800余亩。学校配备有大型电子阅览室、智慧教室、多媒体教室、语音室、计算机中

鸟瞰图

航拍图

图2-2　黄家湖校区

鸟瞰图

主大门

图2-3　墨轩湖校区

心、大型田径场（图 2-4），以及物理、机械、汽车、检测、力学、建筑、电工、电子、通信、单片机、网络、3D 打印、物流、摄影、演播等 178 个校内实验实训室（图 2-5），建有稳定的校外实习实训基地 78 个，教学科研仪器设备总值 8 814.04 万元，图书馆收藏纸质图书 123.71 万余册（图 2-6），电子文献 122 万余册。

图 2-4　黄家湖校区田径场

图 2-5　实验实训大楼

图 2-6　黄家湖校区图书馆

图 2-7 墨轩湖校区学生宿舍楼

学科专业：学校现有交通运输学院、土木建筑学院、人工智能学院、智能制造学院、商学院、设计与艺术学院、文法学院、体育学院及国际教育学院（继续教育学院）、基础学科部九院一部，涵盖工、理、管、经、法、文、艺、教育学八大学科门类，形成了以工为主，工管结合，多学科协调发展的专业格局，并且在交通工程类专业形成一定特色。近四年，学校共有 25 个专业参与全省专业综合评价，其中 5 个排名第一，9 个排名第二，总体排名靠前。通信工程、土木工程、道路桥梁与渡河工程 3 个专业被列为省级专业综合改革试点项目。《马克思主义基本原理》《数控机床与编程》《中级财务会计学》3 门课程被评为省级精品课，《高等数学》被评为省级线上线下混合式一流课程。

教育教学：根据应用技术型人才“实践性、技术性、应用性”的特点，学校加大教育投入，优化课程体系，加强实践性教学环节。各专业实践教学环节比重达 40%左右。学校还积极开展“校企合作、产教融合”协同育人，先后与大唐移动、省建科院、江西中核测绘院、南昌铁路局、江西运通汽车、中铁二十四局等几十家大型企事业单位、科研院所开展全方位、多角度、深层次的合作办学，校企合作专业覆盖率达 100%，进一步健全了“宽基础、强能力、重应用、善创新”的高素质应用型、技术技能型人才培养体系。近年来，学校依托铁路系统单位、校企合作单位和江西省浙江总商会的丰富企业资源（在赣企业六万多家，上规模企业一万多家，亿元企业一千多家），毕业生就业率和就业质量均位于江西省同类高校前列。毕业生考研（含出国留学），参军入伍，录取公务员、事业单位、央企国企、上市大型企业等人数逐年增加。学生参加省级以上学科竞赛获奖屡创新高，三年来共获国家级奖项 327 项、省级奖项 526 项。

科研创新：近年来，学校高度重视科研创新工作，出台了一系列科研管理制度，组建了“能源材料与纳米技术研究所”“信息与控制技术研究所”“质量发展研究中心”“智慧城市研究院”“智能制造研究所”等高水平教研机构，积极开展“产学研用”探索，服务社会能力不断提升。三年来，学校获批省级科研立项 80 余项，签订横向课题 14 项；发表高质量论文 64 篇，其中 SCI/EI 论文 16 篇，北大中文核心论文 44 篇；自编教材 35 部；专利授权 120 项，目前 1 项科技成果获奖，正在转化培育；移动通信实验室、5G 无线网络优化重点实验室获批南昌市重点实验室，节能与结构实验室获批赣江新区重点实验室，微纳米功能材料团队获批赣江新区优势科技创新团队；校企合作已略显成效，与 23 家企业就“教育、科技、服务”等方面开展了深入合作。

师资队伍：目前，学校师资力量充足，生师比为 17.60：1。专任教师中副高及以上职称占比 31.64%，研究生学历占比 55.8%，“双师型”教师占比 30%。

开放办学：学校于 2016 年成立了国际交流中心，历经机构变更，现改名为国际教育学院。国际教育学院积极秉承“走出去、请进来”的理念，先后与马来西亚、泰国、加拿大、西班牙、德国、菲律宾等国家的多所大学达成合作协议，开展多种形式的国际交流与合作，每年组织出国留学宣讲会，迄今为止已有数百名学生出国深造。2020 年学校获批来华留学生招收与培养资质。

党建思政：学校高度重视党的建设，牢记“为党育人，为国育才”教育初心和使命，把党的建设全方位融入人才培养，全过程贯彻教育事业，切实以“服务学生成才、服务教师成长、服务学校发展”为核心，加强政治建设、思想建设、组织建设、作风建设、纪律建设，充分发挥党组织“保证政治方向、领导思政建设、引领校园文化、凝聚智慧力量、推动学院发展”的政治核心作用，取得了一系列党建成果。论文《重大疫情促进大学生自立行为发展的方式研究》荣获 2020 年度江西高校思想政治工作优秀论文征集活动一等奖；《独立学院发挥党组织政治核心作用研究与实践》荣获首届全国民办高校党的建设和思想政治工作优秀成果奖；《学生党建中心》荣获全省民办高校党的建设和思想政治工作优秀实践创新成果一等奖；《学生入党公开答辩机制》荣获江西省高校党的基层组织建设创新成果三等奖；学院获评江西省高校标准化党员活动室一个、全国党建工作样板支部一个。

社会声誉：学校严格规范管理、深化教学改革、凝练办学特色、开拓办学思路，办学水平已位于全国独立学院前列，位列省内独立学院第一方阵，社会影响力逐年增强。先后获得“全国先进民间组织”“全国先进独立学院”“全国教育总评榜综合实力独立学院 20 强”“全省普通高校毕业生就业工作评估优秀等级学校”等 50 余项省级以上荣誉称号。

奋进新时代，开启新征程。站在新的历史起点上，学校将以转设更名为契机，坚持以习近平新时代中国特色社会主义思想为指导，全面贯彻落实党的教育方针，立足新的发展阶段，顺应新的发展趋势，贯彻新的发展理念，紧紧围绕立德树人根本任务，全面加强内涵建设，不断提高办学质量，努力彰显交通特色，为建设办学特色鲜明、学科优势明显、社会贡献突出的国内高水平一流应用型大学不懈奋斗！

下面重点介绍墨轩湖校区。

墨轩湖校区位于南昌后花园——中国最美县域之一、江西省首个国家级生态县、国家级全域旅游示范区靖安县。这里，唱响“有一种生活叫靖安”，青山绿水白云，小桥流水人家，是一个充满山水画意的美好地方，是一个动静相宜、精彩纷呈的世外桃源。这里，风景优美，气候宜人，远离喧嚣，且有着厚重深邃的历史人文，是静心求学、安心求知、踏实追梦的好去处。

墨轩湖校区占地 2 668 亩，总规划建筑面积 138 万平方米。校区分三期建成，目前第一期占地 1 125 亩，建筑面积 44 万平方米（图 2-8）。

图 2-8　墨轩湖校区平面图

由墨轩湖校区正大门进入，首先映入眼帘的是中心广场，由前往后可见校训石、24字核心价值观石柱（图 2-9）和学海悟道石。围绕中心广场，学校分为四横四纵八条主干道。横向四条路，由北往南，取校训依次命名为自强大道、厚德大道、求实大道、创新大道。这也是整个校园唯一以“大道”命名的四条路，凸显校训精神之道。竖向四条路，由西往东，依次命名为致心路、致知路、致用路、致远路，意寓诚心而为，求学求知以达格物致知，而后践行学以致用，终自我得到提升达成致远。

图 2-9　24 字核心价值观石柱

学校十分注重校园环境的育人功能，力求通过道路名、建筑名弘扬正确的价值观，潜移默化给予正向引导。墨轩湖校区学校行政办公楼，名为“明德楼”（图 2-10），出自《大学》“大学之道，在明明德，在亲民，在止于至善”。而且，这里所有的行政楼名称统一带“德”字，强调以德为本，有德之人育有德之才，这也是办学之“道”。

图 2-10　明德楼

与行政办公楼隔着中心广场相对的是科技楼，名为“天工楼”（图 2-11），取自明代科学家宋应星的《天工开物》。《天工开物》是中国古代一部综合性的科学技术著作，被誉为“中国 17 世纪的工艺百科全书”。

图 2-11　天工楼

由科技楼沿着厚德大道往东走，则可见大学生活动中心，名为“星驰楼”（图 2-12），出自王勃《滕王阁诗序》：“雄州雾列，俊采星驰。”意指英俊的人才，像繁星一样活跃。也希望各位大学生的智慧与能力能够在这栋楼里发光发彩。

图 2-12　星驰楼

从大学生活动中心再往东走，就是食堂——“知味堂”（图 2-13），出自《中庸》：“人莫不饮食也，鲜能知味也。”字面意思是人每天都在吃饭，但是很少有人能够真正品尝出滋味。引申意义就是人做事情不能只是机械运动，还要了解背后的道理。就连吃饭，学校也想提醒大家做人做事的道理。知味堂正门前的路叫作隆平路，既纪念杂交水稻之父袁隆平，又提醒大家珍惜粮食。

图 2-13　知味堂

从食堂往南走，就是学生公寓（图 2-14）。在这里，同样可看出学校的谆谆教诲。16 栋公寓楼，其名分别取自中华传统美德仁、义、礼、智、信、温、良、恭、俭、让等，希望人居其室，三省其身。

图 2-14　**学生公寓**

从学生公寓区走到创新大道上，往西走，可见两栋教学大楼，分别是“博学楼”（图 2-15）、“敏学楼”。墨轩湖校区的所有教学楼都带有一个“学”字，寓意学海悟道，学海无涯，同样寄托了学校对同学们的期望。

图 2-15　**博学楼**

脚下的道路，眼前的建筑，都是学校人文精神的体现，是无声的教育（图 2-16）。至于更多道路名和建筑名的内涵真谛，还请各位新生自己去探寻一番，去发现校园的文化符号和学校的良苦用心。

图 2-16　学海悟道

小贴士

靖安中华传统文化园实习实训基地简介

靖安中华传统文化园实习实训基地位于“禅宗圣地”靖安县宝峰镇，是国家AAAA级景区，占地面积为1 850亩，总规划建筑面积为16.96万平方米，分三期建设（目前一期工程已基本完工，投入7亿多元），全部建成后可同时容纳5 000余名师生学习和生活。

学校是江西省首批向应用技术本科大学转型发展试点院校，为充分发挥示范引领作用，深入推进转型发展，全面提高学生实践能力和综合素养，根据《江西省中长期教育改革和发展规划纲要（2010—2020年）》关于“强化实践教学，建设一批省级示范实习实训基地”精神，学校在交通便利、风景秀丽、人杰地灵、文风鼎盛的靖安县建设一个“环境优美、功能明确、设施先进、特色鲜明”的综合性实践教育基地（图2-17）。综合性实践教育基地的主要功能可概括为“一个中心、五个基地”。一个中心：教学实训中心（如影视、艺术、休育、建筑、管理等专业的实习实训）。五个基地：学生德育教育基地、中华传统文化传播基地、影视创新创业基地、学生研学写生基地、国际游学交流基地。“一个中心、五个基地”建成后，除用于本校学生实践教学外，本着开放办学的精神，也将为兄弟院校同类专业实践教学提供服务。

图 2-17　靖安中华传统文化园实习实训基地整体规划效果图

基地以“人文·生态·环保”为主题，根据“科学理性与人文精神相结合、人工雕琢与自然风貌相和谐、信息现代化与绿色节能相融合”的设计理念，重视对现有地貌特征的保留和校园特色的塑造，以自东向西蜿蜒而上的地脉为校区中轴，打造了“一轴两翼，富有层次”的绿色校园景观系统，且所有建筑全部采用仿古建筑风格，有汉、唐、宋、元、明、清、民国等建筑群，集历史感和艺术性于一体，体现了中国两千多年璀璨的古建筑文化。

今后，学校将围绕靖安中华传统文化园实习实训基地“一个中心、五个基地”的功能定位，着重加强文化内涵建设，全面提升教育教学质量和社会服务功能。整个校区预计2022年竣工，建成后将全面提升学校实习实训教学环境，提高实践教学水平，为学校培养具有实践能力、创新精神的高素质应用人才提供保障。

2019年5月，靖安中华传统文化园实习实训基地通过了国家景区质量AAAA级评定。

二、学校办学指导思想、定位

（一）指导思想

以习近平新时代中国特色社会主义思想为指导，加强党的建设，全面贯彻落实党的教育方针，坚持社会主义办学方向，坚定“育人为本、服务社会”办学宗旨，秉承“自强、厚德、求实、创新”校训精神，恪守“依法治校、质量立校、人才兴校、特色强校”办学理念，以立德树人为根本，努力培养德、智、体、美、劳全面发展的社会主义建设者和接班人，奋力建设办学特色鲜明、学科优势明显、社会贡献突出的国内高水平一流应用型大学。

（二）办学定位

1. 办学类型

应用型大学。

2. 办学层次

以本专科学历教育为主，适当开展以技能培训为主的继续教育，力争开展研究生教育。

3. 培养目标

坚持“德育为先、能力为重”的教育理念，强化实践、提高技能，加强德育、提升素养，培养面向交通行业和区域经济社会发展所需要的高素质应用型、技术技能型人才。

4. 服务面向

立足江西、面向全国，重点服务大交通行业和区域经济社会发展。

三、学院校训、校徽

（一）校训

学院的校训是“自强、厚德、求实、创新”。

校训是一所大学办学理念和办学精神的集中体现，也是校园特色文化的重要标志，具有外展形象、内聚人心、传承传统、激励奋进的积极意义。

校训“自强、厚德、求实、创新”，是学院董事长陈志胜先生于2002年3月7日在学院董事会成立大会讲话中提出的，语词精练、寓意深刻，既是对于“培养怎样的人”的高度概括，又是对于“如何培养人”的具体要求，体现了学院特色，给人以思索、启迪、教育、鼓舞和激励。

（1）自强、厚德。“自强不息，厚德载物”，语出《周易》。原句为“天行健，君子以自强不息”；“地势坤，君子以厚德载物”。天（即自然）的运动刚强劲健，相应于此，君子应刚毅坚卓，发愤图强；大地的气势厚实和顺，君子应增厚美德，容载万物。

在21世纪的今天，我国正在建设中国特色社会主义的道路上阔步前进。学校跟随祖国前进的步伐，正在努力创建全国一流民办大学。以新时代的眼光审视校训，它对于我们全面推进素质教育，培养高素质应用型人才，培养有理想、有道德、有文化、有纪律的社会主义新人，仍具有十分积极的现实意义。

学院要发扬“自强不息”的精神。在对客观必然性的无尽探索中，在面对知识经济时代的挑战和市场经济大潮的考验时，南昌交通学院师生要自强，就要有一流意识和创新意识。“自强不息”不仅是一种个人精神，而且是体现于集体奋斗中的民族精神。为使中华民族自立于世界先进民族之林，实现祖国的社会主义现代化，我们必须树立民族自尊心和自信心，努力攀登科学技术高峰，争创自主知识产权，赶超世界先进水平。

学院要继承“厚德载物”的传统。在实践活动中尊重客观规律性，自觉地以自然、社会发展的规律和规范约束自己的行为。坚持将德育放在首位，在培养学生的全面素质过程中把思想政治素质作为最重要的素质，树立正确的世界观、人生观、价值观。“厚德载物”是中华民族传统美德的高度概括，以注重群体利益的无私奉献为其内涵。学院广大师生要模范遵守社会主义的社会公德、职业道德和家庭美德，弘扬集体主义，全心全意为人民服务。

“自强不息，厚德载物”作为我国传统文化的重要内涵，体现了一种健全的人格。它集刚健和柔顺两种不同的特质于一身，标志着人格发展上的一种全面性。学院广大师生要追求人格塑造上的全面性，既勇于竞争又善于合作，既出类拔萃又守于纯朴，既嫉恶如仇又与人为善，既长于用脑又精于动手，既仗义执言又埋头苦干……在“自强不息，厚德载物”的教导下，努力把自己塑造成为人民的骄子、祖国的栋梁。

（2）求实。求实就是讲求实际，一切从实际出发，准确定位，科学决策，认认真真搞工作，踏踏实实做学问。任何工作必须从学校的实际情况出发；任何措施必须从各自工作内容和工作对象的实际情况出发；各种有益的工作思想和工作方法必须落在实处，不说空话，不流于形式。教师、学生的读书治学要老老实实，兢兢业业，日日学，月月学，年年学，循序渐进，锲而不舍，积细土成群山，聚小流成大海，在日积月累中不断丰富自己的学识和才干。学院的发展要有准确的定位，立足区情、校情，科学规划，着眼长远，不急躁冒进，不盲目攀比，不贪大求洋。

（3）创新。创新就是要打破常规，摆脱旧有的条条框框的束缚，用全新的思路来创造全新的业绩。一方面，我们在学校的发展中努力体现创新意识，在政策允许的范围内，定规划，找思路，求突破，全力实现学校的跨越式发展；另一方面，我们也鼓励广大干部、教师在工作中要有创新能力，不墨守成规，不亦步亦趋，要多学习、多思考、多研究、多探索、多总结、多实验，努力形成自己的教育风格，努力拓展自己的教育空间，努力发现自己教育生活中的新天地。

（二）校徽

（1）南昌交通学院校徽由基本图形、中英文名称、元素符号三部分组成（图 2-18）。

（2）基本图形采用双环同心圆，寓意全校师生员工凝心聚力共绘同心圆，奋发有为共筑同心梦，奋力推进高水平一流应用型大学建设。

（3）中文校名采用毛体字，寓意“吃水不忘挖井人”，学校办学始终不忘“立德树人”初心，牢记“为党育人、为国育才”使命，为全面建设社会主义现代化国家培养德、智、体、美、劳全面发展的高素质人才。

图 2-18　校徽

（4）元素符号选取“交通”拼音首字母“JT”并设计成“π”的造型，突出学校交通特色，并寓喻学校在新的征程上事业发展永无止境。

（5）“π”的右上角采用点状 45°角向外延伸，充满张力与活力，寓意学校始终秉承“自强、厚德、求实、创新”校训精神，求真务实、锐意进取、开拓创新，在新的起点上创造新的辉煌。

（6）校徽颜色以蓝色为主，并在内圆设计有波纹状渐变线，寓意知识无底，学海无涯，激励广大师生“书山求真”“学海悟道”，掌握安身立命之本，习得行走天下之能，领略为人处世之道，拥有幸福美好人生。

（三）手写体校名

学校手写体校名统一使用“毛体”（图 2-19）。

图 2-19　“毛体”校名

四、学院沿革及发展历程

南昌交通学院（原华东交通大学理工学院）建校于 2001 年 8 月 1 日，前身为华东交通大学南洋科技学院，是按照江西省教育厅、省计委（赣教计〔2001〕137 号）精神举办的以培养本科层次学生为主的“三独立”（校区、法人、财务）二级学院。2001 年 12 月 6 日，学校更名为华东交通大学理工学院。2001 年 12 月 30 日，华东交通大学与浙江胜达汽车有限公司签订联合举办华东交通大学“三独立”二级学院——华东交通大学理工学院协议，协议规定：华东交通大学以教育品牌、办学资历、教学质量和教育管理经验等无形资产进行投入，建校资金全部由浙江胜达汽车有限公司投入。2003 年 12 月 29 日，教育部（教发〔2003〕543 号）正式批准确认学院为以普通本科学历教育为主的独立学院。2020 年 12 月 18 日，教育部发函（教发函〔2020〕115 号）同意华东交通大学理工学院转改为南昌交通学院。

2001 年 8 月，成立“华东交通大学南洋科技学院”。同年 12 月，更名为“华东交通大学理工学院”。

2002 年，学校第一年招生，开设了 11 个本科专业，共招收 668 人，实行“2+2”教学模式（2 年基础教育在黄家湖校区，2 年专业教育在华东交通大学）。

2003 年，学校通过了教育部检查评估，被正式确认为普通高校独立学院。

2004 年，学校首次面向江西招收高职生（专科生），设置土木工程、物流管理、电子商务、计算机辅助设计与制造 4 个专科专业，招收了 413 名高职生。

2005 年 1 月，学院成立“中共华东交通大学理工学院委员会”，成为全省最早成立基层党委的独立学院。

2005 年，学校校园建设日趋完善，教学仪器和设施不断完备，教学质量稳步提高，开始实行“4+0”教学模式，独立承担本科教育全程。

2006 年，学校进入扩大规模、快速发展时期，招生专业数扩充到 35 个（包括 22 个本科专业和 13 个高职专业），本专科招生人数 3 000 人以上，并将系部改组成分院，实行院、分院两级管理模式。

2008 年，学校开展“规范管理年”活动，深入学习和实践科学发展观，学校管理制度进一步健全，管理服务水平进一步提高。

2009 年，学校停招高职生，招生指标全部转为本科，本科招生人数突破 3 000 人。同年 10 月，学院（靖安）大学生实习实训基地举行奠基典礼，全面开工。

2010 年，学校开展“提升质量年”活动，向教学要质量，向管理要质量，向服务要质量，确定了“稳定规模，提高质量，科学发展”的办学思路。

2011 年，学校开展“创新发展年”活动，转变观念，解放思想，开拓创新，不断创新人才培养模式。

2012 年，学校南区校园建设全面启动，校园面貌焕然一新，同年 5 月通过了学士学位授予权评审，从 2012 届开始独立授予学士学位。

2013 年，学校全面落实教育部 26 号令，以评促建，夯实内涵，各项办学指标符合教育部相关要求。

2014 年，为加强校企合作，加快开放办学步伐，学校先后与江西省建筑科学研究院、南昌铁路局南昌电务段、千百味集团等企业单位签订产、学、研合作协议（图 2-20）。

图 2-20 签约仪式

2015年，经江西省教育厅筛选，学校成为首批向应用技术型高校转型发展的10所试点院校之一。学校实验实训大楼竣工并投入使用。

2015年9月15日，民革华东交通大学理工学院支部委员会成立。

2016年，学校成立艺术与体育分院，开始培养艺术与体育人才。

2016年，学校与马来西亚城市理工大学签订国际合作办学协议，跨出了学校国际化办学的第一步。

2016年12月29日，学校召开中共华东交通大学理工学院第二次代表大会。

2017年6月15日，学校与华东交通大学联合培养硕士研究生签约仪式在学校综合大楼隆重举行。双方初步将在建筑与土木工程、交通运输工程、机械工程、会计、翻译5个专业硕士培养方面开展合作。

2017年9月8日，学校发文（华交理工人〔2017〕18号）成立华东交通大学理工学院能源材料与纳米技术研究所。

2017年12月6日，华东交通大学理工学院科学技术协会成立（图2-21），选举楼世礼为第一届委员会主席，王海波、彭彦华为副主席，余丽为秘书长。

图2-21　科学技术协会成立

2018年1月3日，华东交通大学校友会理工学院分会暨华东交通大学理工学院校友会（筹）成立（图2-22），彭彦华当选为首任会长，王海波、尧刚华当选为副会长，李果当选为秘书长。1月14日，华东交通大学理工学院上海校友会成立。12月22日下午，华东交通大学理工学院安徽校友会成立。

图2-22　校友会成立

2018年3月14日，学校信息与控制技术研究所成立，北京航空航天大学姚运博士受聘为信息与控制技术研究所所长。

2018 年 10 月 31 日下午，学校质量发展研究中心成立。

2018 年 11 月 13 日，学校与靖安县举行靖安新校区项目签约仪式（图 2-23）。学校董事长陈志胜、执行董事陈鹏、校长余欢、党委书记楼世礼、副校长王海波出席签约仪式。靖安县委书记田辉，县委副书记、县长严旭辉，县委副书记郑亮，副县长李春根，副县长余华武等相关领导出席。

图 2-23　签约仪式

2019 年 1 月 12 日，华东交通大学理工学院深圳校友会成立。

2020 年 1 月 11 日，华东交通大学理工学院海南校友会成立大会在海口赛仑吉地大酒店隆重举行。

2020 年 6 月 11 日，学校发文（华交理工人〔2020〕11 号）成立智慧城市研究院。

2020 年 7 月 29 日，学校发文（华交理工人〔2020〕20 号）成立智能制造研究所。

2020 年 8 月，学校获批退役士兵职业教育和技能培训承训机构资质。

2020 年 8 月 20 日，学校正式获批来华留学生招收与培养资质（江西省教育厅赣教外函〔2020〕55 号）。

2020 年 12 月 18 日，教育部发函（教发函〔2020〕115 号）同意华东交通大学理工学院转设为独立设置的普通民办本科高等学校“南昌交通学院”，开启了学院建设国内高水平一流应用型大学的新篇章。

2021 年 3 月 16 日，学校（华交理工董发〔2021〕3 号）发文成立交通运输学院、土木建筑学院、人工智能学院、智能制造学院、商学院、设计与艺术学院、文法学院、体育学院、继续教育学院（国际教育学院）、基础学科部等。

2021 年 5 月 15 日上午，学校浙江校友会成立大会在杭州顺利举行。

2021 年 5 月 29 日，学校更名揭牌仪式在墨轩湖校区隆重举行。

2021 年 9 月 4 日，墨轩湖校区正式启用，迎来了第一批新生。

2021 年 11 月 22 日下午，民革南昌交通学院委员会在墨轩湖校区成立。

2021 年 12 月 11 日，南昌交通学院第一届教职工代表大会暨工会会员代表大会在黄家湖校区综合楼三楼报告厅隆重举行（图 2-24）。省总工会一级巡视员、省教育工会主席吴海平、省劳模协会会长林玉华莅会指导。大会正式代表 109 人。

图 2-24　教职工代表大会

2021 年 12 月 18 日，南昌校友会成立大会在南昌市泰耐克大酒店隆重召开。

2022 年 6 月 13 日下午，学校与新华三技术有限公司、江西省创海科技有限公司共建的紫光芯云产业学院正式揭牌成立，标志着学校产教融合、协同育人、开放办学工作取得新突破。

图 2-25　校企合作签约仪式

2022 年 6 月 17 日下午，省委组织部、省委教育工委召开南昌交通学院干部大会，宣布陈磊同志任南昌交通学院党委书记、督导专员。

五、获得的荣誉

（一）学校获得的主要荣誉

（1）2002 年荣获江西省教育厅授予的“年度检查单项优胜奖”。

（2）2004 年荣获民政部授予的“全国先进民间组织”称号。

（3）2005 年名列“全国独立学院”百强第 16 位。

（4）2005 年当选“中国独立学院协作会常务理事单位”。

（5）2006 年被推选为“全国独立学院副理事长单位”“浙江省企业发展研究会会长单位”。

（6）2007 年荣获中国教育研究会授予的“全国高校毕业生就业竞争力 100 强”称号。

（7）2007 年荣获中国教育研究会授予的“中国最受欢迎的大学”称号。

（8）2008 年荣获“2007 年度教育总评榜综合实力 20 强独立学院”称号。

（9）2008 年荣获“全省大中专院校第二期结对扶贫工程先进单位”称号。

（10）2008 年当选“中国独立学院协作会副理事长单位”。

（11）2009 年荣获“全省高校思想政治教育工作先进集体”称号。

（12）2009 年名列“中国最受媒体关注独立学院排行榜”第 20 位。

（13）2009 年荣获“全省高等学校后勤管理工作先进集体”称号。

（14）2010 年荣获“全国先进独立学院”称号。

（15）2011 年荣获“全省关心下一代工作先进集体”称号。

（16）2011 年电信分院党总支荣获“全省高校先进基层党组织”称号。

（17）2011 年荣获“全省学籍学历管理工作先进集体”称号。

（18）2011 年荣获“大学生志愿者暑假‘三下乡’社会实践活动先进单位”称号。

（19）2011 年荣获“全省高校心理健康教育与咨询工作评估优秀学校”称号。

（20）2011 年荣获“全省共青团工作创新奖”。

（21）2012 年荣获“大学生志愿者暑假‘三下乡’社会实践活动先进单位”称号。

（22）2012 年荣获经开区“高校综治（维稳）工作先进单位”称号。

（23）2012 年名列中国科学评价研究中心发布的“独立学院排行榜”第 20 位。

（24）2012 年荣获“江西省首届大学生创意文化节优秀组织奖”。

（25）2012 年荣获“全省本科院校第三届学生社团文化艺术节优秀组织奖”。

（26）2012 年荣获“第四届全国大学生语言文字基本功大赛优秀组织奖”称号。

（27）2013 年被评为“全省高校思想政治教育工作先进集体”。

（28）2013 年被评为“江西省情教育教学先进单位”。

（29）2013 年荣获全省教育系统“与雷锋同行　树时代新风”主题系列活动三等奖。

（30）2013 年被评为“全省教育系统创先争优先进基层党组织”。

（31）2014 年被评为“全省综治工作（平安建设）先进单位”。

（32）2015 年被评为“全省综治工作（平安建设）先进单位”和南昌市公安局经开区“先进内保单位”。

（33）2015 年当选“中国独立学院协作会副会长单位”。

（34）2016 年荣获江西省“无偿献血促进奖单位奖”。

（35）2016 年荣获“江西省高校党的基层建设创新成果三等奖”。

（36）2017 年被评为江西省“2016 年度全省综治工作（平安建设）先进单位”。

（37）2018 年学校民革支部被评为“2017 年度民革全省基层组织先进单位”。

（38）2019 年学校喜获 2016—2018 年度高校毕业生就业工作评估“优秀等级学校”称号。

（39）2019 年学校民革支部被评为“2018 年度民革全省参政议政工作先进单位”。

（40）2020 年学校民革支部被评为“2019 年度民革全省社会服务工作先进单位”。

（41）2020 年荣获“全国无偿献血促进奖单位奖”（图 2-26）。

图 2-26 学院取得的荣誉

（42）2020 年被评为“全省平安建设工作先进单位”。

（43）2021 年学校“理工学院团委”视频号荣获全国“2021 年度影响力高校视频

号”称号。

(44) 2021年荣登“中国民办大学百强榜”第八位（中国大学排行榜官网（CNUR）公布）。

(45) 2021年荣获“全省平安建设工作先进单位”称号。

（二）学生获得的荣誉

近年来，学院学生在参加全国大学生数学建模竞赛，全国大学生电子设计竞赛，“挑战杯”中国大学生创业计划竞赛，第四届全国大学生语言文字基本功竞赛，全国大学生广告艺术大赛，全国大学生模拟金融投资交易大赛，第四届全国青年素描和色彩静物风景写生作品大赛，第十三届、第十四届“挑战杯”中国大学生课外学术科技作品竞赛，第七届全国信息技术应用水平大赛Java语言程序设计，全国青少年冰心文学大赛，“赣江杯”大学生英语竞赛，江西省大学生会计技能竞赛，江西省大学生数学建模竞赛，江西省大学生信息技术知识大赛，江西省首届大学生物流设计大赛，江西省网络系统集成赛，第五届江西省大学生“三维数字建模及模具设计制作”大赛，第二届江西省大学生物理创新竞赛，江西省青年素描大赛，“江西之星”创意设计大赛，江西省独立学院大学生“五四”诗会赛，江西省大学生计算机作品创新赛，“南方杯”校际全站仪测绘赛，江西省大学生机械设计创新大赛，江西省高校“金像杯”摄影艺术作品大赛，全国高校心理情景剧大赛，全国大学生人力资源管理知识技能竞赛，江西省第一届大学生先进成图技术与产品信息建模创新大赛，江西省第三届大学生金相技能大赛，2018（第三届）金蝶云管理创新杯全国总决赛，第十七届江西省高校摄影艺术作品大赛，第十届全国大学生数学竞赛，“外研社·国才杯”全国英语演讲大赛，首届“优路杯”全国BIM技术大赛，全国全民健身操舞大赛，“徕卡杯”第七届全国大学生金相技能大赛，第十三届“恩智浦杯”全国大学生智能汽车竞赛，江西省大学生党的基本知识电视竞答赛，江西省第五届“华创杯”市场调查分析大赛，全国大学生英语竞赛，江西省第24届体育舞蹈锦标赛，江西省第二十二届健身交谊舞锦标赛等全国、全省各项赛事中多次获奖，共获得一、二、三等奖达2 000余次。

六、学校“十四五”发展思路和发展目标

（一）发展思路

围绕“办学特色鲜明、学科优势明显、社会贡献突出”的国内高水平应用型大学建设目标，坚持创新发展、特色发展、开放发展。

1. 创新发展

发挥民办优势，创新管理体制机制，健全现代大学管理制度，提升科学管理水平；改革人才培养方案、课程体系、教学内容、教学方法、考核办法，创新教学管理制度，健全与应用型人才培养相适应的教学体系、质量监控体制、保障机制、反馈机制，形成人才培养闭环系统。

2. 特色发展

主动面向区域、面向行业、面向产业办学，促进教育链、人才链与产业链、创新链有机衔接，建立现代产业学院，深入实施“校企合作、产教融合”协同育人，大力开

展订单式联合培养，全面提高人才培养的针对性、实用性，突出应用型人才“实践性、应用性、技术性”；以“尚德班”为抓手，实施德育教育提升工程，完善德育教育“4+1+X”体系，打造德育教育特色和品牌；集中力量，整合资源，充分发挥研究所“产学研用相融合”功能，全面提升服务社会能力。

3. 开放发展

更新观念，解放思想，以开放的心态、开阔的视野，大力推进国际交流与合作、国内校际合作、校企合作、校地合作，努力拓展办学空间，在国际合作交流、职业技能培训、服务地方经济发展等方面取得明显成效，为学校发展注入新的活力。

（二）发展目标

到 2025 年两校区布局调整完毕，各校区办学条件良好，功能完善，通过本科教学合格评估，力争成为硕士学位授权立项建设单位，建立 3~5 个产业学院，进入省内民办高校前列，跻身国内高水平应用型民办大学行列。

1. 办学规模

全日制本专科在校生规模 30 000 人左右（其中本科 20 000 人、专科10 000 人），继续教育规模 20 000 人次左右，开展合作培养硕士研究生。

2. 学科专业

建立紧密对接“大交通”行业和江西经济社会发展需求的应用型学科专业体系，开展专业设置调整优化专项行动，撤并停转、改造升级传统专业，以工学为主，管理学、经济学、理学、法学、文学、艺术学、教育学等多学科协调发展，到 2025 年专业数稳定在 40 个左右（其中工科类专业不少于 50%）；面向江西省“2+6+N”支柱产业和战略新兴产业，建立 3~5 个产业学院（省级 1~2 个，校级 2~3 个），重点打造人工智能类、通信工程类、土木工程类、电气工程类和智能制造类等特色专业。开展专业学位研究生联合培养，全面提高学科专业水平。

3. 队伍建设

树立人才是“第一工程”理念，出台高层次人才引进政策，根据重点学科专业群建设需要，引进 50 名以上高层次人才；再组建 2~3 个高水平研究团队，高水平研究团队达 5 个左右；实施中青年骨干教师培养计划，培养 100 名潜心教学科研的专业骨干教师；选送 200 名教师下企业锻炼，引进一批企业高管、高级技术人才担任兼职教师，提高“双师型”队伍水平。到 2025 年，全校专职教职工队伍总规模控制在 2 300 人，专任教师 1 700 人（其中自有教师≥850 人），教辅人员 200 人，管理队伍总量不超过 400 人。专任教师硕士以上学位占 60%，具有高级职称的教师占 30%以上，“双师型”教师占 35%。

4. 教学科研

围绕应用型人才培养目标，改革人才培养方案，优化课程体系，加强校企合作，共建专业、共建实验室、共享师资，进一步完善“校企合作、产教融合”协同育人模式，切实建立起专业设置与产业需求对接、课程内容与职业标准对接、教学过程与生产过程对接的应用技术人才培养体系。力争省级教学成果奖 1~2 个（提供指标为 5 个）；专业综合评价整体排名在全省同类院校中居前列，力争排名前 1/3 的专业个数达到 50%以上。加大科研投入，加强与各级政府和企事业单位开展横向研究合作，为江西省产业发展和企业转型升级提供科技攻关和智力支持。到 2025 年，科技经费到账不低于 80 万元，主持省部级以上项目达到 130 项，授权发明专利 7 项。

5. 条件建设

基本建成信息化校园公共服务平台；图书馆纸质藏书总量达到 160 万册，年新增 8 万~10 万册，电子图书 3 000GB，涵盖学校各学科的中外电子数据库齐全。完善实验实训中心建设，加强靖安产教融合实习实训基地内涵建设，完善相关专业实习实训项目和服务功能，提高专业实习实训教学效果；按照学科专业群优化实验实训大楼总体布局，加强重点实验室的建设，在校内建设 5~8 个高水平“产学研一体化”实验实训室，建设 3~5 个市厅级重点实验室、1~2 个省级重点实验室。

6. 学生工作

以全面提高学生综合素质为核心，加强校园文化内涵建设和品牌打造；将招生与就业工作作为学校生存发展、提高知名度和核心竞争力的重要手段，不断提高生源质量和就业质量，毕业生的初次就业率达到省内同类高校平均水平以上，建立健全毕业生跟踪调查制度；继续深入开展“以赛促学、以赛促教、以赛促用”，学生参加省级以上学科竞赛获国家级奖项 50 项以上，学生参加创新创业或科研项目的人数不低于 30%。

7. 校园建设

完善“一校两区”的建设和功能布局，加强校园绿色人文景观和智慧化水平建设，提升校园文化品位，提高校园信息化水平，努力建设一个“绿色、生态、文明、和谐、智慧”的美丽校园，让师生有更多的获得感、幸福感。

8. 党的建设

围绕“为党育人、为国育才”教育初心和使命，以服务学生成才、服务教师成长、服务学校发展为核心，深入开展“立德铸魂”工程，不断提升德育教育品牌成熟度和知名度。

第三节　学院领导简介

一、现任学院领导

陈志胜　荣誉董事长
陈　鹏　理事长
陈　磊　党委书记、督导专员
余　欢　校长
王海波　常务副校长
彭彦华　党委副书记
尧刚华　副校长
黄丽娟　纪委书记

二、终身名誉董事长简介

陈志胜，浙江永康人，华东交通大学理工学院董事长，第十一届和第十二届全国人民代表大会代表，中国治理荒漠化基金会副理事长，全国离退休干部信息工作委员会副主任，中华全国教育家协会副会长，江西省浙江企业联合会会长，江西省立法研究会副会长，江西省光彩事业促进会副会长，浙江省企业发展研究会会长，浙江胜达汽车有限公司董事长，江西省浙江总商会会长（图 2-27）。

图 2-27 陈志胜

获得的主要荣誉：2004 年 12 月，被中国教育联合会授予“中国高等教育突出贡献奖”；2007 年 5 月，被中华全国教育家协会授予“全国教育杰出教育家”称号；2007 年 7 月，被中国教育研究会授予“中国高等教育百名杰出校长”称号；2009 年，荣获“江西省思想政治教育工作先进个人”称号；2010 年，荣获“全国独立学院优秀工作者”“首届投资江西十大风云人物”称号；2011 年，被首届世界浙商大会授予企业创新奖；2012 年，荣获“第二届投资江西十大风云人物”称号；2014 年，荣获“浙赣经济合作领军人物”称号；2015 年，荣获“江西省突出贡献浙商奖”；2019 年，被评为“改革开放 40 年 50 名优秀赣商人物”。

三、理事长简介

陈鹏，华东交通大学理工学院执行董事长、浙江胜达汽车有限公司副董事长、江西省聚之源科技有限公司董事长、江西省诚欣传统文化产业集团有限公司董事长、江西省浙江总商会常务副会长兼秘书长、民革江西省第十三届省委委员、民革南昌交通学院支部主委、民革中央企业家联谊会理事、民革江西省企业家联谊会副会长、浙江省工商联第十一届执委、浙商经济发展理事会主席团副主席、民革江西省第十四届委员会委员和常委（图 2-28）。

图 2-28 陈鹏

荣获“全国独立学院优秀工作者”“民革中央非公有制经济人士培训班优秀学员”“民革全国组织建设工作先进个人”“江西省工商联优秀新生代民营企业家”“民革江西省委 2015 年度社会服务先进个人”“民革江西省委 2016 年度先进基层党务工作者”“江西省高校后勤管理工作先进个人”及全国“民革助力脱贫攻坚

工作先进个人”等称号。

四、校长简介

余欢，工学博士，教授，博士生导师，西北工业大学材料加工工程专业博士研究生，中国航空学会常务理事，中国铸造学会常务理事，江西省机械工程学会副理事长，江西省航空学会副理事长，江西省铸造学会理事长，江西省高校中青年学科带头人，江西省新世纪百千万人才工程第一、二层次人选。2003 年 6 月任江西师范大学党委委员、副校长，2017 年 3 月任华东交通大学理工学院执行校长，2018 年 3 月出任校长（图 2-29）。

图 2-29　余欢

主要从事材料科学与工程专业的教学与科研工作，在液态金属紧密成型的理论及工艺、多孔铝合金的形成及控制、颗粒增强铝/镁基复合材料成型研究和材料液态成型的计算机数值模拟及工艺优化方面积累了一定的研究基础，主持航空科学基金项目、航空预研项目、教育部科技项目和江西省科技厅重点项目等重大科研项目多项，发表学术论文 50 余篇，其中被 SCI、EI 收入 20 余篇。

五、党委书记、督导专员简介

陈磊，江西鹰潭人，毕业于江西师范大学，大学期间担任江西师范大学学生会主席，省学联主席团主席。

2005 年进入华东交通大学工作，历任信息工程学院学生政治辅导员、团总支书记，国际学院团总支书记、学生工作办公室主任，华东交通大学党委（校长）办公室秘书、党委教师工作部部长、人事处处长、教师发展中心主任等职。

先后被江西省委宣传部、团省委授予“江西省暑期社会实践先进个人”称号，被省教育厅授予“江西省高校优秀政治辅导员”称号（图 2-30）。

图 2-30　陈磊

主持开发了“红土魂江西英烈网”等大型红色网站。组织了对江西省 25 万革命烈士的 1 000 万纸质资料进行抢救性整理工作，并制作了全电子版的“江西省革命烈士查询系统”。

六、历任主要领导

（一）董事长

陈志胜（2001—2021）

陈　鹏（2001—至今，注：执行董事长）、理事长

（二）院长

陈志卿（2002-03—2005-11，注：执行院长主持工作）

熊国良（2005-12—2009-01）
陈勃生（2009-02—2009-07，注：常务副院长主持工作）
严霖元（2009-08—2012-04，注：常务副院长主持工作）
张安哥（2012-05—2017-09）
余　欢（2017-10—至今）
（三）党委书记
陈志胜（2005-01—2017-01）
楼世礼（2017-02—2022-03）
陈　磊（2022-06—至今）
（四）华东交通大学派驻理工学院副院长、副书记
徐　征（2000-03—2004-05，教学副院长）
江立文（2004-05—2005-11，分管教学副院长）
丁锋贵（2004-05—2005-01，派驻代表、党总支副书记；2005-02—2019-06，派驻代表、党委副书记）
何永峰（2019-06—2021-12，派驻代表、党委副书记）

第四节　学院机构设置

一、理事会

董事会办公室。

二、党群机构

党委办公室、宣传部、组织处、学工部、保卫部（武装部）、团委、统战部、工会、纪委办公室。

三、行政机构

校长办公室、组织人事处、教务处、学工处、招生就业办公室、计划财务处、资产管理处、后勤管理处、保卫处、督察室、科研处、发展规划与评建处、国际交流合作中心、靖安校区综合管理办公室。

四、教学机构

交通运输学院、土木建筑学院、人工智能学院、智能制造学院、商学院、设计与艺术学院、文法学院、体育学院、继续教育学院（国际教育学院）、基础学科部、思想政治理论课教学科研部、心理健康教育与咨询中心。

五、教辅机构

图书馆、现代教育技术中心、实验室建设与管理中心、靖安实习实训基地。

六、研究机构

能源材料与纳米技术研究所、信息与控制技术研究所、质量发展研究中心、智慧城市研究院、智能制造研究所。

七、其他机构

学术委员会、学位评定委员会、教学指导委员会、人事工作委员会、劳动争议调解委员会、体育运动委员会、学生申诉委员会、党建与思想政治工作研究会、科学技术协会、校友会、法律顾问室。

第五节　学院及其专业介绍

学院设置的专业详见表 2-1、表 2-2。

表 2-1　本科专业设置一览表

分院	专业名称	层次	授予学位	学制
交通运输学院	电气工程及其自动化	本科	工学	四年
		本科	工学	四年
		本科	工学	四年
	交通工程	本科	工学	四年
	物流管理	本科	管理学	四年
土木建筑学院	土木工程	本科	工学	四年
		本科	工学	四年
		本科	工学	四年
	给排水科学与工程	本科	工学	四年
	道路桥梁与渡河工程	本科	工学	四年
	建筑学	本科	工学	五年
	工程管理	本科	管理学	四年
	工程造价	本科	管理学	四年
人工智能学院	电子信息工程	本科	工学	四年
	通信工程	本科	工学	四年
		本科	工学	四年
	计算机科学与技术	本科	管理学	四年
	网络工程	本科	工学	四年
	软件工程	本科	工学	四年
	智能科学与技术	本科	工学	四年
	物联网工程	本科	工学	四年

续表

分院	专业名称	层次	授予学位	学制
智能制造学院	机械设计制造及其自动化	本科	工学	四年
	材料成型及控制工程	本科	工学	四年
	机械电子工程	本科	工学	四年
	车辆工程	本科	工学	四年
	汽车服务工程	本科	工学	四年
	机器人工程	本科	工学	四年
商学院	金融学	本科	经济学	四年
	国际经济与贸易	本科	经济学	四年
	市场营销	本科	管理学	四年
	会计学	本科	管理学	四年
	电子商务	本科	管理学	四年
	人力资源管理	本科	管理学	四年
	公共事业管理	本科	管理学	四年
	旅游管理与服务教育	本科	管理学	四年
文法学院	法学	本科	法学	四年
	英语	本科	文学	四年
体育学院	体育教育	本科	教育学	四年
		本科	教育学	四年
设计与艺术学院	音乐表演	本科	艺术学	四年
		本科	艺术学	四年
		本科	艺术学	四年
	广播电视编导	本科	艺术学	四年
	播音与主持艺术	本科	艺术学	四年
	视觉传达设计	本科	艺术学	四年
	环境设计	本科	艺术学	四年

表 2-2　专科专业设置一览表

分院	专业名称	层次	学制
交通运输学院	现代物流管理	高职	三年
土木建筑学院	工程造价	高职	三年
	建筑工程监理	高职	三年
	建筑工程技术	高职	三年
人工智能学院	应用电子技术	高职	三年
	计算机网络技术	高职	三年
智能制造学院	智能制造装备技术	高职	三年
	机械制造及自动化	高职	三年
	汽车检测与维修技术	高职	三年
	模具设计与制造	高职	三年
商学院	会计信息管理	高职	三年
	电子商务	高职	三年
	市场营销	高职	三年
文法学院	智慧健康养老服务与管理	高职	三年
	商务英语	高职	三年

一、交通运输学院

交通运输学院是南昌交通学院为强化“交通特色”办学定位，在深化教育教学改革、优化专业结构布局、打造优质学科专业、提高人才培养质量、快速适应大交通行业和区域经济发展形势下，通过整合学校交通工程、物流管理、电气工程及其自动化等相关学科、专业而组建成立的。学院下设“三系一部一中心”：交通工程与运输系、物流工程与管理系、电气工程系、电基础教学部及实验中心。现开设交通工程、电气工程及其自动化、物流管理三个本科专业及现代物流管理高职专业，筹建交通运输、轨道交通电气与控制、轨道交通信号与控制三个本科专业，学院有一批学术造诣深厚、治学风格严谨、教学能力突出、师德高尚、爱岗敬业的优秀师资。

学院以培养适应新时代要求的应用型人才为目标，创新专业建设模式，提升专业建设内涵，主动适应新技术、新业态、新产业的需求，有计划、有步骤地推动学校优质专业建设。学院现建有轨道沙盘实验室、智慧物流实验室、电气综合实验室、计算机连锁控制实验室、外检设备室、电线电缆检测室、电学试验室、电路原理实验室、电子技术实验室等多个教学、实训室。

目前在校生 1 400 多人。学生多次在全国大学生电子设计竞赛、全国大学生物流仿真设计大赛、全国应用型人才综合技能大赛、全国大学生智能汽车竞赛、全国大学生移动通信应用创新大赛、江西省大学生科技创新与职业技能竞赛等竞赛中获奖。

学院各专业毕业生就业率高，主要面向铁路局集团公司、国家电网、地铁集团、中车轨道车辆公司、中车机车车辆公司、中铁建有限公司、电力建设集团、冶金科工集团、高速投资集团公司、京东物流、苏宁物流及大中型建筑公司等企业。2021 届学生在全国硕士研究生招考中成绩喜人，55 名同学被国内外 25 所高校录取，考研录取率达 12.25%。

学院将继续秉承“自强、厚德、求实、创新”的校风，努力将学院打造成特色鲜明的教学应用型学院，使学院成为轨道交通、道路及城市交通、现代物流管理等领域创新创业人才的培养基地。

电气工程及其自动化

1. 电力牵引与传动控制方向

培养目标：培养具备电力牵引与传动控制领域扎实的基础理论、产品应用、基本设计能力，具有较强的工程实践能力，能从事铁路电力机车、动车组、城市轨道交通机车车辆的管理、运行、维护、安装、调试等工作的高素质技术应用型人才。

主要课程：电路原理、电子技术、电机学、电力拖动与控制、计算机技术、信号与系统、自动控制原理、电力电子技术、电力牵引、交流传动及其控制系统、电力电子系统与控制等。

就业方向：毕业生可在铁路局（公司）、地铁公司、各类交通运营与管理公司及其他企事业单位，从事电力机车、动车组、城市轨道交通机车车辆的设计、安装、维护、科技开发和技术培训等工作；也可从事其他行业中的电气技术工作；还可继续攻读本专业或相关专业的硕士学位。

2. 电力系统及其自动化方向

培养目标：培养具备电力系统及其自动化领域扎实的基础理论、产品应用、基本设计能力，具有较强的工程实践能力，能从事供电系统的管理、运行、维护、安装、调试等工作的高素质技术应用型人才。

主要课程：电路原理、电子技术、电机学、电力拖动与控制、计算机技术、信号与系统、自动控制原理、电力系统分析、配电系统自动化、远动技术、继电保护等。

就业方向：毕业生可在铁路局（公司）、地铁公司、电力公司、电力规划设计院、各类电力运营与管理公司及其他企事业单位，从事电力设计、施工、运营、管理、科技开发和技术培训等工作；也可从事其他行业中的电气技术工作；还可继续攻读本专业及相关专业的硕士学位。

3. 自动控制方向

培养目标：培养德、智、体、美、劳全面发展，具备从事控制工程的系统运行、人工智能、自动控制系统的分析与设计、研究与开发、集成与运行、管理与决策等方面的基础理论和基本知识，在智能控制、电气工程、控制功能等领域具有较强业务能力的高素质技能型专门人才。

主要课程：电路原理、电子技术、电机学、信号与系统、自动控制原理、电力电子技术、电磁场、嵌入式系统原理与实验、现代控制理论、运动控制、机器人控制系统仿真、过程控制技术、人工智能、轨道交通智能控制系统。

就业方向：毕业生可在铁路局（公司）、地铁公司、各类电力运营与管理公司及其他企事业单位，从事铁路机务和电务运用管理、新能源（风、光、水、潮汐、低热、生物质等）高效利用技术、输变电技术、微电网技术、电机与运动控制、电动汽车、电源与电力电子装置、电能存储与网络智能优化调度等方面装置研发、系统集成与维护、科技开发和技术培训等工作；也可从事其他行业中的电气技术工作；或继续攻读本专业及相关专业的硕士学位。

交通工程

培养目标：培养具备道路交通系统分析与规划、交通系统控制与管理、交通设计、道路设计及施工等方面的基本知识技能，能在国家与省、市的发展计划部门、交通规划与设计部门、道路建设与施工、交通管理部门等从事交通规划、道路工程设计、道路工程施工、交通控制系统开发等方面工作，具有创新精神和实践能力的应用型高级工程技术人才。

主要课程：交通工程学原理、交通管理与控制、交通规划、交通设计、工程力学、工程地质、道路勘测设计、路基路面工程、城市道路设计等。

就业方向：毕业生主要面向铁路行业、公路行业和城市交通部门，可从事上述行业的交通系统规划、工程设施设计与建设、基础设施运营阶段的维护与管理、道路交通行政管理、公安交通安全管理等工作。从就业的单位性质看，有交通规划设计院（所）、科研院（所）、基础设施建设企业、交通咨询机构、交通运营企业、政府交通管理部门。也可继续攻读本专业或相关专业的硕士学位。

物流管理

培养目标：培养具备系统的管理学、经济学、法律和物流管理的基本理论、知识和技能，同时接受基本工程和信息技术训练，在物流管理、规划、设计等方面具有较强的实务运作能力，毕业后能在工商企业从事物流系统的分析、规划与设计及物流活动经营、管理、决策的应用型高级人才（图 2-31）。

主要课程：管理学原理、物流管理基础、物流营销、运筹学、物流工程、物流信息技术、基础工业工程、仓储与配送管理、工程材料及机械制造基础、机械基础、物流机械设备、采购与库存控制、物流成本管理、物流质量管理、供应链管理、第三方物流、物流统计与经济活动分析等。

就业方向：毕业生主要面向现代制造企业、商贸企业、第三方物流企业的采购、生产管理、仓储与库存管理、销售配送、运输规划、信息系统设计及国际物流等岗位，从事制造、服务等行业供应链系统的分析、规划与设计，物流活动经营、管理、决策等方面的工作；也可继续攻读本专业或者相关专业的硕士学位。

校外实习基地（一）

校外实习基地（二）

校外实习基地（三）

立体仓库校外实习基地

图 2-31　物流管理专业

现代物流管理（高职）

培养目标：培养适应社会主义现代化建设需要，德、智、体、美、劳全面发展，具有一定的科学文化水平、良好的人文素养、职业道德和创新创业能力，掌握本专业必备的基础理论和专门知识，具有较强的实践能力和精益求精的工匠精神的应用技术型人才。

主要课程：管理学基础、现代物流基础、运筹学、物流营销、仓储与配送管理、物流运输管理、物流设施与设备、采购管理、物流系统规划设计、电子商务、国际贸易与物流、物流信息系统、供应链管理、物流质量管理等。

就业方向：毕业生可从事生产与流通领域中运输、储存、装卸、搬运、包装、配送、信息和服务等的物流管理工作。该专业就业范围广，毕业生可到交通运输（民航、远洋、铁路、地铁、公路、水运等）、现代商贸（连锁、超市、配送、特许经营等）、邮政、速递、国际贸易、港口、机场、物流园区、商检、海关、信息产业、制造企业、国际货物代理等单位工作。

二、土木建筑学院

土木建筑学院现设有土木工程系、工程管理系、建筑与环境系、轨道交通系 4 个教学单位，1 个实验中心和能源材料与纳米技术研究所。涵盖土木工程、道路桥梁与渡河工程、工程管理、工程造价、建筑学、给排水科学与工程 6 个本科专业，以及建筑工程技术、工程造价、建筑工程监理 3 个高职专业。现有在校生 2 100 余人。

学院按照厚基础、宽口径、重能力的办学指导思想，树立以学生为本，以培养创新复合型人才的现代教育观念，着力抓好特色学风建设，全面实施素质教育。学院先后建立水处理工程实验室、土木工程材料实验室、BIM 研究中心等 55 个校内实验室，还设有能源材料与纳米技术研究所和赣江新区节能与结构实验室，在行业和区域经济服务方面均取得了良好的社会效益。

学院内以学生为中心的 BIM 工作室积极开展创新创业实践活动，积极践行以赛促学、以赛促教。学生在全国建筑设计和装配式建筑模型制作大赛、江西省数学建模大赛、江西省大学生创业大赛、江西省大学生科技创新与职业技能竞赛、江西省周培源力学竞赛等竞赛中屡获大奖。

近年来，学院与中铁十七局、中铁十六局、中铁二十四局、郑州铁路局、江西省煤田地质局、江西省中核测绘院、浙江中铁科工程咨询有限公司等大型企业建立和保持友好合作关系，毕业生的就业率保持较高水平。毕业生综合素质达到国家教育部门的要求，深受用人单位的欢迎与好评。

土木工程

1. 建筑工程方向

培养目标：培养掌握土木工程理论和基本知识，具备建筑工程设计、施工、管理的能力，并获得工程师基本训练，能从事建筑工程设计、施工、管理、监理、科学研究工作和具有房地产投资和咨询能力，具有创新精神和实践能力的应用型高级工程技术人才。

主要课程：力学、测量学、混凝土结构设计原理、房屋混凝土及砌体结构设计、房屋钢结构设计、施工技术、施工组织、土木工程概预算、建筑信息模型（BIM）、选线设计等。

就业方向：毕业生可从事一般工业与民用建筑工程的结构设计、施工管理、工程监理、工程质量检测、工程事故处理等工作；也可协助从事房地产项目规划、研究开发等工作，以及教育和科研部门的工作；还可继续攻读本专业或相关专业的硕士学位。

2. 道路与铁道工程方向

培养目标：培养掌握土木工程理论和基本知识，具备道路与铁道工程的规划设计、建设施工、施工管理及运营管理的相关能力，获得工程师基本训练，能在铁路交通或市政及相关部门从事规划、勘测、设计、施工、监理、维修养护及相关管理工作，或从事有关教学与科研工作，具有创新精神和实践能力的应用型高级工程技术人才。

主要课程：力学、测量学、混凝土结构设计原理、选线设计、路基工程、隧道工程、地下铁道、轨道工程、施工技术、施工组织、土木工程概预算、建筑信息模型（BIM）等。

就业方向：毕业生可从事铁路（城市轨道）、道路（公路与城市道路）及一般桥梁工程的规划、设计、科研及施工等技术工作；也可从事相关教学与科研工作；还可继续攻读本专业或相关专业的硕士学位。

3. 工程检测方向

培养目标：培养掌握土木工程学科的基本理论和基本知识，通过土木工程务实基本训练，实践能力较强，具备建筑工程设计、施工、管理和工程检测的能力，能从事建筑工程设计、施工、管理、监理、工程检测、科学研究工作和土木工程投资和咨询能力，具有创新精神和实践能力的应用型高级工程技术人才。

主要课程：力学、测量学、土力学、工程地质与水文地质、混凝土结构设计原理、房屋混凝土及砌体结构设计、房屋钢结构设计、施工技术、施工组织、土木工程概预算、基础工程、结构检测与加固技术、桥梁诊断与加固技术、道路工程检测与维护、隧道工程检测与维护、建筑信息模型（BIM）等。

就业方向：毕业生可从事一般工业与民用建筑工程的结构设计。可从事房屋建筑工程、道路与桥梁工程、铁道工程的施工管理、工程咨询、工程监理、工程事故处理等工作；可在各级工程检测部门从事工程质量检测工作；也可协助从事房地产项目规划、研究开发等工作，以及教育和科研部门的工作；还可继续攻读本专业或相关专业的硕士学位。

建筑学

培养目标：培养掌握建筑学学科的基本理论、基础知识和基本设计方法，获得建筑师基本训练，具备基本设计能力和初步的研究开发能力，有创新意识，能从事城市与建筑领域内的规划、设计、监理、管理、教育、科研、开发、咨询等方面，具有创新精神和实践能力的应用型高级工程技术人才。

主要课程：公共建筑设计原理、居住建筑设计原理、外国建筑史、中国建筑史、建筑力学、建筑结构、建筑材料、建筑构造、建筑物理、建筑设备、建筑法规、城乡规划原理、建筑设计基础、建筑设计Ⅰ—Ⅳ、大型公共建筑设计、高层建筑设计原理等。

就业方向：目前我国的建筑行业发展前景非常广阔。建筑学专业一直是高等院校就业形势很好的一个专业，就业率达90%以上。毕业生可在各大城市的建筑设计院或建筑事务所、城市规划设计院或政府有关管理部门及各高等院校建筑院系，从事建筑设计、城市设计与规划、环境艺术设计、建筑学专业教学及城市建筑管理等工作；也可继续攻读本专业或相关专业的硕士学位。

道路桥梁与渡河工程

培养目标：本专业培养适应社会主义现代化建设需要，德、智、体、美、劳全面发展，具备自然科学和人文社会科学基础、外语和计算机应用能力，掌握道路桥梁与渡河工程的相关基本原理和基本知识，获得工程师基本训练，能胜任道路、桥梁、隧道等工程的设计、施工与管理，具有较好的基础理论、较宽厚的专业知识和良好的实践能力与创新能力，具有一定的国际视野，能够面向未来的高素质专门人才。

主要课程：力学、结构设计原理、测量学、桥梁工程、桥梁基础工程、道路勘测设计、隧道工程、桥渡设计、钢结构与钢桥、路基路面工程等。

就业方向：毕业生主要在交通、城建或其他部门的交通基建系统，从事桥梁工程方面的勘测、设计、施工、监控、管理和科学研究工作；也可从事大专院校的本专业教学工作；还可继续攻读本专业或相关专业的硕士学位。

工程管理

培养目标：本专业培养适应社会主义现代化建设需要，德、智、体、美、劳全面发展，基本技能扎实、知识面宽、应用能力强，具备土木工程管理与工程计量计价的基本知识，能在建设单位、施工企业、房地产开发公司、工程咨询机构、政府建设主管部门、相关院校、科研单位等从事工程全过程管理、项目管理与施工、房地产经营与开发、工程咨询、工程预决算、教育和科研开发等方面工作的实践能力较强、创新务实的应用型高级专门人才。

主要课程：工程经济学、管理学、工程力学、结构设计原理、土木工程材料、施工技术、工程项目管理、建筑工程定额与概预算、工程招投标与合同管理、房地产评估、建筑信息模型（BIM）等。

就业方向：毕业生可在政府经管部门或建设单位、设计单位、建筑企业、工程建设监理单位、房地产、工程咨询公司、国际工程公司、金融等单位，从事工程管理等工作；也可在高等学校或科研机构从事教学或科研；还可继续攻读本专业或相关专业的硕士学位。

给排水科学与工程

培养目标：本专业培养具备城市给水工程、排水工程、建筑给排水工程、工业给排水工程、水污染控制与规划、水资源保护等方面的知识，能在政府部门、规划部门、经济管理部门、环保部门、设计单位、工矿企业、科研单位、大中专院校等从事规划设计、施工、管理、教育和研究开发方面等工作，具有创新精神和实践能力的应用型高级工程技术人才。

主要课程：水分析化学、水处理生物学、水力学、水源工程、水处理工程、给水排水管道工程、建筑给水排水工程、给水排水工程结构、固体废物处理工程、水源工程、建筑信息模型（BIM）等。

就业方向：毕业生可在市政工程和各设计部门给排水的规划及设计与科研机构、城市和大中型工矿企业给排水设施的运行与管理部门、建筑安装公司的给排水设施施工部门及学校等单位工作；也可在党政机关、企事业单位从事管理和技术工作；还可继续攻读本专业或相关专业的硕士学位。

工程造价

培养目标：培养具备土木工程计量计价与工程管理的基本知识，对工程造价的合理确定、有效控制和实施全过程管理等方面工作具备较强的实践能力，并获得造价工程师基本训练，具有工程造价管理等方面知识，懂技术、会经济、精管理、创新务实的应用型高级工程造价管理人才。

主要课程：管理学、工程制图、建筑力学、工程材料、房屋建筑学、工程施工技术、施工组织、工程项目管理、工程合同管理、土木工程概预算与清单计价、工程造价专业软件应用、安装工程概预算、装饰工程施工及预算、工程监理、建筑信息模型（BIM）等。

就业方向：毕业生可在建设单位、设计单位、施工企业、监理单位、各级投资企业、房地产开发公司、工程咨询机构、物业公司、政府建设主管部门、政府审计部门、定额管理部门、相关院校、科研单位等，从事投资估算、设计概算、施工与施工图预算、承包合同价、工程预算价、竣工结算、招投标过程中的标底及投标报价制定与审查等具体工作；也可继续攻读本专业或相关专业的硕士学位。

建筑工程技术（高职）

培养目标：培养德、智、体、美、劳全面发展，具有良好的职业道德和人文素养，掌握建筑工程识图、房屋构造、建筑力学与结构基本知识，具备建筑施工、质量监督、安全管理能力，面向土木工程建筑业、房屋建筑业等行业的建筑工程技术人员职业群，能够从事建筑工程施工与管理相关工作的高素质技术技能人才。

主要课程：建筑制图与识图、建筑材料、建筑 CAD、BIM 建模、建筑力学、建筑构造、建筑结构、土力学与地基基础工程、建筑施工技术、施工组织与管理、建筑工程计量与计价、工程项目招投标与合同管理、建筑工程质量检测与安全管理等。

就业方向：毕业生主要在建筑施工企业作为土建专业技术负责人，或从事工程项目组织、现场施工管理、质量验收、施工安全、材料检测、技术资料及工程造价等方面的技术工作，也可在建设单位、建设行业管理部门、监理、设计和物业房管单位从事一般的技术及管理工作；还可在设计部门从事建筑工程施工图绘制工作。

工程造价（高职）

培养目标：培养具备建筑工程预算、结算、决算知识和技能，掌握工程造价的流程，能从事建筑工程造价、建筑工程管理等工作的高素质技能型专门人才。

主要课程：建筑识图与构造、建筑材料、建筑结构与识图、工程经济学、建筑 CAD、建筑施工技术、建筑施工组织、建筑工程定额与预算、招投标与合同管理、工程造价专业软件应用、建筑装饰工程预算、建筑设备安装工程预算、工程造价控制、工程造价原理、BIM 基础、工程结算等。

就业方向：毕业生主要面向建筑工程施工、工程造价咨询等相关企、事业单位，从事建筑工程的施工、招投标，工程造价预算、结算、决算等工作。主要岗位为建筑工程造价员、造价咨询师、资料员、施工与管理员等，相关岗位为各行业的技术员、施工员、材料员等。

建筑工程监理（高职）

培养目标：培养拥护党的基本路线，适应生产、建设、管理和服务第一线需要的，品德高尚，举止文雅，知识结构合理，操作技能高，上岗速度快，适应能力强，发展后劲足，具有创新创业能力和良好的心理素质及健康的体魄的工程管理人才。

主要课程：建筑材料、建筑构造与识图、经济法与合同管理、建筑经济、房屋建筑学、建筑力学、建筑设备安装识图与施工、建筑项目质量控制、建筑结构、建筑施工技术、建设项目评估、工程监理概论等。

就业方向：毕业生可在政府经管部门或建设单位、建筑企业、工程建设监理单位、房地产、工程咨询公司、国际工程公司、金融等单位，从事工程监理等工作；还可继续攻读本专业或相关专业的学士学位。

三、人工智能学院

人工智能学院成立于2002年6月，其前身为“电气与信息工程分院”。现设有电子信息工程、通信工程、计算机科学与技术、网络工程、软件工程、智能科学与技术、物联网工程7个本科专业，以及应用电子技术、计算机网络技术2个高职专业。现有在校生近3 000人。

学院始终把人才培养作为办学的根本任务，坚持人文教育与专业教育、理论基础与实践应用、职业需求与专业设置相结合，注重培养高素质应用型人才。现建有工程与项目模拟实验室、模拟飞行及装配调试实验室、嵌入式系统实验室、网络工程实验室、物联网实验室、移动互联网实训室、移动通信实验室等多个实验室。近年来，学生参加全国信息技术应用水平大赛及江西省大学生仿真电路设计大赛、电子电脑大赛、信息安全技术大赛、网页设计大赛、“蓝桥杯”大赛、计算机程序设计大赛等竞赛，共有400余人次获奖。

学院积极探索人才培养新模式，自2009年采用校企合作办学模式以来，开设软件开发班和大唐移动通信工程班，实施课程、学分置换等改革措施，教学工作取得良好效果，人才培养质量得到进一步提升。各类专业就业形势良好，就业质量、就业率均位列学校前茅，毕业生深受社会及广大用人单位的认可和欢迎。

通信工程

培养目标：培养具备通信技术、通信系统和通信网络等方面的专业知识，能在通信领域从事研究、设计、制造、运营及在国民经济各部门和国防事业中从事开发和应用通信技术与设备的高级工程技术人才。

主要课程：计算机技术系列课程、信号与系统、模拟电子技术、高频电子线路、数字电子技术、现代通信原理、计算机通信网、电磁场与电磁波、现代交换原理、光纤通信、移动通信等。

就业方向：该专业为我校的特色专业，多年来一直与企业紧密合作，学生第三年可根据自己的意愿选择不同的发展方向，就业前景好。毕业生可在各类通信运营与管理公司及其他企事业单位工作；可在通信设备制造公司从事通信软件程序的编制、调试，硬件系统的调测等工作；可在电信行业从事通信网络的设计、维护、运营管理等相关工作；也可在铁路局（公司）从事信号相关工作；还可继续攻读本专业或相关专业的硕士学位。

电子信息工程

培养目标：培养德、智、体、美、劳全面发展，具有“实践能力强、创新务实”的高级电子信息工程科技人才。要求学生掌握自然科学、人文社会科学和工程技术基础理论，具有系统的专业知识和较强的实践能力，毕业后可在电子信息工程专业领域从事科学研究、工程设计、开发应用、技术管理等工作。

主要课程：电路原理、模拟电子技术、数字电子技术、电磁场与电磁波、信号与系统、高频电子线路、数字信号处理、DSP 原理及应用、现代通信技术、自动控制原理、微机原理与接口技术、传感器与检测技术、电子测量技术、电子系统设计等。

就业方向：毕业生可在信息技术、应用电子、自动控制、网络、通信、嵌入式等领域从事集成电路设计、技术开发、测试、技术支持等工作，就业主要面向铁路、国防、外交、安全、公安、广电、交通、民航、高等院校等；也可继续攻读本专业或相关专业的硕士学位。

计算机科学与技术

培养目标：培养具备工程师基本素质，具有合理知识结构和多种技能，较强的工程一线和工程经济意识，适应信息技术迅猛发展，从事计算机科学与技术领域的高级工程技术人才。

主要课程：计算机导论、模拟电子技术、数字逻辑、计算机组成原理与系统结构、单片机原理及应用、计算机网络、Java 语言程序设计、汇编语言程序设计、数据结构、操作系统、编译原理及软件开发实训等。

就业方向：该专业为学校重点发展专业，多年来一直与企业紧密合作，学生第四年可根据自己的意愿选择 Java、安卓、.net 等不同的发展方向，就业前景好。毕业生可到政府、银行、保险、民航、学校等企事业单位，从事软件开发、系统维护、性能调优、事务处理等工作，从事网络应用系统的设计、开发、维护，相关软件的市场推广、售前售后服务，在各类学校从事相应的教学、科研等工作。从业的岗位有数据库系统工程师、软件工程师、网络工程师、技术支持/维护工程师和产品工程师等。也可继续攻读本专业或相关专业的硕士学位。

网络工程

培养目标：培养具备网络工程师基本素质，拥有良好的网络技术与工程素养，能系统地掌握网络工程的基本理论知识，掌握本学科及跨学科应用系统的知识更新能力，适应信息技术迅猛发展，从事网络工程领域的系统规划、设计、实施、开发、服务的高素质专门人才。

主要课程：计算机导论、模拟电子技术、数字逻辑、计算机组成原理与系统结构、单片机原理及应用、计算机网络、网络安全、信息安全、综合布线系统、网络系统集成技术、网络安防技术、数据结构、操作系统、编译原理及网络系统集成实训等。

就业方向：该专业为学校重点发展专业，多年来一直与企业紧密合作，学生第四年可根据自己的意愿选择网络工程、信息安全等不同的发展方向，就业前景好。毕业生可到 IT 行业及相关企业、政府机关、教育部门、科研院所从事系统开发，系统管理，计算机网络系统规划、设计、施工、维护，计算机软硬件开发等方面的工作，从业的岗位有网络工程师、信息安全工程师、技术支持及维护工程师等。也可继续攻读本专业或相关专业的硕士学位。

软件工程

培养目标：培养软件工程师基本素质，掌握软件开发、软件测试与运用等实用技能，具备适应行业专业信息化技术，熟悉软件行业领域业务流程的高层次综合型应用人才。

主要课程：C 语言、Java 语言、数据库基础、网络技术、计算机文化基础、数据结构、软件工程理论、网页制作技术、J2EE 开发、大型数据库、软件测试、操作系统、软件项目管理、大数据、云计算、PHP 程序设计、B/S 高级开发、移动开发、软件项目管理、软件测试工具、软件体系结构等。

就业方向：毕业生面向各党政机关、企业、IT 公司、金融机构、科研单位等，主要从事软件的设计、开发、测试、维护工作及软件工程的管理，从业岗位有移动开发工程师、软件测试工程师、软件应用工程师、软件项目工程师、技术支持及维护工程师等；也可继续攻读本专业或相关专业的硕士学位。

智能科学与技术

培养目标：培养具备良好的科学素质，系统地掌握智能科学与技术的基本理论、基本知识和基本技能，在智能科学与工程领域具有较强的知识获取能力和创新创业能力的宽口径复合型人才，同时培养具有计算机、自动化、电子信息等交叉学科基础知识的高级复合型、应用型科技人才。

主要课程：FPGA 设计基础、传感器与检测技术、嵌入式实时操作系统、电路原理、数字信号处理、数据结构、数字电子技术、生物特征识别技术与应用、微机原理与接口技术、自动控制原理、单片机原理及应用、移动应用开发、Python 语言。

就业方向：毕业生主要在工业、信息、医疗、教育、电力、金融等国民经济的诸多行业领域，从事智能系统、智能信息处理、智能行为决策、智能机器人、智能家居、智能产品等领域的科学研究、技术开发、教学及管理等工作；也可继续攻读本专业或相关专业的硕士学位。

物联网工程

培养目标：培养具备物联网工程及相关信息科学技术的基础理论和专业知识的高素质专门人才。学生接受从事科学研究，工程技术开发、教学、管理及应用等方面所需要的基本训练，具备从事物联网及互联网的协议标准与系统、通信架构、无线传感器、信息安全等方面研究、开发、应用及管理的综合能力。

主要课程：C 语言程序设计、电路原理、模拟电子技术、数字电子技术、信号与系统、微机原理与接口技术、通信原理、信息安全技术、无线通信原理、无线传感器网络、数据采集与处理、嵌入式系统原理及应用、传感器与检测技术、物联网导论、短距离无线通信协议开发与应用、物联网组网技术、无线射频识别技术、计算机网络、物联网应用综合设计等。

就业方向：毕业生主要在科研部门、教育单位和行政部门等单位，从事物联网及互联网的协议标准与系统、通信架构、无线传感器、信息安全等的综合设计、开发、应用、管理与维护等方面的科学研究、开发设计、工程应用、决策管理和教学等工作。

计算机网络技术（高职）

培养目标：主要面向拥有内部网络的中小企业、机关和事业单位、网络工程（通信）公司或网络设备及相关产品代理商，培养在生产、管理、服务第一线，从事网络组建项目实施与技术服务、网络安全及管理项目实施与技术服务、软硬件及网络应用系统维护与技术服务等领域的高素质劳动者和技术技能人才。

主要课程：计算机网络、Linux 操作系统管理、Window Server 局域网组建与维护、综合布线技术、无线网络技术、路由交换技术、网络安全与管理、SDN 技术等。

就业方向：本专业主要围绕网络工程师岗位，以企业信息化技术设施的建设、管理与维护为核心，针对网络系统集成、网络安全管理和网络应用开发岗位，采用“三线并重”的计算机网络技术专业课程体系，对应的三个岗位群分别为网络组建项目实施与技术服务岗位（建网）、网络安全及管理项目实施与技术服务岗位（管网）、软硬件及网络应用系统维护与技术服务岗位（用网）。计算机网络技术专业可以为本地区的企业信息化建设、管理与维护培养网络人才。

应用电子技术（高职）

培养目标：培养具有现代电子技术专业理论知识和应用能力，可从事现代电子产品开发、生产管理、设备维护、电子工艺与质量管理、技术支持、工程施工、产品销售及售后服务等工作的高技能专门人才。

主要课程：电工基础、模拟电子技术、高频电子线路、数字电子技术、电子测量与仪器、单片机技术应用、嵌入式技术应用等。

就业方向：本专业主要面向现代电子产品生产企业，从事电子产品的生产及组织管理。学生毕业后可以从事电子设备和信息系统的设计、应用开发和技术管理，以及设计开发与硬件相关的各种软件；也可继续攻读本专业或相关专业的学士学位。

四、智能制造学院

智能制造学院成立于 2002 年 6 月，其前身为机电工程分院。现设有机械设计制造及其自动化、机械电子工程、机器人工程、材料成型及控制工程、车辆工程、汽车服务工程 6 个本科专业，以及机械制造及自动化、模具设计与制造、智能制造装备技术、汽车检测与维修技术 4 个高职专业，现有在校生 1 900 余人。

学院积极探索产学研用融合的工程应用型人才培养模式改革，先后与恒天机电园、恒天动力、东风商用车有限公司发动机厂、江西博茂机械有限公司、东风商用车有限公司动力总成工厂、广甸大众汽车销售服务有限公司、南昌欧菲光电技术有限公司等企业深层次合作，搭建校外实践基地和就业平台，培养学生工程实践能力和创新能力。

学院重视学风建设，注重人才培养效果。历年来，学院考研人数和考研录取率位居全校第一，毕业生中共有 500 余名学生考取了中南大学、复旦大学、四川大学、重庆大学、华东理工大学、北京交通大学等高校的研究生。学院所属专业培养目标与企业用工要求契合度较高，所培养的学生备受用人单位的青睐。学院就业率名列学校前茅，多次被评为学校就业先进单位。学院学生在学科竞赛和创新创业等各级大赛中屡创佳绩，荣获省级以上奖励 100 余项，其中国家级 40 余项。

机械设计制造及其自动化

培养目标：机械设计制造及其自动化专业是我校重点建设专业，在江西省专业综合评价同类高校中排名第二（图 2-32 为机械制造实验室）。本专业对接“工业 4.0”，致力于为地方经济发展和社会提供高质量的人才供给，全面推进应用型人才培养。本专业主要培养适应社会主义现代化建设需要，德、智、体、美、劳全面发展，具备机械设计制造基础知识与应用能力，获得机械工程师基本训练，并能在工业生产第一线从事机械设计制造的应用型高级工程技术人才。

主要课程：画法几何及机械制图、理论力学、材料力学、机械原理、工程材料及机械制造基础、机械设计、互换性与技术测量、电工学基础、模拟电子技术、数字电子技术、微机原理及应用、机电传动与 PLC 控制、金属切削原理及刀具、金属切削机床、机械制造工艺学、数控机床及编程。

就业方向：毕业生能够在各类企事业单位，从事机械产品、工具、仪器仪表的设计制造、科研开发工作及担负工厂设备及自动化生产线的调试运行和管理工作；也能够从事各行业的计算机应用开发、计算机绘图、CAD/CAM/CAE 技术运用与开发、数控机床编程和加工等工作；还可继续攻读本专业或相关专业的硕士学位。

机械工程实训中心

机械设计实验室

机械创新实验室

机械制造实验室

机械制造实验室

校外实习基地

校外实习基地

图 2-32　机械制造实验室等

机械电子工程

培养目标：本专业坚持突出能力、强化应用、机电结合的专业特色，重点突出能力和素质同等重要的培养模式。培养德、智、体、美、劳全面发展，具有正确的世界观、人生观、价值观和良好的政治思想道德品质，掌握扎实的机械、电子、控制、自动化等学科基础知识、专业知识和基本技能，具有解决工程实际问题、能在机电行业及相关领域从事机电产品和机电系统的设计制造、研究开发、工程应用、运行管理和销售等工作的应用型高级工程技术人才（图 2-33）。

主要课程：画法几何及机械制图、理论力学、材料力学、机械原理、机械设计、工程材料及机械制造基础、电工学基础、模拟电子技术、数字电子技术、控制工程基础、机械 CAD/CAM、可编程控制器及应用、机电传动与控制、机电一体化系统设计、传感器原理及应用、微机原理及接口技术、机械制造、数控机床等。

机械工程实训中心

机械设计实验室

互换性与测量技术实验室

单片机实验室

检测实验室

机电传动实验室

校外实习基地

校外实习基地

图 2-33　机械电子工程专业

就业方向：毕业生可进入企业、科研院所、政府机关、高等院校等单位，从事机电系统设计、机械设计与制造、计算机辅助设计与制造、电气控制、工程设计与开发、控制系统设计等方向的理论研究、试验测试、产品开发、技术管理等工作；也可继续攻读本专业或相关专业的硕士学位。

机器人工程

培养目标：培养适应地方社会经济发展需要，德、智、体、美、劳全面发展，具有良好的科学文化素养、职业道德和社会责任感，具有独立解决问题的能力，具有获取新知识、新技能的意识和能力，掌握现代工业机器人开发、生产、安装、调试、维护方面的专业知识，具备机器人结构设计、智能控制、传感器技术、机电传动和工业机器人应用技术等专业技能，能适应不断变化的工作需求，可从事机器人的设计制造、编程、调试、维修、销售、应用等岗位，能适应社会发展需求的复合应用型专业人才。

主要课程：工程制图基础、工程力学、机械设计基础、数字电子技术、控制工程基础、机械 CAD/CAM、PLC 原理及应用、机电传动与控制、工业机器人技术、机器人机构学、机器人视觉、机电一体化系统设计、传感器原理及应用、微机原理及接口技术、伺服技术与应用、工业机器人操作与编程等。

就业方向：机器人工程专业属于技术类的实用型专业，涉及机械、电子、电气、自动化、计算机等学科，主要包含机器人的设计、制造和集成应用，零部件和控制系统的研发等内容，是一个软件与硬件并重的专业。本专业毕业生未来可在人工智能（视觉认知、人机交互）、智能汽车（无人驾驶、辅助驾驶）、智慧医疗（医疗机器人、智能医疗设备）、智能制造（智能工厂、工业机器人、工业自动化）、智慧物流（快递无人机、仓储物流机器人）、养老助残（智能辅具、陪护机器人）、智慧家庭（家用机器人、清洁机器人）等领域就业，从事技术研发、产品设计、技术服务、营销管理等工作；也可以选择到国内外高校继续深造，攻读相关专业的硕士学位。

材料成型及控制工程

培养目标：培养德、智、体、美、劳全面发展，具有较高的文化素养、良好的社会责任感和较强的工程技术应用能力，获得机械工程师基本训练，具备机械热加工基础知识与应用能力，能在机械制造、模具、材料成型与加工等领域从事科学研究、应用开发、工艺与设备的设计、生产及经营管理等方面工作的应用型高级工程技术人才（图 2-34）。

校外实习基地

校外实习基地

注塑机

数控雕刻机

模具拆装实验室

冲床

模具拆装实验室

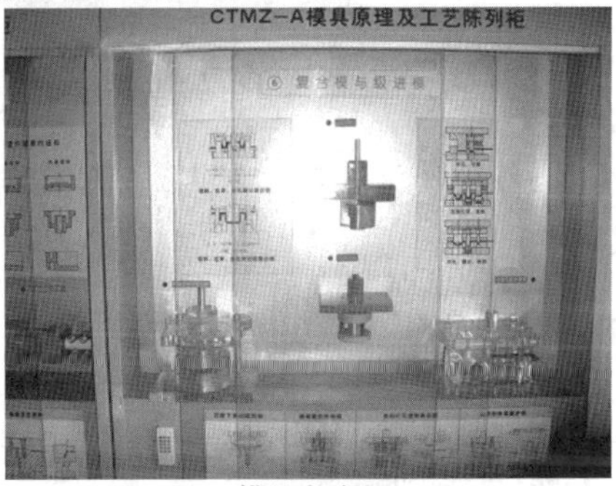

模具实验室

金相热处理实验室

金相实验室

液压与气压传动实验室

机械设计实验室

校外实习基地

图 2-34 材料成型及控制工程专业

主要课程：画法几何及机械制图、理论力学、材料力学、工程材料及机械制造基础、机械原理、机械设计、电工基础、模拟电路、数字电路、工程材料及机械制造基础(A)、冲压工艺与模具设计、塑料成型与模具设计、模具CAD、模具CAM、模具制造工艺学、材料成型CAE等。

就业方向：毕业生可在机械、电子、电器、汽车、轻工、仪器仪表、能源、交通、航天航空等领域就业，从事材料加工与制备，材料加工工艺与控制，模具的计算机辅助设计与制造、技术与产品研发、质量控制、经营管理、商品检验及技术监督等工作；亦可在教育科研、商业贸易专业咨询等行业广泛就业；还可继续攻读材料加工、材料成型及控制工程、材料学、材料物理等相关专业，以及机械和控制类学科的硕士学位。

汽车服务工程

培养目标：培养获得工程师基本训练，具有扎实的汽车技术和汽车行业经营管理知识和专业技能，具备“懂技术、擅经营、会管理”的综合素质，能够适应汽车技术服务、贸易服务、金融服务等汽车服务领域工作的应用型高级工程技术人才。

主要课程：机械制图、工程材料及机械制造基础、工程力学、机械设计、电工电子学、发动机构造、汽车底盘构造、汽车检测与故障诊断、汽车维修工程、汽车电器、汽车营销、汽车保险与理赔、汽车鉴定与评估等。

就业方向：毕业生可去汽车生产企业、汽车销售公司、汽车保险公司、汽车修理企业、二手车市场、学校等单位就业，从事汽车制造与销售、汽车保险与理赔、汽车检测与维修、旧车鉴定与评估及相关的教育教学工作；也可继续攻读本专业或相关专业的硕士学位。

车辆工程

培养目标：培养系统掌握机械设计制造基础知识和车辆工程理论基础，获得工程师基本训练，富有社会责任感，具备车辆工程与新能源汽车技术的相关理论基础与专业实践能力，具有良好的综合素质和开拓创新能力，能从事汽车产品的设计制造、维护保养、检测试验和运用管理等方面工作能力的应用型高级工程技术人才（图 2-35）。

主要课程：画法几何及机械制图、理论力学、材料力学、工程材料及机械制造基础、机械原理、机械设计、电工电子学、汽车构造、汽车设计、汽车制造工艺学、汽车理论、汽车电器与电控、汽车检测与诊断、新能源汽车技术、汽车总线技术等。

机械设计实验室

汽车实验室

汽车配件室

汽车实训室

校外实习基地

校外实习基地

汽车实验室

汽车实训室

汽车实训室

汽车驾驶实训

校外实习基地

校外实习基地

图 2-35　车辆工程专业

就业方向：毕业生可在汽车设计、生产和汽车销售企业，从事汽车整车及零部件的设计开发、车身及造型设计、车辆电子技术应用、车辆的性能测试与试验研究、汽车制造工艺、汽车工装及生产管理等技术工作和汽车销售工作；可在交通运输及管理等单位从事车辆维修管理工作；也可在大中专院校、科研院所从事相关的教学及科研工作；还可继续攻读本专业或相关专业的硕士学位。

机械制造及自动化（高职）

培养目标：培养适应社会主义现代化建设需要，德、智、体、美、劳全面发展，具有一定的科学文化水平、良好的人文素养、职业道德和创新创业能力，掌握本专业必备的基础理论和专门知识，具有较强的实践能力和精益求精的工匠精神，能够在通用设备、专用设备领域从事设备操作、工艺技术、工装设计、机械加工、产品检验、机床检测及维修的应用型高级工程技术人才。

主要课程：机械制图、工程力学、工程材料及热处理、机械制造基础、机械设计基础、公差配合与技术测量、液压与气压传动、金属切削机床、机械 CAD/CAM 应用、数控加工工艺及编程、机械制造工艺、机床电气与 PLC 控制技术。

就业方向：毕业生能够在各类企事业单位，从事机械产品、工具、仪器仪表的设计制造工作及担负工厂设备及自动化生产线的调试运行和管理工作；也能够从事各行业的计算机应用开发、计算机绘图、CAD/CAM/CAE 技术运用与开发、数控机床编程和加工等工作；还可继续攻读本专业或相关专业的学士学位。

智能制造装备技术（高职）

培养目标：培养与社会主义市场经济和现代化建设相适应，德、智、体、美、劳全面发展，具有良好的职业道德和创新精神及较强的实践能力、就业能力和可持续发展的能力，掌握本专业必备的基础理论和专门知识，从事数控设备安装、调试、应用、管理、维护维修等工作的高素质技术技能型人才。

主要课程：机械制图、工程材料与热处理、工程力学、电工与电子技术、机械设计基础、公差配合与测量技术、液压与气压传动、电机与电气控制技术、机械制造技术、机械 CAD/CAM 应用、数控机床 PLC 控制与调试、数控机床编程与操作、数控机床机械安装与调试、数控机床电气控制系统安装与调试、数控机床故障诊断与维修。

就业方向：毕业生可在智能制造工程、机电及自动化工程领域，从事智能制造设备的操作，智能产品设计制造，智能装备故障诊断和维护维修，智能工厂系统运行、管理，系统集成等方面的工作。

模具设计与制造（高职）

培养目标：培养适应社会主义现代化建设需要，德、智、体、美、劳全面发展，掌握模具设计与制造技能，获得本专业相应职业技能资格证书，能够从事模具设计、成型（形）工艺、数控编程、模具制造、模具装配调试、模具使用与维护、模具销售、产品检验和质量管理工作的高素质应用型人才。

主要课程：机械制图、公差配合与测量技术、机械设计基础、工程材料及热处理、机械制造基础、单片机原理与接口技术、电工与电子技术、液压传动、可编程控制器原理及应用、冲压工艺及模具设计、塑料成型工艺及模具设计、模具概论、数控加工技术、模具 CAD/CAM、冲压与塑料成型设备及自动化、模具零件、普通机械加工技术等。

就业方向：毕业生能在机械、汽车、家电、轻工等制造行业中，从事塑料模具数字化设计，五金冲压模具设计，模具结构设计，模具、机械零件设计与绘制，产品开发与造型设计，模具加工与装配，模具生产技术管理，模具零件和产品测绘及质量验收，模具销售与技术服务等工作；也可从事产品成型过程的模具加工制造、生产管理、模具维修、经营管理、质量管理、生产成本及产品报价等；还可从事技术开发工作。

汽车检测与维修技术（高职）

培养目标：培养德、智、体、美、劳全面发展，具有一定的科学文化水平，具有良好的职业道德、人文素养、创新意识，精益求精的工匠精神，较强的就业能力和可持续发展的能力，掌握汽车检测与维修的基本知识和技术技能，具备汽车检测与维修能力，从事汽车检验、检测及故障诊断，汽车总成及零部件维修和技术管理等工作，且具有职业岗位所需的基础知识和专业技术技能，经过汽车工程师初步训练的高素质技术技能型人才。

主要课程：机械制图、公差配合与测量技术、工程材料与机械制造基础、机械设计基础、汽车发动机结构与检修、汽车底盘构造与检修、液压与气压传动、汽车电气设备构造与检修、汽车电控系统检修、汽车车载网络技术、汽车鉴定与评估、汽车维修业务接待、汽车性能与检测技术。

就业方向：毕业生可在汽车维修企业、各品牌 4S 店、汽车销售公司、汽车美容保养公司、保险及公估公司、二手车评估企业、租车等汽车服务公司，从事相关工作，或在汽车快修及美容领域创业。

五、商学院

商学院成立于 2002 年 6 月，其前身为“经济管理学院”。学院现有会计系、金融系、管理系、商贸系四个系，开设了会计学、金融学、国际经济与贸易、市场营销、电子商务、人力资源管理、旅游管理与服务教育、公共事业管理 8 个本科专业，以及会计信息管理、市场营销、电子商务 3 个专科专业，是集经济、管理于一体的文理渗透的综合性二级学院，现有在校生 3 200 余人。

学院紧紧围绕应用型高级专门人才培养目标，着力构建“校内实训+校外实习+学科竞赛”为一体的实践能力培养体系。通过人才培养模式的创新改革，培养效果明显。近年来，学院有 300 余名学生在“全国大学生数学建模比赛”“全国大学生英语竞赛”“挑战杯全国大学生课外学术科技作品竞赛”等比赛中取得优异成绩。例如，会计学专业黄文丽同学在 2018 年初级会计师考试中获全国第二名，金融学专业王文轩同学在 2019 年全国大学生数学建模比赛中获全国第一名的好成绩。

经过多年的努力，商学院在办学规模、师资队伍、学科建设、办学特色等方面均已发生巨大变化。在会计信息化、金融科技、旅游经济等方面的研究也取得一定的成果。这些积累和良好的发展势头为学院的进一步发展打下了坚实的基础。

金融学

培养目标：培养具备金融学、金融运作和金融市场等方面的理论知识和业务能力，熟悉中外金融规则、惯例及 WTO 的运行机制，能在各类金融机构、中介组织、国家经济部门和企业等从事相关专业工作的高级应用型人才。

主要课程：微观经济学、宏观经济学、管理学、会计学、金融学、国际金融、金融风险管理、公司金融、证券投资分析、保险学、商业银行经营学、统计学、Python 语言、计量经济学等。

就业方向：毕业生能够在银行、证券公司、保险公司、信托投资公司、金融资产公司、财务公司、投资基金公司及其他金融机构，从事银行资金运营、证券、保险、信托投资等金融业务与管理工作；可在银行保险监督管理委员会、证券监督管理委员会、中国人民银行等金融监督管理机构从事金融管理工作；也可继续攻读本专业或相关专业的硕士学位。

国际经济与贸易

培养目标：培养系统掌握经济学基本原理和国际贸易基本理论与技能，了解当代国际经济贸易发展现状，熟悉通行的国际经贸规则与惯例，能在涉外经贸领域从事实际业务操作、管理、调研和营销策划及跨境电商相关工作的高级应用技术型人才。

主要课程：宏观经济学、微观经济学、国际经济学、国际贸易理论、国际贸易实务、国际商务英语、国际商务单证（双语）、国际结算（双语）、出口贸易模拟操作、外贸英语函电、跨境电子商务、财政学、会计学、统计学及实践课程，如ERP沙盘模拟经营实训、跨境电子商务模拟实训、国际贸易业务综合模拟实训等。

就业方向：毕业生能在政府对外贸易经济管理部门，从事外贸管理工作；在外贸企业，从事对外贸易业务及国际市场营销工作；在涉外企业、合资企业、大型工商贸易公司或企业，从事贸易经济、市场营销及经营管理工作；在电商企业及网络平台，从事跨境电商相关工作；也可在高等教育领域，从事贸易经济管理类的教学工作；还可继续攻读本专业或相关专业的硕士学位。

会计学

培养目标：培养具备良好职业道德，具有管理、经济、法律和会计学等方面的知识，拥有终身学习的本领和应对复杂环境变化的能力，能在企事业单位及政府部门从事会计实务、教学及科研等方面工作；能在会计师事务所、财务咨询公司、经济管理部门从事财务管理、资产评估、税务代理、管理咨询工作及其他经济管理工作的高级应用型人才。

主要课程：基础会计学、财务会计学、成本会计学、管理会计学、审计学、微观经济学、宏观经济学、管理学原理、统计学原理、管理信息系统、经济法、税法、财务管理学、财经法规及会计职业道德等。

就业方向：毕业生可在各类企事业单位、会计师事务所、财务公司，从事会计实务、查账验证、资产评估、税务代理、管理咨询、审计、教学及科研等工作；也可继续攻读本专业或相关专业的硕士学位。

市场营销

培养目标：培养适应现代社会和市场经济需要，具备人文精神、科学素养和诚信品质，掌握管理学、经济学、市场营销学等基本理论方法和市场营销专业技能，拥有综合运用相关知识发现、分析和解决营销实际问题的能力，能够在工商企业、政府部门和事业单位从事市场调研、营销策划、广告策划、销售管理等营销业务及管理工作的实践能力较强、务实创新的高级应用型人才。

主要课程：管理学原理、微观经济学、宏观经济学、统计学原理、基础会计学、财务管理学、市场营销学、消费者行为学、组织行为学、市场营销调查与预测、市场营销策划、广告学、价格学、渠道管理、公共关系学、销售管理、客户关系管理、品牌管理、人力资源管理概论、公司治理、运营管理、企业战略管理、创业基础教育等。

就业方向：毕业生面向现代工商企事业单位，从事市场调研与预测、营销和公关策划、品牌运营与管理、广告宣传和媒体运作、销售管理、咨询顾问、国际市场营销，以及运用 IT 技术和工具从事网络营销、软件营销、电子商务、客户关系管理、营销信息化等相关工作；也可继续攻读本专业或相关专业的硕士学位。

人力资源管理

培养目标：培养具备管理、经济、法律和人力资源管理等方面的基本知识和能力，能在企事业单位及政府部门从事人力资源管理及教学、科研方面工作的高级应用型人才。

主要课程：管理学、经济学、统计学、会计学、人力资源战略与规划、人员招聘与配置、人员素质测评、薪酬管理、绩效管理、人员培训与开发、劳动关系与劳动法、社会保障学、人力资源数据分析等。

就业方向：毕业生可在企事业单位、政府机构等，从事工作分析与岗位设计、人员招聘、薪酬管理、绩效管理、人员培训与开发、员工关系管理等人力资源管理工作；也可在人力资源管理咨询公司、人才交流中心、人力资源外包公司、猎头公司、测评与培训公司、e-HR 软件公司等专业组织，从事咨询、服务、客户开发与管理、e-HR 设计、推广与实施等工作；还可继续攻读本专业或相关专业的硕士学位。

旅游管理与服务教育

培养目标：培养适应现代旅游业发展需要，掌握旅游管理与服务教育专业基本理论、知识和技能，具备较高的思想道德素质、人文素质、业务素质和身心素质，服务地方经济，能在各级旅游行政管理部门、旅游企事业单位从事旅游管理工作，在各级各类旅游教育单位担任旅游职业教学和研究工作的应用型、复合型人才。

主要课程：管理学原理、旅游经济学、旅游市场营销、旅游企业财务管理、统计学、基础会计学、管理信息系统、旅游电子商务、旅游学概论、旅游接待业、旅游目的地管理、旅游消费者行为学、教育学、心理学、教学方法论、现代教育技术、现代服务业管理、旅行社经营与管理、旅游政策与法规、旅游规划与开发、旅游商务英语等。

就业方向：毕业生主要面向各级旅游行政管理部门、旅游企事业单位、各级各类旅游教育单位、国内外五星级及以上各类酒店、高端社会餐饮业相关部门的服务与管理，也可从事大型会展服务与接待管理，旅游相关行业的服务运营与管理，以及中小学教学、职业技能培训、高铁空乘、银行金融机构等相关管理类的工作。

电子商务

培养目标：培养掌握现代经济科学、管理科学、计算机科学、网络通信和信息处理技术等基本理论、实践技能和电子商务综合技能，能够在工商企业、金融机构、事业单位及政府机构，从事商业、贸易、营销管理、电子商务、电子政务及电子商务系统的规划、分析、设计、开发、管理等工作的复合型、专门化应用型人才。

主要课程：电子商务概论、电子商务物流、网络营销、管理学原理、基础会计学、消费者行为分析、市场营销学、客户关系管理、计算机网络、文案策划与写作、Web 库编程、C 语言程序设计、Java 语言程序设计、网页设计与制作、数据库技术及应用、运筹学、数据结构、PHP 程序设计、平面基础设计、多媒体技术、移动商务、国际贸易理论与实务、网上支付与结算、电子商务系统规划与设计、电子商务案例、电子商务法规、电子商务安全、电子商务专业英语等。

就业方向：毕业生可在各类网络商务公司、贸易经济管理部门、其他企事业单位，从事平台维护相关工作，如网站平台分析员、网页设计与制作、网站建设与管理；可从事电子商务相关软件产品的操作、培训、销售和服务等业务工作；也可从事电子商务业务管理类工作，如网上贸易、网络营销、网络数据分析、ERP 系统咨询顾问、跨境电商相关工作等；还可继续攻读本专业或相关专业的硕士学位。

公共事业管理

培养目标：培养具备现代管理理论、技术与方法等方面的知识及应用这些知识的能力，具有公共事业管理所需要的基础理论、基本知识、基本技能，能比较熟练地运用公共事业管理相关知识和实践技能，能在政府部门、企事业单位、公共组织、各种非营利组织和其他机构从事各种行政管理和综合职能工作、教学或科研工作，拥有较强的中英文语言文字表达能力及沟通能力的高素质应用型人才。

主要课程：管理学原理、社会学概论、经济学原理、政治学原理、公共管理学、危机管理学、社会心理学、社会保障学、公共事业管理、公共关系学、人力资源开发与管理、行政法与行政诉讼法、公共经济学、公共部门财务管理等。

就业方向：毕业生可以在工商行政管理部门、涉外经济管理部门、经济监督管理部门、科学、教育、文化、体育、卫生、社会团体、社区等公共事业单位和各类企业，从事行政管理、政策研究、政府规制、人力资源、职能管理等相关中高层管理工作。同时该专业在公务员招考、事业单位招考、三支一扶、西部计划、大型国有企业招考等各种选拔性招考中有明显的专业优势。本专业毕业生也可继续攻读本专业或相关专业的硕士学位。

会计信息管理（高职）

培养目标：培养具有良好的政治素质和道德修养、高度社会责任感和敬业精神，掌握会计信息化管理理论知识和业务技能，能熟练运用会计信息化系统软件进行会计信息收集、加工、分析，并具有较强的财务分析与涉税业务处理能力，从事会计核算与监督、软件维护与完善的高素质技术技能型人才。

主要课程：基础会计学、中级财务会计学、成本会计学、管理会计学、审计学、管理学原理、计算机基础与应用、税法、财务管理学、财经法规及会计职业道德、财务报告分析、会计信息化、会计信息化综合实训、Excel 财务应用、税费计算与申报、ERP 沙盘经营模拟实训等。

就业方向：毕业生可在各类中小企业、上市公司、财务公司、金融机构、税务事务所、会计师事务所、财务软件公司、政府和事业单位，从事会计实务、查账验证、调查方案、图表制作、资产评估、税务代理，以及信息的采集、处理、展示、分析、预测及管理等工作；也可继续攻读本专业或相关专业的学士学位。

市场营销（高职）

培养目标：培养拥护党的基本路线，适应21世纪经济与社会发展，德、智、体、美、劳全面发展的市场营销专业方面高端应用型管理人才。毕业生能熟练掌握市场营销方面的专业知识，适应当代移动互联网营销的发展趋势，具有较强的市场调研、营销方案策划、营销方案决策、营销方案实施与控制等专业技能和学习能力，具有较高的管理素质及计算机操作能力的高素质技术技能型人才。

主要课程：商品学、管理学基础、市场营销学、经济法、现代企业管理、消费心理学、统计原理、服务营销、广告经营与管理、品牌管理、市场调查与预测、现代推销学、国际商务谈判、网页设计与制作等。

就业方向：学生毕业后可在各类工商企业、集团公司，从事市场开发、产品销售、营销策划、市场调查、网络营销、客户关系管理、产品管理、渠道管理与维护、门店管理等工作；也可自行创业；还可继续攻读本专业或相关专业的学士学位。

电子商务（高职）

培养目标：本专业培养德、智、体、美、劳全面发展，适应经济社会发展的需要，既掌握电子信息技术，又懂得商务经营管理，以商务为目标、以电子为工具，能够在制造业、流通业、服务业、政府部门及教育机构，熟练从事电子商务经营与管理、互联网业务操作、网页制作、网站建设、信息收集分析与更新处理、电子商务项目规划等工作，具有“信、敏、廉、毅”素质的创业型人才。

主要课程：电子商务概论、电子商务物流、网络营销、管理学原理、基础会计学、消费者行为分析、市场营销学、客户关系管理、计算机网络、C语言程序设计、网页制作技术、数据库技术及应用、平面基础设计、移动商务、国际贸易理论与实务、电子商务系统建设、电子商务法、电子商务安全、电子商务英语等。

就业方向：毕业生可在各类企业、商贸公司及各种金融机构，从事网页设计、电子商务策划、网络营销、市场营销等相关工作，也可胜任包括计算机应用、网络应用在内的工作。

六、文法学院

文法学院前身为“人文经管学科部”“人文法学分院”。学院现开设法学、英语两个本科专业，以及商务英语、智慧健康养老服务与管理两个高职专业，现有在校生1 600多人。

学院始终坚持“以人为本”“以教学为中心”，既重视“基本概念、基本知识、基础理论”的教学，更重视学生社会实践能力和创新意识的培养。先后与南昌市中级人民法院、南昌市新建区人民法院、南昌市法律援助中心、北京市中银（南昌）律师事务所（图 2-36）、香港现代教育集团、万豪集团等 20 余家机关、企事业单位建立了校企合作关系，为学生的实习、就业提供了保障。英语专业学生连续四年参加专业四级考试，通过率居全省同类院校之首，英语专业八级考试通过率稳定在 30% 左右；法学专业学生参加国家统一法律职业资格考试通过率达到 50%。学院曾连续三年被学校评为“就业先进单位”，毕业生的优秀表现获得社会的普遍认可。

图 2-36　文法学院与北京市中银（南昌）律师事务所签约仪式

法　学

培养目标：培养适应建设中国特色社会主义法治体系和建设社会主义法治国家的实际需要，德、智、体、美、劳全面发展，具有法治理念、法律信仰和职业道德，具有较强的学习能力和开拓创新精神，拥有创新意识和创新创业能力，能够系统掌握法学基本理论和基础知识，熟悉我国法律和党的方针政策，具备良好的法律思维与法律实践能力，精法律、通外语、晓科技，具有扎实的专业理论基础和熟练的职业技能、合理的知识结构。培养具备科学立法、公正司法、依法行政、依法执政及高效高质的法律服务能力，能在国家机关、律师事务所、企事业单位、社会团体等从事法律工作，特别是能在国家立法机关、审判机关、检察机关、司法行政机关、仲裁机构、法律服务机构从事法律工作的复合型、职业型、创新型法治人才及后备力量。

主要课程：法理学、宪法、行政法与行政诉讼法、民法、商法、知识产权法、经济法、刑法、国际法、国际私法、国际经济法、民事诉讼法、刑事诉讼法、劳动与社会保障法、环境资源法、交通法等。

就业方向：毕业生就业大体分三类。一类是进入公、检、法、司等政法机关，多数要求通过国家法律职业资格考试，获得法律职业资格证书；二类是进入企事业单位从事法务工作；三类是从事律师事务。也可继续攻读本专业或相关专业的硕士学位。

英　语

培养目标：培养良好的综合素质，具有广博的科学文化知识、扎实的英语语言基础、娴熟的英语交际能力、一定的二外水平，掌握丰富的翻译知识与较高的翻译技能，掌握旅游经营管理专业知识，能在外事、教育、文化、科技交流、新闻出版、涉外贸易旅游等部门，从事口、笔译工作，以及旅游市场营销、国际导游等工作，具有创新务实素质的应用型英语高级专门人才。

主要课程：综合（高级）英语、英语国家概况、视听说、口语、英语写作、英汉（汉英）翻译理论与实践、口译、文体学、词汇学、英美文学、语言学概论等。

就业方向：毕业生可在外事、外贸、外企、专业翻译机构、旅游、涉外工程单位、学校等部门，从事涉外商务管理、文秘、翻译、管理、英语教学等工作；也可继续攻读本专业或相关专业的硕士学位。

商务英语（高职）

培养目标：培养理想信念坚定，德、智、体、美、劳全面发展，具有宽阔的国际化视野、创新创业意识、“互联网+”思维、可持续发展能力，具备涉外工作者良好的思想道德素质、职业素养、文化素养和心理素质，掌握英语语言、国际贸易学相关学科、信息技术等基本知识和技术技能，具备较强的跨文化商务交际能力，面向国际商务职业岗位群，能够从事涉外经贸及涉外服务领域等工作的高素质复合型技术技能型人才。

主要课程：英语视听说、英语国家社会与文化、跨文化商务、国际贸易实务、报关实务、外贸单证实务、商务翻译、国际市场营销、商务阅读等。

就业方向：面向企业、外贸和商务部门；涉外的各类行政助理、公关策划人员或翻译；党政机关、企事业单位的翻译人员；进出口报关、涉外商务代理、涉外咨询人员；涉外商业、服务业从业人员。

智慧健康养老服务与管理（高职）

培养目标：培养适应社会主义现代化建设需要，德、智、体、美、劳全面发展，具有一定的科学文化水平、良好的人文素养、职业道德和创新创业能力，掌握本专业必备的基础理论和专门知识，具有较强的实践能力，具备崇高的价值追求，富有社会责任感，面向各级民政部门、老年机构、老年事业产业、老年社会团体领域第一线，从事老年事业管理、老年产业经营、老年社团活动服务与管理工作的高素质、高技能，能胜任一线服务与管理工作的技术技能型人才。

主要课程：智能数据管理、中医养生、智能公共服务信息化、智能家居、智慧健康养老、护理学基础、老年心理学、社会保障概论、老年护理学、养老机构运营与管理。

就业方向：主要面向养老服务行业的养老护理技术技能岗位和老年服务机构管理岗位。包括：养老机构院长助理、人力资源、营销策划等管理岗位，养老机构一线护理管理和培训岗位，老龄产业公司服务营销、产品研发等岗位，各类与老年人群相关的工作岗位。

七、设计与艺术学院

设计与艺术学院前身为“艺术与体育分院”“土木建筑分院”，2021 年 4 月在我校组织机构重新调整下设立。学院现有设计系、传媒系、音乐表演系三个系，开设了视觉传达设计、环境设计、音乐表演、播音与主持艺术、广播电视编导 5 个本科专业，现有在校生 1 200 多人。

学院以学生的成长成才为中心，以培养应用型人才为目标，积极进行教学改革，引入实践课程，重视校企合作。建立了工作室制的教学模式，开展项目化实践教学和社会服务，不断提高师生的创新能力。近年来，学生在各类学科竞赛中屡获佳绩，荣获省级以上奖励100余项。

学院每年定期举办“艺术设计大赛”“艺术设计作品”“艺术设计写生作品展览”等活动，极大地丰富了学生课余生活，增强了学生的实践经验，提升了学校师生的文化品位。

设计与艺术学院将继续不懈努力，为国家的艺术建设培养更多高素质、高技能的应用型人才。

视觉传达设计

培养目标：培养具有视觉传达艺术设计的基本理论、实践与应用能力，能在企事业单位、专业设计部门和科研单位等，从事视觉传达艺术设计、环境设计和教学科研工作，实践能力较强、创新务实的应用型高级专门人才。

主要课程：平面广告设计、摄影、三维造型基础、三维动画、多媒体设计、网页设计、二维动画、图形创意设计、影视后期制作、视频广告设计等。

就业方向：毕业生可在广告公司、电视台、网络公司、出版社等企事业单位，从事平面媒体设计、印刷出版物设计、广告设计、企业形象设计、网页设计和交互媒体设计等工作；也可继续攻读本专业或相关专业的硕士学位。

环境设计

培养目标：培养具有扎实的专业基础理论知识，能够掌握环境与建筑艺术有关空间、设施及艺术设计的方法，具有独立进行环境艺术设计实践的基本能力，能从事建筑、室内、景观、展示及环境艺术等建筑室内外艺术设计，实践能力较强、创新务实的应用型高级专门人才。重点培养从事建筑、城市规划、景观设计、室内设计、管理及生产等专业领域的通用型应用技术人才，以及满足本专业教学与研究工作需要的德才兼备型高技能专业储备型人才。

主要课程：设计概论、设计表现技法、设计制图、室内设计基础、人机工程学、模型制作、居住空间设计、办公空间设计、商业空间设计、景观园林设计、建筑信息模型（BIM）等。

就业方向：毕业生可在建筑工程公司、装饰装潢公司、广告公司等单位，从事建筑室内外装饰设计、园林景观设计、软装陈设设计、施工管理及广告设计等工作；也可继续攻读本专业或相关专业的硕士学位。

音乐表演

音乐表演专业以专业教学为宗旨，培养适应社会需要、符合时代要求并具有坚实的艺术文化基础，同时具备较熟练的计算机应用技能、一定的外语应用能力的高素质复合型艺术人才。现设置了声乐、钢琴、器乐三个专业方向。

1. 声乐方向

培养目标：培养具有音乐表演的专业知识和艺术素养，具有专业演员所需的声乐演唱能力，能胜任学校声乐教学，具备组织音乐课堂教学和课外音乐活动能力的应用型专业人才。

主要课程：视唱练耳、乐理、和声学、音乐分析、复调音乐、歌曲写作、艺术概论、中国音乐史、西方音乐史、音乐美学、合唱与指挥、即兴伴奏、声乐理论基础、声乐演唱、钢琴演奏基础训练等。

就业方向：毕业生可在学校、艺术团体、出版社、新闻媒体、科研部门、企事业单位，从事教学、表演、研究、编导相关工作；也可继续攻读本专业或相关专业的硕士学位。

2. 钢琴方向

培养目标：培养具有音乐表演的专业知识和艺术素养，具有相当程度的演奏和伴奏能力；能胜任学校器乐教学，并具备组织音乐课堂教学和课外音乐活动能力的应用型专业人才。

主要课程：视唱练耳、乐理、和声学、音乐分析、复调音乐、艺术概论、中国音乐史、西方音乐史、合唱与指挥、音乐美学、钢琴演奏、即兴伴奏、钢琴艺术指导、钢琴教学法等。

就业方向：毕业生可在学校、艺术团体、出版社、新闻媒体、科研部门、企事业单位，从事教学、表演、研究、编导相关工作；也可继续攻读本专业或相关专业的硕士学位。

3. 器乐方向

培养目标：培养具有音乐表演的专业知识和艺术素养，具有相当程度的演奏和伴奏能力；能胜任学校器乐教学，并具备组织音乐课堂教学和课外音乐活动能力的应用型专业人才。

主要课程：视唱练耳、乐理、和声学、音乐分析、复调音乐、艺术概论、中国音乐史、西方音乐史、合唱与指挥、音乐美学、即兴伴奏、器乐、合奏等。

就业方向：毕业生可在学校、教育单位、艺术团体、出版社、新闻媒体、科研部门、企事业单位，从事教学、表演、研究、编导相关工作；也可继续攻读本专业或相关专业的硕士学位。

播音与主持艺术

培养目标：培养具备广播电视新闻传播、播音主持艺术、配音艺术、语言文学、美学等多学科知识与能力，能在广播电台、电视台及其他单位从事广播电视播音与节目主持工作的复合型、应用型高级人才。

主要课程：播音与主持艺术概论、普通话语音及播音发声、播音与主持创作基础、传播学概论、影视配音艺术、新闻采访报道、即兴口语表达、表演基础等。

就业方向：毕业生可在新闻宣传部门及其他企事业单位，从事播音、节目主持等新闻宣传工作；在互联网传媒公司、新媒体文化产业单位等，从事文娱宣传工作；在新闻采访、节目制作、播音主持教学等方面自主创业，积极参与构建多元化的传媒类就业平台；也可继续攻读本专业或相关专业的硕士学位。

广播电视编导

培养目标：培养具有新媒体思维和广播电视艺术学理论基础，掌握广播电视节目策划、文案写作、节目制作、后期制作等专业技能，能够从事媒体技术、影像产品的生产等工作的具有较高广播电视专业素质的德、智、体、美、劳全面发展的传媒人才。

主要课程：影视文学写作、艺术概论、视听语言、广播电视编导概论、电视编辑、摄像基础、新闻采写、视频技术与后期制作、摄影、图形图像处理、电视节目策划、纪录片创作。

就业方向：毕业生可在广播电台、电视台、视频网站、影视制作公司及党政机关、学校、各类大型企业的宣传部门，从事节目策划、文艺编导、文化传播、媒介管理等相关工作；也可继续攻读本专业或相关专业的硕士学位。

八、体育学院

体育学院成立于2016年5月，前身为“艺术与体育分院”，下设体育系、公共体育教学部和军事理论教学部。现开设有体育教育专业，分体育教育、安全与防卫两个方向，现有在校生300余人。

学院秉承“德育为先，能力为重”的教育理念，强化实践、提高技能，加强德育、提升素养，着力培养高素质复合型体育人才。现有标准400米塑胶田径场、标准足球场、综合性体育馆、室内外篮球场、排球场、羽毛球场、网球场、综合格斗室（含武术散打、跆拳道等）、综合训练房、防卫技术实验室、运动解剖实验室、生理实验室等。

近几年来，我院学生在参加国家级、省级各类竞赛中成绩优异，共获得全国特等奖7项、一等奖2项，省级一等奖37项、二等奖35项、三等奖18项的好成绩。参赛项目主要集中在足球、篮球、健美操、跆拳道、散打、推手、体育舞蹈、田径等特色项目上。一批优秀的毕业生相继考取了沈阳体育学院、天津体育学院、华东交通大学、福建师范大学、河南大学、湖北大学、温州大学等国内知名高校研究生。毕业生综合素质高，实践能力强，深受社会及用人单位的认可和好评。

体育教育

1. 体育教育方向

培养目标：培养德、智、体、美、劳全面发展，具有较高体育教育素养和较强创新能力，掌握体育教育的基本理论、基本知识和基本技能，能胜任从事学校体育教学、学校体育科学研究、学校体育管理和社会体育指导等工作的复合型、应用型本科体育教育专业人才。

主要课程：学校体育学、教育学、教育心理学、运动训练学、运动解剖学、运动生理学、体育保健学、运动项目理论与实践（田径、球类、体操）等。

就业方向：毕业生可从事学校体育与健康的教学、训练、竞赛工作，并能从事学校体育科学研究工作、学校体育管理工作；也可从事社会体育的组织管理、教育、经营开发、体育养生、保健康复、健身、休闲娱乐等工作；还可继续攻读本专业或相关专业的硕士学位。

2. 安全与防卫方向

培养目标：通过系统的、专业的管理与训练，培养具有较强的安全与防卫的实战能力、应变能力和一定的文字表达能力，具有较强的适应能力、发展潜力，忠诚可靠，技艺精湛的有理想、有担当的安全与防卫人才。

主要课程：教育学、运动生理学、运动解剖学、运动营养学、秘书理论与实务、法律、体育保健学、健身原理与方法、安保技术、警卫战术、野外生存、综合格斗等。

就业方向：毕业生可从事各种安保活动的策划、组织与实施，私人护卫与助理，安保技术产业的推广与研发；可从事社会体育的组织管理、教育、经营开发、体育养生、保健康复、健身等工作；也可从事军警行业；还可继续攻读本专业或相关专业的硕士学位。

九、继续教育学院（国际教育学院）

2016 年，为进一步推动学校教育国际化，专门成立了对外发展与国际交流中心（国际教育学院），负责学校对外交流与国际合作项目的教育、推荐和落实工作。国际教育学院先后与马来西亚城市大学、泰国博仁大学、西班牙赫罗纳大学、西班牙胡安卡洛斯国王大学、德国埃森经济管理应用技术大学、加拿大西三一大学等国外高校签订了合作协议，就师生学习深造、交流互访等达成了一系列的合作，为学校办学国际化水平的提升，为广大师生的进一步学习深造提供了多元化的选择和服务。

继续教育学院成立于 2018 年，是江西省首批开展继续教育的独立学院。依托学校普通高等教育优良的办学条件和雄厚的办学实力，继续教育学院成人高等教育目前开设了土木工程、会计学、计算机三个本科专业，并将陆续开办成人脱产校企合作班、学历教育进修、远程教育、职业岗位培训和技能培训等多形式的成人学历教育和非学历教育。

继续教育学院与国际教育学院合署办公，以“一切为了学习者，为了一切学习者”为服务理念，以构建终身教育体系、服务出国留学深造人员和在职从业人员、提高劳动者素质、促进江西经济社会和谐发展为工作宗旨，与时俱进，求实创新，不断调整办学结构，积极探索新的办学模式，多方位拓展办学渠道，从社会需求出发，立足江西，面向全国，继续做稳、做强、做优，以实现继续教育又好又快的发展。

第六节　学院地理位置及交通

一、学院地理位置

1. 黄家湖校区

黄家湖校区位于南昌市经济技术开发区黄家湖东路 111 号。

2. 墨轩湖校区

墨轩湖校区位于江西省宜春市靖安县科创大道 1 号。

二、学院交通路线

1. 黄家湖校区

131 路、132 路、133 路、211 路、214 路、247 路、251 路、257 路及高铁 4 号线等公共交通工具经过学校，参考乘车路线如下：

（1）从南昌火车站出站后，乘 221 路到“武警总队”站下车，再转乘 211 路到“华东交大理工学院”站下车即可。

（2）从南昌西站出站后，乘坐高铁 4 号线到“华东交大理工学院”站下车即可。

（3）从徐坊客运站出站后，步行至“坛子口西”站，乘 204 路公交车到“县总工会”站下车，再转乘 211 路公交车或高铁 4 号线到“华东交大理工学院”站下车即可。

（4）从洪城客运站出站后，步行到“武警总队”站，乘 251 路公交车到“华东交大理工学院”站下车。

（5）从昌南客运站出站后，乘 20 路公交车到“大众购物中心”站下车，再转乘 214 路公交车到“华东交大理工学院”站下车即可。

（6）从青山客运站出站后，在“青山南路口”站乘坐 204 路公交车到“昌北”站下，再转乘 214 路公交车到“华东交大理工学院”站下车即可。

（7）从昌北机场出站后，乘坐机场公交 2 号线至“丰和立交”站，转 251 路公交车至“华东交大理工学院”站下车即可。

（8）坐地铁到“地铁大厦”站下车，转乘 257 路公交车至“华东交大理工学院”站下车即可。

2. 墨轩湖校区

（1）从南昌西站北广场出站后，往左步行到南昌长途汽车西站，乘坐开往靖安的班车，在高速靖安收费站出口下车即到。

（2）从南昌火车站下车，坐地铁 2 号线到南昌西站下，再按（1）方式乘车。

（3）从南昌各汽车站乘坐开往靖安的班车，在高速靖安收费站出口下车即到。

第三章　我的大学生活

大学是一个小社会，大学生活丰富多彩。当你们进入高校时，你们已经由过去见识、交往、活动范围较为狭窄的高中生活环境转变到大学这个小社会中，生活上会遇到各种问题。作为一名大学生，要善于学会化解生活中的困难，勇于接受生活的挑战，尽快适应大学生活。大学生活将从军训开始。

第一节 军训——大学的第一课

一、我国学生军训的起源和发展

我国的学生军训开始于20世纪50年代。1955年7月，经第一届全国人民代表大会第二次会议审议颁发的《中华人民共和国兵役法》，第一次从法律上对学生军训做了规定。1955年8月，中央军委根据兵役法的规定和广大大中学生的要求，就高等院校进行学生军事训练，为部队培养预备役军官问题，向毛主席、党中央请示：高等院校的军事训练，除学习一般军事知识，进行军事生活锻炼外，还应在普通学科的基础上，增加学习有关军事专业知识；训练时间，5年制学校为400小时，4年制学校为300小时，并利用假期进行一次野营训练。1955年11月1日，毛主席、党中央批准了上述请示。从1955年冬季起，首先在北京体育学院、北京钢铁学院进行试点。1956年暑期后，经国务院批准，又增加了北京邮电学院等12所高等院校。在两批共14所高等院校中，进行了21种军事专业课的训练，受训学生共10 000多人。1956年年初，高等教育部根据周恩来总理关于培养经济建设干部要求要多、要快、要好及高等院校学生军事训练应当减少时间或缓办的指示，经中国人民解放军训练总监部反复研究，提出了关于高等院校学生军事训练时间的意见，并报国务院审批。当年7月28日，国务院常务会议决定，1956年秋在北京邮电学院等12所高等院校的军事训练时间全部为150小时，最多不超过200小时。1955年至1957年间，中华人民共和国教育部（以下简称教育部）和中华人民共和国国防部为了对中等学校学生进行征集前的军事训练，并为高等院校军事训练打下基础，依据《中华人民共和国兵役法》的规定，先后在全国127所中等学校进行了学生军训试点，训练时间为100小时，受训学生共70 000余人。当时，高等院校重点是为中国人民解放军培养预备役技术军官；高级中学重点是进行基础军事训练。实践证明，上述这些军事训练，对于激发学生的爱国主义热情，增强学生的国防观念，扩大知识面，促进学校教学，培养祖国需要的合格人才，都起了积极的作用。20世纪60年代初，经国务院批准，全国53个大、中城市的38所高等院校和70所高级中学或中等专业学校的一年级学生进行了军训试点。1965年，根据党中央有关大专院校学生到部队当一段时间兵的指示精神，全国又有部分大专院校学生到部队下连当兵。

党的十一届三中全会以后，我国的政治、经济和国防建设形势出现了大好局面，恢复学生军事训练的时机渐趋成熟。中共中央规定，高等院校要把学生军事训练纳入教学计划，从此，部分高等院校又恢复了学生军训的工作。1984年，第六届全国人民代表大会第二次会议通过并颁布了新的兵役法，把高等院校和高级中学学生的军事训练单列一章，再一次从法律上对学生军训做了明确规定。1985年，我国有52所高等院校、102所高级中学（含中等专业学校）进行了学生军训试点。1986年年初，中央领导同志强调，今后对高等院校新生要集中进行军事训练，过一段严格的军事生活。中央军委领导同志也强调指出，学生军训不但要搞，而且要搞好，搞成功，要形成制度。军队要把这项工作作为一件大事来抓，只能办好，不能办坏。这一年，学生军训试点的高等院校增加到 69 所。1987 年，学生军训试点的范围进一步扩大，高等院校增加到 105 所。其中，到部队训练的 40 所，在校内训练的 65 所。为了进一步搞好学生军训试点工作，教育委员会、总参谋部、总政治部、总后勤部又于 1987 年 5 月联合下发文件，从军事训练的试点范围、训练时间、训练内容、军事教员的配备及学生军训的经费和物资保障等方面均做了明确规定，有力地推动了全国学生军训的迅速发展。

2001 年 7 月，国务院办公厅、中央军委办公厅转发了教育部、总参谋部、总政治部《关于在普通高等学校和高级中学开展学生军事训练工作的意见》（国办发〔2001〕48 号）；当年 11 月，教育部、总参谋部、总政治部联合在天津召开“全国学生军训工作会议”。文件的下发和会议的召开，标志着自 1985 年开始、历经 16 年的学生军训“试点”工作的结束，同时也标志着学生军训进入制度化的轨道和新的发展时期。

图 3-1 为我院新生正在参加军训。

图 3-1 新生军训

二、军训的意义与目的

《中华人民共和国兵役法》规定："高等院校的学生在就学期间，必须接受基本军事训练。"中共中央、国务院做出的《关于深化教育改革全面推进素质教育的决定》中要求，"规范国防教育，提高学生的国家安全意识，继续搞好军训工作并使之制度化"。对普通高等学校学生实施军事训练，是贯彻执行兵役法、国防法，学生履行公民义务与接受国防教育的基本形式；是加强国防后备力量建设，增强全民国防观念的重要途径；是深化教育改革，加强学生思想政治教育，提高学生素质，培养有理想、有道德、有文化、有纪律建设人才的必要措施。军训的目的是：学生通过军事训练，掌握基本军事技能和军事理论，增强国防观念、国家安全意识，加强组织性、纪律性，弘扬爱国主义、集体主义和革命英雄主义精神，磨炼意志品质，激发战胜困难的信心和勇气，培养艰苦奋斗、吃苦耐劳的作风，树立正确的世界观、人生观和价值观，提高综合素质。

三、军训的内容

由我校退伍军人组成的军官教导队承担军训任务。

军训的主要内容如下。

（1）队列训练：① 立正、稍息；② 停止间转法；③ 蹲下、坐下；④ 原地踏步；⑤ 齐步与立定；⑥ 正步与立定；⑦ 跑步与立定；⑧ 敬礼。

（2）分列式、匕首式、军体拳、队列操。

（3）学唱军歌、进行拉歌比赛。

（4）内务整理。

四、军训安全提示

军训是迎接我院新生的第一堂课，也将是令广大新生难忘和骄傲的一段经历。每一位大学生入学最先经历的事就是军训，在军训中良好的表现不仅可以给教官、老师、同学留下一个好印象，而且可以锻炼自己的意志和毅力。这里给所有新生提供一些经验，以供参考，愿大家都能有一段愉快的军旅生活。

1. 做好准备工作，注意防盗

出门前要认真检查军训服装，如军帽、帽徽、腰带等。最好在军训开始前一天晚上就检查准备好，并放置于床头。离开宿舍时，要锁好门，关好窗，保管好贵重物品。因为在军训时，容易遗忘、丢失手机等物品，放在操场的私人物品容易被不法分子顺手牵羊，因此尽量不要携带。

2. 装束要合适

迷彩服里的体能衫如果洗了还没干，最好用一件吸汗性好的棉制背心代替。腰带要适当紧一点，这样走起路来会更有精神。袜子最好穿棉制运动袜，鞋子里面再垫一块软鞋垫，这样脚后跟会舒服一些。

3. 注意补充水分

以运动饮料和茶水、盐水最佳，不要拼命喝白开水或矿泉水。

4. 注意补充营养

军训后体力消耗极大，这个时候要注意补充营养，多吃一些肉类、蛋类、蔬菜类食物，同时要注意补充各种维生素。特别需要注意的是：外地学生刚到南昌，可能会水土不服，不习惯当地的饮食。建议刚开始还是尽量保持和家里的饮食习惯一致。学院除了食堂外，还有面馆、餐馆等，相信会满足各类学生的口味。尽量避免因水土不服而影响身体，以免影响军训的正常进行。

5. 注意防病

军训结束后或间隙，在大汗淋漓时不要急于喝水，应该稍微休息片刻再补充水分，以免因对肠胃突然加重负担而造成伤害。全身大汗淋漓后，不能马上冲凉水澡，以免全身毛孔迅速闭合，体内热量不能散发而滞留体内，从而引起高热。往年就发生过这种威胁生命安全的事件，新生要切记。

6. 注意防晒

南昌夏天的天气炎热，气温很高，很多外地的学生（比如北方）及习惯了在空调室里过夏天的学生可能会适应不了。这部分学生要根据自己的实际情况，必要时在军训开始前半小时涂防晒霜。防晒霜要随身带，一般是两个小时就要涂一次。注意，防晒霜也需要时间吸收，所以正确的步骤是：先用吸油面纸擦干净脸，再涂抹防晒霜，在半小时内最好不要洗或擦脸。军训时出汗很多，在中途休息时就可以涂抹防晒霜；含有防护UVA 功能的防晒霜会比较好，如带有“PA”字样的防晒霜。

7. 不要硬撑

军训中要讲“坚持再坚持”，但若实在支持不下去，一定要休息，不要硬撑，防止出现意外，特别是体质较差的同学，若身体不适，要立刻举手，向军训教官打报告。

8. 按时作息

军训期间要按时作息，养精蓄锐，从而为军训的顺利进行打下坚实的基础。同寝室的同学要配合默契，遇到问题要相互帮助，争取严格按照军训时间的要求作息。比如早起时同宿舍的室友要互相提醒，以免有人未醒而迟到。

9. 注意沟通

军训生活中要学会与同学沟通，有困难要学会虚心向同学和教官请教，如着军装、走军步、站军姿、叠军被等。同时宿舍也是个小家庭，在整个大学时光中扮演着重要的角色，所以要多和同寝室的室友加强沟通和了解，增进友谊，从而为度过积极、和谐、美好的大学新生活奠定良好的基础。

10. 谨防中暑

中暑后的症状是：面色苍白、大量出汗、头昏、耳鸣、眼睛昏花、注意力不能集中、口渴、心慌、胸闷、脉搏加快、全身无力。严重者会恶心、呕吐、四肢抽搐、呼吸困难、突然昏倒，甚至昏迷不醒。

在操场上军训时，当发现自己有以上某些症状时，应及时向军训教官或老师报告，根据个人的具体情况可以在别人帮助下到阴凉通风处坐下休息，也可仰卧休息，并解开衣扣、裤带，口服十滴水、藿香正气水或人丹之类的防暑药物及清凉饮料或凉盐开水。稍严重时，其他同学可帮助用冷水毛巾敷病人头部、胸部、腋下或两大腿根部，并用冷水擦四肢或全身皮肤，直至皮肤发红，还可向患者扇风，以利于散热。这些措施对防止中暑的发生及发展都有着重要的意义，情况严重的，经上述处理后效果不明显的，应立即送医院。

中暑是可以预防的，方法是：在日晒下坚持戴帽；提前服防暑药品，随身带防暑药品；及时喝凉开水或含盐饮料；军训休息时减少追逐、跑、跳，以防止产生过多的热量；有某些中暑的先兆症状时要及时休息并处理；提前半小时涂抹防晒霜。

五、军训期间的饮食

早餐很重要，早餐之后就是一个上午的训练，因此早餐首先要保证热量的摄入。热量主要来自碳水化合物，如我们常吃的面包、馒头、包子、米粉等。同时，我们要注意，军训期间由于比较累，早上起床又较早，食欲可能不佳，所以要注意提高早餐的质量，做到干稀搭配。推荐菜单：稀饭+馒头或包子+鸡蛋，牛奶+面包，素米粉+鸡蛋。早餐一定要吃得饱，吃得好，才有足够精力投入上午长时间的训练中，否则极易造成低血糖性休克。

午餐也很重要，其中的道理众所周知。午餐首先要保证荤素搭配，保证营养摄入全面，要多吃含钠、钾、钙多的食物，因这几种营养元素容易随汗水流失，需要及时补充。豆腐及其他豆制品、鱼肉类含有大量的钙；蔬菜如冬瓜、番茄、南瓜、黄瓜、萝卜、茄子、马铃薯，水果如香蕉、苹果、梨子、葡萄等，钾、钠、钙的含量都很丰富。海产品，如紫菜、海带等，营养也很丰富，在学校食堂里都可以吃到。

晚餐也不可忽视。很多同学睡得比较晚，所以晚上虽然活动量不大，但由于时间相对较长（如果不吃夜宵的话），能量消耗也很多，因此晚餐也不能吃得太少。晚餐和午餐用餐量应该不分上下，但是要注意晚餐的食物尽量不要和午餐的食物雷同，这样可以保证营养均衡。

有些同学有吃夜宵的习惯，这会加重肠胃负担，影响睡眠质量，对第二天的训练就会有影响，因此不提倡吃夜宵。

第二节　构建和谐的宿舍环境

宿舍是每一名新生离开家庭后的新居所，也是大学生休息、交往的主要场所。宿舍关系是大学生活中最基本也是最重要的人际关系之一。良好的宿舍关系不仅给大学生提供了一个良好的生活环境，同时也为大学生更好地学习科学文化知识、形成健康的人格、树立正确的思想道德观念提供了可靠的保障。

对于新入校的大学生来说，宿舍是一个全新的生活环境。远离了父母，远离了昔日的同学、老师，他们既怀念旧日的亲情、友情，又渴望新的友谊。由于初到一个新环境，同学之间相互还不了解，再加上地域、家庭文化背景、生活习惯的不同，兴趣、爱好、气质、人格的千差万别，宿舍成员间不可避免地会产生这样、那样的矛盾和冲突。因此，如何处理好朝夕相处的宿舍同学之间的关系，也就成了困扰大一新生的一个重要问题。那么，怎样才能处理好宿舍同学之间的关系，让自己更加积极向上呢？以下几条原则供大家参考、借鉴。

一、平等待人，相互尊重

平等即人格的平等，也就是相互尊重。尊重的基本含义是尊敬和重视，包括自尊和尊重他人两个方面。自尊就是在各种场合不卑不亢，自重自爱，维护自己的人格、权利、名誉，不容他人歧视和侮辱；尊重他人就是重视他人的人格、权利、名誉、生活习惯等，承认交往双方的地位平等。平等待人、相互尊重是建立良好人际关系的前提。在一定程度上，平等原则可以说是交往最重要的原则。但在现实生活中，由于许多大学生都是独生子女，或者没有遇到过什么挫折，他们往往一直是家庭的中心，学校、社会的宠儿，走进大学后仍然觉得自己应该是被关注的对象。这些大学生在心理上有一种不正常的优越感，容易肯定自己、否定他人。他们注重自我表现，希望引起别人的关注，处处期待别人首先接纳自己、喜欢自己，以自我为中心。这样，同学间就很难形成良好的人际关系。心理学研究表明：交往中的接纳与拒绝是相互的，人们只接纳那些喜欢自己、支持自己、与自己合得来的人，即尊重自己的人，而对于否定自己即不尊重自己的人则倾向于排斥。因此，我们要想同舍友建立和保持良好的人际关系，就要懂得平等待人、相互尊重。要懂得同一个宿舍的同学尽管在年龄、气质、性格、能力、地位和经济状况等方面存在差异，但在人格上是平等的，只有尊重他人、对所有的同学一视同仁才能得到他人的尊重，才可能保持持久的友谊。需要注意的是，尊重对方并不需要对方与我们有某种程度的相似性或一致性。对于一些不太喜欢的人，我们可以选择少与他们交往，但没有理由不尊重他们。平时说话、开玩笑时不能触及对方的隐私和尊严。俗话说，“打人不打脸，揭人不揭短”，舍友之间有时为了活跃气氛，开开玩笑本来无可厚非，但不能触及他人的隐私和尊严；否则，容易发生冲突，把气氛、关系搞僵。此外，还要注意自尊。俗话说“人穷志不短”，有时人在某些方面不如别人，就容易产生自卑的心理，老觉得自己低人一等，怕别人看不起自己。要知道只有自己看得起自己，别人才会看重你，一个过分自卑、缺少自信，在人际关系中始终处于服从、依赖地位的人是不会得到大家重视的。

二、真诚相待，以心交心

宿舍是同学之间距离最近、关系最直接，也是大家生活在一起时间最长的一个地方，生活在其中，大家都希望像在家里一样轻松、温暖。因此，舍友之间讲究真诚是非常重要的。所谓真诚，就是以诚待人，说话、做事要做到对人心口一致，以心交心。舍友之间只有坦率地表达自己的观点，真实地反映自己的兴趣、态度和思想感情，才能互相了解，并在了解的基础上互相理解、互相接纳，建立起舍友之间良好的关系。以诚待人，诚心与善意的动机和态度是交往得以进行和持久的基础。美国心理学家曾对大学生做过测验，他们列出许多描述人的个性特点的形容词，让大学生指出在多大程度上喜欢有这些特点的人。结果表明，大学生评价最多的品质是真诚，评价最低的品质是虚伪和说谎。这就说明，真诚是人们最期待、最看重的交往方式，也是做人的根本，谁都不愿意和不诚实的人交往。有了真诚，人与人之间才会觉得轻松、安全、没有距离，心情才会舒畅，也才有了相互交心的渴望。例如，当你遇到了学习上的问题、思想上的症结疙瘩，抑或是家里的一些事情，都可以毫无顾忌地说给大家听，然后听一下大家的意见，这样，集思广益，既有利于问题的解决，又可以增进同学之间的友谊，关系自然就会融洽。需要注意的是：真诚有时并不排除含蓄。我们说话办事要考虑场合，讲究方式。同时，一个人的真诚要得到交往对象的认可、接受并引起相应的互动，这常常需要一个过程，在这个过程中，暂时的不被理解甚至被误会的情况也是有的。但“路遥知马力，日久见人心”，大家相处时间长了，相互间也就了解了。当然，真诚不是装出来的，那种当面一套、背后一套、口是心非的人，一旦真相被人识破，将会失去朋友。

三、宽以待人，求同存异

同一宿舍的同学聚在一起应看作是一种缘分，把宿舍当作家，把舍友当成自己的兄弟姐妹，这样关系就好处多了。虽然同一宿舍的同学分别来自不同的地域和不同的家庭，有着不同的生活方式、生活习惯、思想观念和价值取向，但若想与别人友好地相处，就要承认各人有各人的生活习惯和价值观念，就必须以积极的心态接受每个人的生活方式，要学会和不同的人相处，这样才能尽快适应宿舍环境。建立良好的宿舍关系的前提是适应对方、包容对方。如果别人的生活方式有碍你的生活习惯，如有的同学习惯中午不休息、晚上睡得晚，或开灯学习、听音乐，或大声说笑，你可以在适当的时候委婉地提出意见，同时也可对自己的生活习惯做适当的调整或改变，或推迟上床的时间，或听听英语听力，这并不代表自己软弱。需要注意的是，给别人提意见一定不能当着众人的面。如果你当面指责，他很可能会产生逆反心理而拒绝接受，因为人一般不愿意接受尖锐的批评，会觉得很没面子。给别人提意见，也要先说一下别人的优点，然后委婉地说出想要表达的内容，以免对方难堪、丢面子。同时，在和舍友相处的过程中，由于每个人在经历、文化、修养等方面存在着差异，难免会因误会、不理解而产生碰撞、摩擦，这也是很正常的，不要因此而耿耿于怀、抓住不放或伺机报复，而应有宽容之心。只有设身处地地去理解对方、宽容对方，才能得到更多的朋友。否则，因为一句话、一件事而小肚鸡肠、斤斤计较，便永远得不到朋友。尤其当发现别人错了的时候，更不要得理不让人，而应得饶人处且饶人。俗话说，“忍一时风平浪静，退一步海阔天空”。其实，宽容别人的过失或错误并不等于软弱、没面子或降低身份，反而说明你大度，更能赢得别人的好感。当然宽容不等于不分是非，宽容也不是没有限度，对小事一般不计较，但当别人做出违反原则的事情或严重侵犯你的人格的事情时，也应该选择恰当的形式做出反应；否则，不反应、不坚持原则，反而降低了自己的身份，别人也可能因此而不看重你了。需要指出的是，不管是哪种情况，委婉的态度是非常重要的，它会产生完全不同的效果。另外，幽默也有助于把本来紧张的局面缓和得轻松自如，几句俏皮话就能打破窘迫的场面。总之，舍友之间应本着宽以待人、求同存异的原则相处，宿舍关系才会向良好的方向发展。

四、主动热情，互帮互助

俗话说，“在家靠父母，出门靠朋友”，远离家乡，远离父母，只身一人在外求学，谁也免不了有遇到困难需要别人帮助的时候。这时，来自舍友的一句关心、问候的话语都会使正处于困境中的你倍感温暖、贴心，这无形之中就拉近了舍友之间心理、情感上的距离。实际上，人与人之间互相帮助不仅是彼此的需要，也是每个人的义务。在助人的过程中，我们还能体会到被别人需要的快乐，体会到自身的价值。可以发现，现实生活中得到帮助最多的人也是帮助别人最多的人。所以，在平时与舍友相处的过程中，每个人都应主动地去帮助别人，尤其是在别人最困难的时候更应该提供帮助，因为“雪中送炭”比“锦上添花”更为重要。在帮助别人的时候，不要过于计较别人能不能、会不会报答你。同时，在集体中生活，集体的事就是个人的事，集体的荣誉就是个人的荣誉，因此，要积极、主动地去做一些公共的事务，比如提水、扫地、整理内务等，不要过于计较个人得失。这样才能增加舍友对你的好感，潜移默化地也会带动、影响其他舍友，宿舍同学之间的关系自然也就融洽了。

五、主动交流，积极沟通

大学生人际和谐的表现之一是乐于与人交往。在新的环境里与人交往时，积极主动是很重要的，你若不主动与他人交流，别人可能也不愿与你交往。但有的大学生戒备心太强，对人不信任，封闭自己，这就会阻碍正常人际关系的形成。事实上，每个人所隐藏的内心世界，正是别人希望发现的奥秘，一般来说只有暴露了自己的内心，才能走进别人的心里。当你对别人做出一个友好的举动，甚至是一个眼神，表示支持或接纳他时，他的心理就会产生一种压力，为保持自己的心理平衡，他便会对你报以相应的友好行为。恰当分配时间与人交往、参加集体活动，往往会取得思想上的沟通、感情上的融洽。主动交流、积极沟通十分重要。它不仅容易使我们缩短心与心的距离，获得友谊，融洽关系，也会避免许多不良事情的发生。沟通、交流的方式很多。例如，烦恼的时候可以交流，开心的时候也可以与大家共享；与大家一起娱乐（如下棋、唱歌、打牌、聚餐、卧谈等），一起运动（如跑步、打球、郊游等）；共同参加集体活动；等等。相信你的人际关系会越来越融洽。

总之，大学是人生发展的新历程，良好的宿舍关系不仅会让你的大学生活过得充实、愉快，也会对你今后的人生产生巨大的影响。如果每个大学新生都能努力朝以上这些方向前进，那么你就会发现，一切都会悄然改变，朋友之间的不快荡然无存，能够畅言的知音越来越多，你便会觉得处理好宿舍同学之间的关系是一件自然与轻松的事，对学习和生活就会持乐观的态度，对塑造一段完美的大学生活及以后的人生就会充满信心。

第三节　培养良好的生活习惯

生活习惯代表着个人的生活方式。良好的生活习惯不仅能促进个人的身心健康，而且能对人的未来发展有间接的作用。

大学生精力旺盛，又处于长身体、长知识的阶段，良好的生活习惯是确保顺利、成功度过大学阶段的一个重要基础。为了达到身心健康的目的，从一进大学起，就该切实重视这个问题，培养良好的生活习惯，并防止养成不良的生活习惯。

首先，要合理地安排作息时间，形成良好的作息制度。因为有规律的生活能使大脑和神经系统的兴奋和抑制交替进行，天长日久，就能在大脑皮层上形成动力定型，这对促进身心健康是非常有利的。

大学新生应养成早睡早起的习惯，有的同学习惯于在晚上卧谈，天马行空地一谈就是两三个小时，结果第二天上课的时候非常疲惫，根本无心听课。长期如此，不仅影响平时的课业学习，还容易引起失眠，甚至引发神经衰弱症。研究表明，大学生的睡眠时间一般每天不得少于7个小时。如果条件允许，午饭后可以小睡一会儿，但不要超过40分钟。

其次，要进行适当的体育锻炼和文娱活动。“文武之道，一张一弛。”学习之余参加一些文体活动，不但可以缓解刻板紧张的生活，还可以放松心情、增加生活乐趣，从而有助于提高学习效率。听音乐、跑步、做广播体操、踢足球等都有助于增强体质，提高对疾病的抵抗力，这是一种积极的休息。实践证明：7+1>8。在这里，“7+1”表示7个小时的学习加上1个小时的体育文娱活动，“8”表示8个小时的连续学习。也就是说，参加体育活动的7个小时的学习比不参加体育活动的8个小时的学习效果要好。

最后，要保证合理的营养供应，养成良好的饮食习惯。大学生“饮食不良”现象主要表现在两个方面：一是饮食不规律，很多同学早晨起床较晚，来不及吃早饭便去上课，有的同学索性不吃早饭，有的同学则在课间随便吃些零食。二是暴饮暴食。因食堂的就餐时间比较固定，常有学生由于学习或其他原因错过了开饭时间，于是就吃点饼干、方便面来对付，等下一顿时再吃双份。

营养学家们的研究证明：早餐吃饱、吃好，对维持血糖水平是很必要的；用餐时不能挑食、偏食，要加强全面营养，还要多吃水果和蔬菜。

最后，要改正或防止吸烟、酗酒、沉溺于电子游戏等不良的生活习惯。

第四节 理性消费

在“消费与发展”的经济形势下，作为社会中特殊消费群体的大学生的消费现状、消费心态、消费理念等令人担忧。倡导大学生理性消费，切勿铺张浪费，是一个急需深思和解决的问题。

大学生作为特殊的消费群体，体现在以下几个方面：首先，他们处在一个未踏入社会又即将踏入社会的过渡阶段，他们基本上没有独立的经济来源，但又可以靠奖学金、兼职等赚取一定收入；其次，大学生较高中生、初中生来说，他们的思想逐渐成熟，“业余生活”更加丰富，消费自然增高，但和已进入社会的“社会人”相比，他们又缺乏生活压力、社会竞争力等；最后，大学生消费的社会依赖性较强，社会上纷繁复杂的商品世界对正处于青春期的大学生来说具有极大的诱惑力，这也会引发大学生之间的攀比之风。

在相关调查中发现，当代大学生的消费项目主要包括基本生活消费、大学学习消费、娱乐消费、人际交往消费等，其中基本生活消费不再是消费中的重点，此项消费大大降低，而用于改善生活条件、学习条件，用于满足精神文化需要的消费开始上升。同时，日益重视身体健康的大学生们，用于保健品和体育用品的消费也有所提高。

从这样的消费群体、消费现状可以看出，大学生这个特殊的消费群体显然已是社会中较高消费群体中的一支重要队伍。虽然他们没有独立的经济来源，但依然不能影响他们的消费水平。在很多高校，大部分同学的基本生活消费、学习消费差不多，而造成高消费的主要原因还是在同学们的娱乐消费、人际交往消费上，很多同学表示，大家一起聚聚餐，几个朋友出去旅旅游，没事去唱唱歌……这些消费就多起来了。谈恋爱也是一项很重要的支出。再有，大学校园中的攀比之风造成很多同学的不健康消费。很多同学表示，并不是自己喜欢花钱，很多时候是为了面子。

无论是什么原因，无论你家境如何，大学生都应该理性消费，要培养正确的消费观。

1. 要树立勤俭节约的意识

一个民族、一个国家要富强，离不开自强不息、艰苦奋斗的精神，因此大学生要努力继承和弘扬艰苦奋斗和勤俭节约的优良传统，要树立勤俭节约的意识，要理智消费，并根据自己的家庭情况，制订合理的消费和理财计划，量入为出，避免不必要的消费。

2. 要培养正确的理财观念

首先，学校要多开设消费道德教育课和一些有关节俭和消费的讲座；其次，以学生会为龙头，组织成立各种形式的爱心捐助基金，帮助贫困同学；再次，学校在每年的评奖活动中奖励那些家庭经济困难但成绩优异的学生；最后，家庭经济困难的学生可以积极参加学校的一些勤工助学活动，提高自身的理财能力。

3. 要培养良好的消费习惯，规范不良的消费行为

（1）学会记账和编制预算，制订每月支出计划，这是控制消费最有效的方法。

（2）确定合理的消费期望。一些大学生消费行为不当，就是因为消费期望值太高，脱离自身实际。

（3）确定生活消费准则，即吃要营养均衡，穿要耐穿耐看，住要简单实用，行要省钱方便。

（4）不贪便宜，只买适合自己的东西。

（5）努力学习，获得奖学金。尤其是家境不好的同学，可以通过努力学习专业知识，获得相应的奖学金，这样不仅可以全面提高自身的素质，而且能在生活上为自己提供补贴。

（6）最大限度地利用免费资源。大学是个自由的天堂，在这儿，你可以尽情地畅游书山，遨游知识海洋，在平常空闲时可以利用学生证到图书馆借阅自己感兴趣的书籍，增长自己的知识。

（7）养成储蓄习惯。大学新生入学后应该有计划地将自己不用的钱存入余额宝、零钱通等定期储蓄或活期储蓄，然后按照计划有规律地进行支取。

（8）善于精打细算。新生应该注意学习省钱窍门，尽量别花冤枉钱，应更多地考虑所购物品的性价比和自己的承受能力。

第五节 普通高等学校学生资助政策

一、本专科生教育阶段资助政策

国家在高等教育本专科阶段建立起国家奖学金、国家励志奖学金、国家助学金、国家助学贷款等多种形式有机结合的高校学生资助政策体系，如图 3-2 所示。(如遇国家政策调整，以新政策文件为准执行)

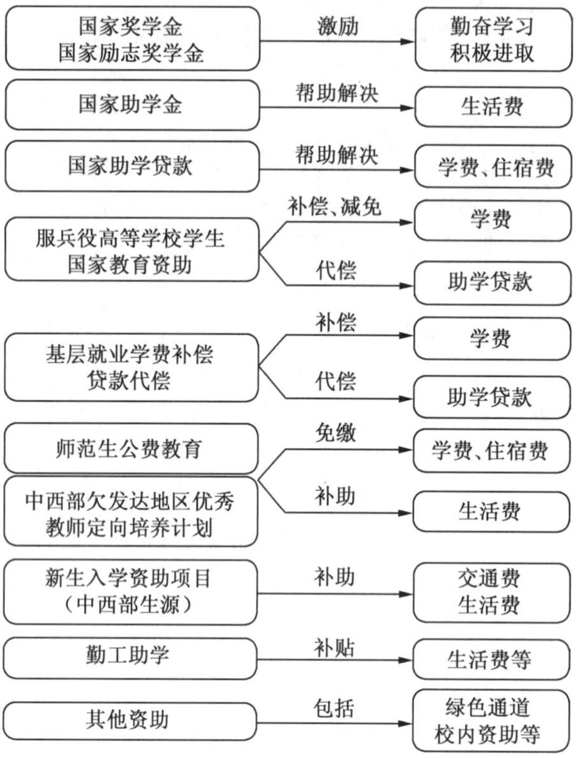

图 3-2　高校学生资助政策体系

1. 国家奖学金

奖励纳入全国招生计划内的特别优秀的全日制本专科（含高职、第二学士学位）在校生，每年奖励 6 万名，每生每年 8 000 元，颁发国家统一印制的荣誉证书。

2. 国家励志奖学金

奖励纳入全国招生计划内的品学兼优的家庭经济困难全日制本专科（含高职、第二学士学位）在校生，每生每年 5 000 元。

3. 国家助学金

资助纳入全国招生计划内的家庭经济困难全日制本专科（含预科、高职、第二学士学位）在校生，平均资助标准为每生每年 3 300 元。

4. 国家助学贷款

家庭经济困难学生可申请办理国家助学贷款，解决学费和住宿费问题，每人每年最高不超过 8 000 元，在校期间利息由国家承担。助学贷款期限为学制加 15 年，最长不超过 22 年。助学贷款利率按照同期同档次贷款市场报价利率（LPR）减 30 个基点执行。国家助学贷款分为生源地信用助学贷款和校园地国家助学贷款，有贷款需求的学生可向户籍所在县（市、区）的学生资助管理机构咨询办理生源地信用助学贷款，或向高校学生资助部门咨询办理校园地国家助学贷款。同一学年内，有贷款需求的学生只能选择申请办理一种类型的国家助学贷款。

5. 服兵役高等学校学生国家教育资助

对应征入伍服义务兵役、招收为士官、退役后复学或入学的高等学校学生实行学费补偿、国家助学贷款代偿、学费减免。学费补偿或国家助学贷款代偿金额，按学生实际缴纳的学费或获得的国家助学贷款（包括本金及其全部偿还之前产生的利息，下同）两者金额较高者执行；复学或新生入学后学费减免金额，按高等学校实际收取学费金额执行。学费补偿、国家助学贷款代偿及学费减免的标准，本专科生每年最高不超过 8 000 元，超出标准部分不予补偿、代偿或减免。

6. 基层就业学费补偿贷款代偿

中央部门所属全日制普通高等学校应届毕业生，自愿到中西部地区和艰苦边远地区基层单位就业、服务期达到 3 年以上（含 3 年）的，补偿学费或代偿国家助学贷款，本专科生每年不高于 8 000 元。地方高校毕业生学费补偿、贷款代偿由各地参照中央政策制定执行。

7. 师范生公费教育、中西部欠发达地区优秀教师定向培养计划

在北京师范大学、华东师范大学、东北师范大学、华中师范大学、陕西师范大学和西南大学六所教育部直属师范大学的公费师范生，以及中西部欠发达地区优秀教师定向培养计划（简称优师计划）师范生，在校期间不用缴纳学费、住宿费，还可获得生活费补助。有志从教并符合条件的非师范专业优秀学生，在入学两年内，可按规定转入公费师范专业，高校返还学费、住宿费，补发生活费补助。已有部分省份也实施了地方师范生公费教育政策，中西部省份地方师范院校也开展了地方优师计划师范生培养。报考以上地区师范类专业的学生可向相关院校进行具体咨询。

8. 新生入学资助项目

中西部生源的家庭经济特别困难的新生可申请入学资助项目，解决入学报到的交通费和入学后短期生活费。学生可向当地县（市、区）级教育部门咨询办理。

中西部地区包括：河北省、山西省、内蒙古自治区、吉林省、黑龙江省、安徽省、江西省、河南省、湖北省、湖南省、广西壮族自治区、海南省、重庆市、四川省、贵州省、云南省、西藏自治区、陕西省、甘肃省、宁夏回族自治区、青海省、新疆维吾尔自治区、新疆生产建设兵团。

9. 勤工助学

高校学生在学有余力的前提下，可以利用课余时间参加高校组织的勤工助学活动，通过劳动取得合法报酬，改善学习和生活条件等。

10. 绿色通道

家庭经济特别困难的新生如暂时筹集不齐学费和住宿费，可在开学报到时，通过高校开设的“绿色通道”先办理入学手续。入学后，高校资助部门根据学生具体情况开展困难认定，采取不同措施给予资助。

11. 校内资助

学校利用事业收入资金及企业、社会团体和个人捐助资金，设立校内奖学金、助学金、困难补助、伙食补贴、校内无息借款、学费减免等资助项目，实施校内资助。

二、研究生教育阶段资助政策

研究生全面享受本专科生政策，奖助学金标准更高。

1. 国家奖学金

奖励特别优秀的全日制研究生。其中，硕士生 3.5 万名，每生每年 2 万元；博士生 1 万名，每生每年 3 万元。颁发国家统一印制的荣誉证书。

2. 学业奖学金

研究生学业奖学金的覆盖面、等级、具体标准和评定办法由各高校确定，标准不超过同阶段研究生国家奖学金标准的 60%。

3. 国家助学金

资助全日制研究生的基本生活支出。中央部门所属全日制普通高等学校硕士研究生每生每年 6 000 元，博士研究生每生每年 15 000 元；地方所属高校研究生国家助学金资助标准由各省（自治区、直辖市、计划单列市）财政部门会同教育部门确定，硕士研究生每生每年不低于 6 000 元，博士研究生每生每年不低于 13 000 元。

4. “三助”岗位津贴

设置研究生“三助”（助研、助教、助管）岗位，并提供“三助”津贴。

研究生国家助学贷款、基层就业学费补偿、国家助学贷款代偿、服兵役高等学校学生国家教育资助，申请条件、程序等有关规定与本专科生申请条件、程序基本相同，资助标准为每生每年不高于 12 000 元。

要想了解学生资助政策的更多内容，请关注“中国学生资助”微信公众号（jybzzzx）和全国学生资助管理中心网站（http://www.xszz.cee.edu.cn）。

本简介内容及相关文件可登录全国学生资助管理中心网站（http://www.xszz.cee.edu.cn）和“中国学生资助”微信公众号查阅。

第六节　助学贷款及奖（助）学金

一、申请国家助学贷款的办法

生源地信用助学贷款是建立在借款学生和家庭诚实守信基础上的贷款，不需要家庭提供任何经济担保和财产抵押，由学生本人作为借款人，家长（或法定监护人）作为共同借款人，到户籍所在地学生资助管理中心申请，签订贷款合同，并承诺按期还款。

合同一旦生效，借款人信息和其家庭成员的相关信息将记入中国人民银行个人征信系统，共同承担贷款后的还本付息义务和相关法律责任。

小贴士

生源地信用助学贷款是国家为确保每一个新考入高校的或已在高校就读的家庭经济困难学生都能上得起学而采取的一项由政府主导、财政贴息和提供风险补偿、国家开发银行负责发放的信用助学贷款。其目的是利用财政、金融手段，创新金融服务体系，帮助家庭经济困难学生支付其就学期间的学费和住宿费。

（一）生源地助学贷款的额度和年限

生源地信用助学贷款的最高限额为每人每学年 8 000 元，最低不低于 1 000 元。贷款期限原则上按学生正常毕业剩余学年加 15 年计算，最长不超过 22 年。

按期还贷对于每一个人来说都是天经地义的，如果到期不能按时还本付息，银行将对违约人计收罚息，并在中国人民银行个人征信系统产生违约记录，借款人和家庭成员从此在全国任何一家金融机构都贷不到款，也申请不到银行信用卡。户籍所在地学生资助管理中心还将在全国的新闻媒体和政府网站上公布借款人的姓名、身份证号码、毕业学校及具体违约行为等信息，对学生寻找工作及以后的职务升迁、工资晋升、出国留学等都会产生一定的影响。

（二）办理生源地助学贷款的程序

1. 申贷条件

（1）申请借款学生应同时符合以下条件：

① 具有中华人民共和国国籍。

② 诚实守信，遵纪守法。

③ 已被国家正式批准设立、实施高等学历教育的全日制普通本科高校、高等职业学校和高等专科学校（含民办高校和独立学院）正式录取，取得真实、合法、有效的录取通知书的新生或高校在读学生。

④ 学生本人入学前户籍、其父母（或其他法定监护人）户籍均应在本县（市、区）。

（2）申请借款学生家庭应符合以下条件之一：

① 各级地方政府确定的农村和城镇低保家庭。

② 领取社会救济和福利的家庭（如孤儿、残疾人家庭）。

③ 无稳定收入的单亲家庭。

④ 家庭经济状况恶变（如自然灾害影响，主要劳动力来源的家庭成员伤、残、病、亡等）且无其他经济来源的家庭。

⑤ 有其他特殊困难，所能获得的收入不足以支付学生在校期间完成学业所需的基本费用的家庭。

2. 学生办理生源地信用助学贷款流程

（1）登录“国家开发银行生源地助学贷款学生在线系统”（网址：https://sls.cdb.

com.cn)，选择“生源地助学贷款”，点击“注册”，填写个人基本信息和申请信息，导出并打印《国家开发银行生源地贷款申请表》一式两份。

(2) 首次申请贷款的学生需持申请表前往高中（限应届高中毕业生）、村（居）委会、乡镇（街道）民政部门任一单位进行资格审查并加盖公章。

(3) 学生和共同借款人持已盖章的申请表一式两份、身份证原件及复印件一式两份、户口簿（本人及共同借款人户口簿只需出示，不需复印件）、高校录取通知书（在读学生持学生证）原件及复印件一份，向县（市、区）学生资助管理中心提交借款申请。

(4) 县（市、区）学生资助管理中心对借款学生进行审查，审查通过后与借款学生签订《生源地信用助学贷款借款合同》。借款合同一式 4 份，学生、共同借款人、县（市、区）学生资助管理中心和开发银行分行各持一份。县（市、区）学生资助管理中心同时打印《国家开发银行生源地贷款受理证明》，盖章确认后交给学生，学生将此证明随同借款合同一并带到高校报到。整个办理流程如图 3-3 所示。

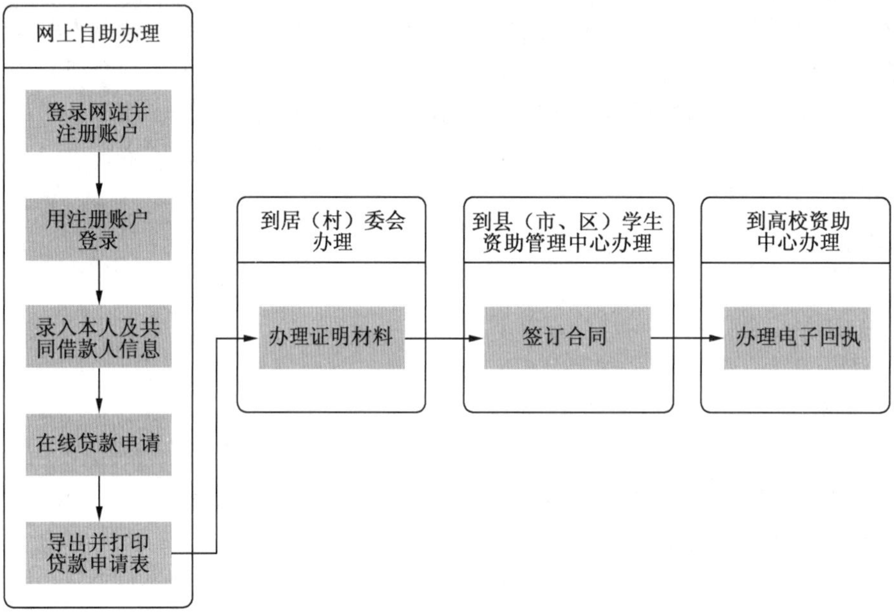

图 3-3 学生办理生源地信用助学贷款流程

二、奖（助）学金的类型

我校奖（助）学金主要有以下几种类别：国家奖学金、国家励志奖学金、国家助学金、学校优秀学生奖学金、考研奖学金。

（一）国家奖学金

国家奖学金由中央政府出资设立，用于奖励高校全日制本专科（含高职、第二学士学位）学生中特别优秀的学生。国家奖学金每学年评选一次，每生每年 8 000 元，实行等额评审。每学年开学初启动评审工作，当年 10 月 31 日前完成评审。国家奖学金一次性发放给获奖学生，并颁发国家统一印制的奖励证书，同时记入学生的学籍档案。国家奖学金的基本申请条件如下：

（1）热爱中华人民共和国，拥护中国共产党的领导。

（2）遵守宪法和法律，遵守学校的规章制度。

（3）诚实守信，道德品质优良。

（4）在校期间学习成绩优异，社会实践、创新能力、综合素质等方面特别突出。

（二）国家励志奖学金

国家励志奖学金用于奖励资助我校在籍在校全日制本专科学生中品学兼优的家庭经济困难学生。奖励资助名额由省财政厅、省教育厅根据财政部、教育部确定的总人数按比例分配。国家励志奖学金的奖励标准为每生每年 5 000 元。国家励志奖学金的基本申请条件如下：

（1）热爱社会主义祖国，拥护中国共产党的领导。

（2）遵守宪法和法律，遵守学院的规章制度。

（3）诚实守信，道德品质优良。

（4）在校期间学习成绩优秀。

（5）家庭经济困难，生活俭朴。

国家励志奖学金按学年申请和评审。申请国家励志奖学金的学生为我院在籍在校生中二年级以上（含二年级）的学生。国家励志奖学金实行等额评审，坚持公开、公平、公正的原则。

（三）国家助学金

国家助学金由中央和省政府共同出资设立，用于资助高校全日制本专科（含高职）在籍在校学生中的家庭经济困难学生。国家助学金主要资助家庭经济困难学生的生活费用开支。国家助学金平均资助标准为平均每生每年 3 300 元，分为 3 个档次，分别为每生每年 4 400 元、3 300 元、2 200 元，资助金分春、秋两季发放（一般在学期结束末发放）。

1. 国家助学金的基本申请条件

国家助学金的基本申请条件如下：

（1）热爱社会主义祖国，拥护中国共产党的领导。

（2）遵守宪法和法律，遵守学校的规章制度。

（3）诚实守信，道德品质优良。

（4）勤奋学习，积极上进，能够完成学习任务。

（5）家庭经济困难，生活俭朴，无奢侈消费及铺张浪费行为。

国家助学金按学年申请和评审。每年 10 月 10 日前学生可通过“南昌交通学院家庭经济困难学生申请认定系统”快速地在网上申请各项助学金项目，各分院辅导员、分院领导、学工处能够在第一时间，快速地、方便地进行审核和汇总。

2. 国家助学金申请审核程序

具体程序和步骤如下。

（1）学生申请。

a. 学生首先登录学院主页，进入学生管理界面，打开学工处的网站。点击“助学管理”按钮，输入学生的用户名和密码，用户名为学生校园信息化系统（与教务系统相同）的用户名。

b. 学生必须登录本系统，提出申请，未经网上申请认定的学生一律不能进行助学金的评定。

c. 系统支持在校生和新生网上申请，新生在正式报到注册后均可在网上申请。

d. 网上申请开通时间为每年的6月中旬至10月10日前，逾期自动关闭网络。

e. 学生登录系统后，如实填写基本情况。下载打印“高等学校学生及家庭情况调查表”“高等学校家庭经济困难学生认定申请表”，其中“高等学校学生及家庭情况调查表”由本人书面承诺即可，无须盖章。

（2）辅导员评议。对提出申请认定家庭经济困难的学生组织班级评议，并在校园信息化系统中进行班级评议的操作。只有进行了班级评议并有了初步评议结果的学生才能在网上打印“国家助学金申请表”。

（3）分院审核。分院认定工作组认真审核初步评议结果，对已经进行班级评议的名单进行审核和公示，并在校园信息化系统进行相关的审核操作。

（4）学工处（学院）审核。为批准通过的学生办理认定批复手续，并在网上发布资助的等级和金额。

（四）学校优秀学生奖学金

为了奖励学生在校期间刻苦学习、奋发向上，学校设立优秀学生奖学金，每年评奖一次。特等奖学金，每人每年5 000元；一等奖学金，每人每年2 000元；二等奖学金，每人每年1 000元；三等奖学金，每人每年500元。详见我校《学生手册》。

（五）考研奖学金

为充分调动学生学习的积极性，促进学风、教风和校风建设，鼓励在校生积极考研，学院设立考研奖学金，用于奖励被相关高校正式录取的我院应届本科毕业生，奖学金为每人500元。

第七节　医疗保险和商业保险

为了更好地贯彻落实大学生医疗保障制度，实现大学生在校期间享有基本医疗保障的目标，对每年录取的新生，我们均为其办理了大学生基本医疗保险和学生团体平安保险（具体保险政策每年可能会有所变化）。

一、南昌市高校大学生基本医疗保险

（一）参保对象及范围

南昌市辖区内根据国家规定批准设立并实施高等学历教育的各类院校（包括全日制普通高等学校和民办高校、成人院校、独立学院、科研院所，以下统称“高校”）招收的在校全日制普通本专科学生（含第二学位）及非在职研究生，以下均简称“大学生”。

（二）财政补助及缴费标准

大学生参保缴费及财政补助明细表如表3-1所示。

表 3-1　大学生参保缴费及财政补助明细表

单位：元/（人·年）

参保对象	基本医疗保险				大病补充医疗保险
	筹资总额	中央补助	地方补助	个人负担	个人负担
高校学生	150	60	90	0	0

（三）参保登记流程

大学生参保登记流程如图 3-4 所示。

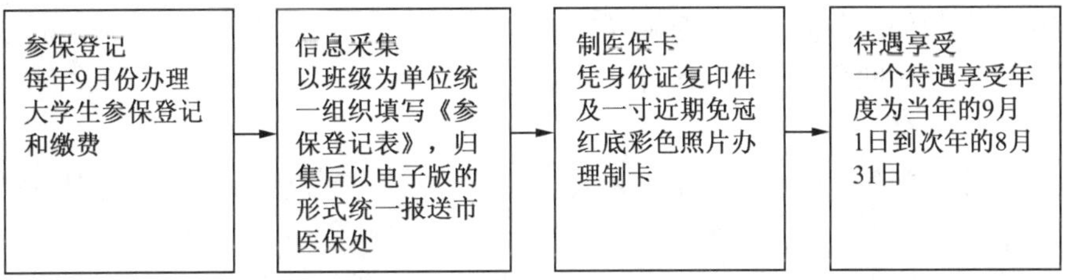

图 3-4　大学生参保登记流程

（四）待遇享受

大学生医疗保险待遇享受标准如表 3-2 所示。

表 3-2　医疗保险待遇享受标准

特殊病种门诊待遇	住院统筹待遇	大病补充医疗保险	风险补偿
参保居民在定点医疗机构发生的符合规定的特殊病种门诊医疗费用，报销比例按城镇居民基本医疗保险住院三级医院报销比例执行	（1）起付标准：一级 100 元，二级 200 元，三级 300 元 （2）住院报销比例：一级 80%，二级 70%，三级 60% （3）住院统筹基金年度内累计最高支付限额 35 000 元 （4）住院床位费报销标准：一级 12 元/日，二级 16 元/日，三级 20 元/日	大病补充医疗保险的支付范围为：参保居民发生的超过住院统筹报销最高限额，符合政策范围的住院费用部分。年度最高报销限额为 8 万元，报销比例为 90%	未成年人因疾病或意外事故死亡者，由统筹基金一次性支付死亡补偿金 10 000 元（不含在 35 000 元以内）

特殊病种为：恶性肿瘤限 7 000 元，糖尿病限 3 000 元，脑出血、脑梗死、脑血栓限 3 000 元，老年性慢性支气管哮喘限 2 500 元，慢性病毒性肝炎限 3 000 元，肺结核病限 2 000 元，精神病限 1 000 元，血友病限 7 000 元，艾滋病限 7 000 元，高血压病限 3 000 元，再生障碍性贫血限 3 000 元，系统性红斑狼疮限 2 500 元，帕金森氏综合征限 2 000 元。

血透、腹透、尿毒症和移植术后抗排斥药物治疗等病种限额同样按城镇居民住院统筹年度报销最高限额执行。

（五）就医指南

1. 住院就医流程

住院就医流程如图 3-5 所示。

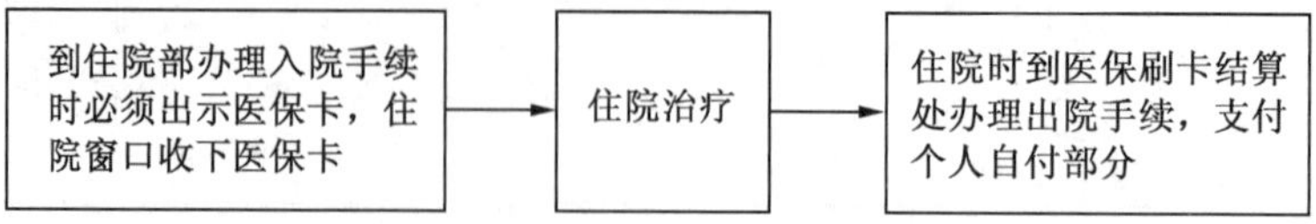

图 3-5　住院就医流程

住院就医，需在第一时间出示医保卡，缴纳一定押金，治疗按照医保有关规定执行，超出目录范围的药品及诊疗项目需经本人或家属签字同意，自费部分由个人承担。不出示医保卡，则期间所发生的医疗费用自理。

2. 转诊、转院

因急诊或病情确需转诊、转院，或转往省外公立医院住院治疗的，应当由定点医疗机构提出转诊、转院意见，两个工作日内报市医疗保险经办机构办理相关手续。因病情或其他客观原因未能及时办理相关手续的，书面说明原委后经市医疗保险经办机构同意，可予以补办。申请补办及报销的期限，从出院之日起，最长不超过 60 天。

3. 异地就医

参加城镇居民基本医疗保险的大学生，在符合高校管理规定的学生实习、寒暑假、因病休学及法定节假日等不在校期间，需在异地就医的，可就近在当地就医，所发生的医疗费用先由个人现金支付，医疗终结后由就读高校相关职能部门将《南昌市劳动和社会保障卡》、住院费用原始发票、费用总清单（需加盖医院结算印章）、出院小结、疾病诊断书等材料，报市医疗保险经办机构按规定审核报销。大学生因病需异地转院治疗，应按南昌市城镇居民基本医疗保险相关规定办理转院手续，并享受相关待遇。

（六）优惠政策

（1）基本医疗保险个人免单。

（2）从 9 月 1 日开始享受待遇。参保学生凡是在当年 9 月 1 日到次年 8 月 31 日发生的住院医疗费用均可按政策报销。

（3）参保年限以后可用。大学生在校期间参加城镇居民基本医疗保险的年限，可与其就业后参加城镇职工基本医疗保险的年限合并计算。

（4）首卡免费。居民医保实行首卡免费制，即参保学生首张“南昌市劳动和社会保障卡”制卡费个人免单。

二、学生团体平安保险

学生团体平安保险是学校组织的商业保险。学生团体平安保险既有城市居民医保的补充条款，又有意外伤害的保障条款。参保大学生因病住院或规定病种门诊，符合市级医保开支范围的自负医疗费可以向商业保险公司申请理赔；参保大学生因意外伤害发生的门诊、急诊医疗费，也可以向商业保险公司申请理赔。

第八节　日常生活指南

一、吃、用、住、玩

1. 吃、用

（1）第一食堂：位于黄家湖校区东门右侧，一楼为餐厅。

（2）赣南客家菜馆：校内特色餐馆，在第一食堂旁，二楼设有5个包厢，是学生聚会、庆生的好去处。

（3）教职工食堂：单层，位于黄家湖校区专家楼旁沿湖路。

（4）第二食堂：上下两层，一楼东南角设有回民餐厅，位于黄家湖校区沿湖路，学生公寓八栋对面。

（5）第三食堂（图3-6）：在第二食堂西侧。

图3-6　第三食堂

（6）黄家湖南区食堂：位于科创楼一楼，有面馆、蛋糕店、快餐，并设有小炒、特色小吃等。

（7）足球场服务站：位于学院田径场（足球场）旁教职工集体宿舍八单元楼下，提供各种矿泉水、牛奶、饮料、面包、饼干、老面馒头、方便面、卤制品、烤肠等速食品及各种生活用品，价格实惠，深得学生喜爱。

（8）墨轩湖校区商业街：主营各种小炒、风味小吃。西侧有全校最大的墨轩湖餐厅，装修时尚、高端，是聚会、宴会、派对的好去处。

（9）墨轩湖食堂：面积达9 000余平方米，一楼为风味档口，二楼是自选快餐，菜品丰富。食堂里还有水吧和鲜果超市。

2. 居住

所有全日制学生原则上必须在学校住宿，学生宿舍收费标准为1 800～2 600元/学年。拟考研学生可申请考研学生专用宿舍或专家楼住宿，宿舍提供空调，为二人间。

3. 运动

学院设有塑胶足球场3个、篮球场26个、网球场2个、沙滩排球场1个、排球场6

个、羽毛球场12个、室内体育馆篮球场1个。

在学生活动中心可举办小型社团活动。

4. 就医

黄家湖校区校医院位于室内体育馆旁湖滨路，墨轩湖校区校医院位于星驰楼里面。校医院设施齐全，全天候接诊。

5. 银行、邮政所

学院邮政所位于教职工集体宿舍楼下（田径场旁），可邮寄EMS及平信；学校商业街内开设有其他物流邮寄专窗。

学院银行一条街位于田径场旁教职工集体宿舍楼下，有中国建设银行、中国工商银行、中国农业银行、交通银行、南昌银行、中国邮政储蓄银行ATM机，供学生取款专用。

6. 玩

（1）八一起义纪念馆及八一广场（免费）。

（2）滕王阁（学生半价优惠）。

（3）秋水广场（免费）。

（4）八大山人纪念馆（免费）。

（5）艾溪湖湿地公园（免费）。

（6）梅岭（学生半价优惠）。

（7）象湖风景区（免费）。

（8）绳金塔（学生半价优惠）。

（9）天香园（学生半价优惠）。

（10）安义千年古村（学生半价优惠）。

（11）靖安中华传统文化园（学生半价优惠）。

（12）万达茂。

（13）靖安西门古街、鹤栖谷、观音岩、虎啸峡等景点。

二、常用办公电话

常用办公电话如表3-3所示。

表3-3 常用办公电话

部　门	办公电话	办公地点
董办	82293515/82293627	行政楼
党办、校办	82293222	行政楼
宣传部	82293464/82293465	行政楼
组织人事处	82293788/82293613	行政楼
教务处	82293451/82293450	行政楼
对外交流中心	82293517	行政楼
督察室、评建办	82293452	行政楼
科研处	82293453	行政楼

续表

部　门	办公电话	办公地点
基建处	82293460	行政楼
资产管理处	82293515	行政楼
仓库	82293457	
学工处	82121112	湖边长廊
后勤处	82293461	行政楼
团委	82121112	湖边长廊
心理咨询中心	82121209	湖边长廊
学生会	82121113	湖边长廊
广播站	82121114	
招生就业办	82121199	机电楼1楼
计划财务处	82293393	行政楼
图书馆	82121129	图书馆
阅览室	82121130	图书馆
外借室	82121131	图书馆
保卫处	82121122	新校门门口
治安报警	82121110	
院门卫（传达室）	82121106	
监控室	82293389	行政楼
基础学科部	82121125	电信楼
现代教育技术中心	82121151	三教三楼
机房控制室	82121158	三教四楼
实训中心	82293563	实验楼二楼
能源材料与纳米技术研究所	82293570	实验楼
信息与控制技术研究所	82293574	实验楼
维修办公室	82121218	后勤服务大厅
宿舍管理部	82293462	行政楼
司机班	82121116	
校医院	82121170/82121181	
邮政所	82060015	

三、学校网址、通信地址

学校网址：南昌交通学院官网域名：https://www.ncjti.edu.cn。原华东交通大学理工学院官网域名（https://www.ecjtuit.edu.cn）将同时继续运行。

学院主校区地址：江西省南昌市经济技术开发区广兰大道899号，江西省南昌经济技术开发区黄家湖东路111号（老校门）（图3-7为学校综合大楼）。

图3-7　学校综合大楼

邮　编：330100。

四、成绩查询网址

学生在校学习期间，家长随时可通过学院网站查询学生在校学习成绩，督促学生学习，共同促进学生管理工作。

查询网址：http://jwc.ecjtuit.com.cn:8080/mis/。

用户名：lgxy。

密码：lgxy。

五、学校相关微信号二维码

学校	学工处	团委
招就办	学生会	校园一卡通

第四章　我的大学学习

当今大学生已不再是“两耳不闻窗外事，一心只读圣贤书”的旧式书生了，大学的学习不仅包括与课堂学习有关的听课、读书、做笔记、提问、答问、复习、考试等，还包括课外的自学，如报考研究生、公务员，参加各类职业资格考试，参与社会实践，进行科学实验、研究并撰写论文等。

大学新生不仅要了解大学学习的特点，更要尽快掌握科学的学习方法，培养独立自主的学习能力，这对于提升学习效率和提高学习质量至关重要，也有助于大学生充分利用好大学四年的宝贵时光，为自己的人生道路做好铺垫，从而走出精彩的人生之路。

第一节 大学学习的特点及要求

大学学习的内容、方法和要求与中学时期相比发生了很大的变化。要想真正学到知识和本领，除了勤奋学习、刻苦钻研之外，还要适应大学的教学规律，掌握大学的学习特点，选择适合自己的学习方法。

一、大学学习的特点

在大学阶段，大学生不仅要掌握比较深厚的基础理论和专业知识，还要具备各种能力。大学教育具有明显的职业定向性，同学们除了要扎扎实实掌握书本知识之外，还要培养研究和解决问题的能力。因此，要特别注意自学能力的培养，学会独立地支配学习时间，自觉地、主动地学习，还要注意思维能力、创造能力、组织管理能力、表达能力的培养，为将来适应社会打下良好的基础。

1. 自主性

大学学习与中学学习截然不同的特点是学习的依赖性减少，大学生要主动、自觉地学习。不少大学生入校后发现，常常半天或一天没有课，不知道该做什么，好多学生误以为没课的时间就是休息的时间、玩的时间。实际上，大学里有一半的时间是由自己自由支配的，如大部分同学喜欢到图书馆自习。此外，大学的课堂教学往往是提纲挈领式的，教师在课堂上只讲难点、疑点、重点或者教师最有心得的一部分，其余部分就要由学生自己去攻读、理解和把握，大部分内容是留给学生自学的。因此，大学学习不能像中学那样完全依赖教师的计划和安排，学生不能只单纯地接受课堂上的教学内容，还必须充分发挥主观能动性，发挥自己在学习中的潜力。

自主性的学习方式将贯穿大学学习的整个过程，并反映在大学生活的各个方面。例如，学习的自主安排，学习内容和学习方法的自主选择，等等。大学生自学能力的培养是适应大学学习主动性特点的一个重要方面。不会自学或没有养成自学的习惯，将被时代的步伐远远抛下。因此，培养和提高自学能力，是大学生必须完成的一项重要任务，也是进行终身学习的基本条件。不论是课堂学习还是独立钻研或相互启发式学习，大学生都要发挥学习的主动性，根据自己的情况，选择适合自己的有效的学习方法。大学的学习，不再是死记硬背老师所讲的内容，而是根据自己的学习目标和专业要求，选择、吸收、消化有用的知识。

2. 专业性

大学教育具有明显的专业性特点。从报考大学的那一刻起，专业方向的选择就摆在了考生面前，考生对专业进行了全面了解和评估后，再填报志愿，被大学录取。几年大学的学习内容都是围绕着这一大方向来安排的。大学的学习实际上是一种高层次的专业学习，这种专业性是随着社会对本专业要求的变化和发展而不断深入的，学生的知识不断更新，知识面也越来越宽。为适应当代科技发展既高度分化又高度综合的特点，这种专业性通常只能是一个大致的方向，而更具体、更细致的专业目标在大学几年的学习过程中或是在将来走向社会后才能最终确定下来。整个大学学习过程也是对所学专业不断认可的过程；如果不太喜欢自己的专业，而喜欢其他专业，可以申请转专业，但需满足一定的条件，还可以辅修其他专业的课程。无论做什么选择，大学生都需要明确一件事，现在所学专业只是一个大体的范围，而不仅限于一个局限的点，因此，大学生千万不要因对所学专业没有兴趣而荒废学业，最终留下悔恨与遗憾。

3. 广泛性

广泛性反映了大学学习的多层面、多角度的特点，这表现在两方面：一是在学习过程中可以通过各种不同的途径和渠道吸收知识，也可以靠广泛的兴趣去探求课程之外的知识。上课时间之外，学生有较多的自由支配时间，如可听学术报告、知识讲座，参与专题讨论、社会调查等，这为大学生从不同层次、不同角度学习知识创造了条件。二是在学习活动中可以培养自己的兴趣，不断丰富和调整自己的学习内容，形成合理的知识结构。大学生的人文素质和科学文化素质这两方面是不可分割的。

大学生不仅要拥有精深的专业知识，还应利用闲暇时间广泛阅读人文类书籍，如政治、哲学、法律、地理、历史等方面的书。“历史能使人明智，哲学能使人高深，地理能使人豁达……”书是人类进步的阶梯，畅游于其中，必能陶冶情操。机遇总是青睐有准备的人。大学生要把握好机遇，合理调整知识结构，不断提高自身综合素质。

4. 创造性

创新是一种精神状态，更是一种科学方法。复旦大学前校长杨福家指出，中国大学生的素质国际一流，单从考试成绩来看，中国大学生的水准比国外大学生水准高。但中国大学生在个人创造性、知识广度等方面则有所欠缺。国内的学生，从小学到高中的教育，十分重视一点一滴的知识的积累，学的死知识很多，活的思想很少；知其然，而不知其所以然。因此，大学生要更注重创新能力的培养，在就业市场中才能有更强的竞争力；长期看，在一个人的职业生涯中，没有创新就很难有发展和进步，因为你不能提出新的见解，不能开拓性地开展工作，所以只能在别人的指挥下工作。

二、大学学习的要求

大学生的本分是学习，不管是提高综合素质，还是培养综合能力，学习都是基础。知识经济时代是“知识就是财富”的时代，大学生只有不断提高自己的知识水平，才能适应知识经济时代的发展，铺就成功之路。

1. 要有正确的学习态度

态度能影响人的一生。有了正确的学习态度，才能克服在学习过程中出现的各种各样的问题。态度明确，注意力集中，学习效率才能提高。当然，正确的学习态度又来源于对大学学习自身重大意义的认识。所以，学习态度是一个人人生观、世界观的具体体现。

15 岁考入中国科技大学的李世鹏，在美国完成了博士学业后回国，因在“数据压缩”“数据传输”领域里做出的杰出贡献，使他在全世界计算机领域享有盛誉。别人都夸他聪明，智商高，而他却认为：“大学的课程更灵活一些，光努力还不够，还要有方法。不论在小学、中学还是大学，有一个东西是共同的，那就是态度。态度可能对最后的结果产生很大影响。”学习态度，比课本更重要，比课堂更重要，比分数和名次更重要，比学校是否是重点大学更重要。

2. 要有强烈的学习责任感

大学生择业由皇帝的女儿不愁嫁到如今的双向选择、自主择业，大学生在拥有自由选择的同时必须具有被选择的准备。双向选择、自主择业，凭自己的实力打天下，就要反映出你的真实水平。因此，无论从哪个层面，大学生都应该树立强烈的责任感和成才意识，否则，可能会面对毕业即失业的尴尬局面。

3. 摸索适合自己的大学学习方法

大学是系统地学习知识的时期，大学生应该抓住这一难得的机遇，努力成为一个“知识贵族”。自觉学习是大学学习活动的核心特征。大学生的学习不单是掌握知识，更重要的是掌握学习知识的方法。方法不等于知识，知识可以遗忘，而方法则忘不掉。犹如一个从小会骑自行车的人，成年后若干年不骑，一旦再次接触自行车，仍然马上就会骑着行走，不用重新学习。知识是最低层次的，方法比知识更重要，方法是打开知识宝库大门的钥匙。授人以鱼，只能给人几条鱼而已；授人以渔，教人掌握了抓鱼的规律和方法，就可以使其抓到更多的鱼。在面包和猎枪之间选择，猎枪是维持生存发展的条件。

刚进大学的新生，一般都会有 3～4 个月的调适期。在这段时间里，大学生需要完成从高中的应试教育模式到大学的开放式教学的转换。高中只学习具体的知识，而在大学则应该学习一种思维方式。面对“爆炸式”的信息，我们要从学习知识的过程中学会从多角度思考问题。在大学里，首先，学习要靠大学生自己支配课余时间，通过大量的课外阅读去整理、消化课内的知识。如果采用“课堂记笔记，课下背笔记”的方法，被动依赖老师的课堂讲授，就与大学的学习生活不相适应。笔记记得再好，知识背得再牢，也只是老师教案的一个简易的翻版。大学生更重要的是应查找相关的资料，补充、丰富教师讲授的内容。其次，大学生应不急不躁地调整状态，最终找到适合自己的学习方法。学习方法是在取人之长的基础上结合自己实际不断探索得来的，照抄照搬是不行的。为此，大学生要在借鉴前人经验的同时，积极探索适合自己的学习方法。

4. 正确处理学习知识与培养能力的关系

成功离不开能力，也离不开知识，两者都不能偏废。培养能力应该从哪些方面着手呢？在今天的大学校园中，大多数同学主要通过社团活动、社交活动等形式完成，但是一定要把握好“度”。少数学生热衷于社交活动，不注意专业学习，将较多的精力投入学习之余的校园活动中，导致成绩不好，威信不高。大学生千万不要忘记，较强的人际交往能力是必要的，但还应具备良好的道德修养，学会理智地分析问题，而离开专业知识的学习，要获得这些素质是不可能的。我们强调学习知识的重要性，并不是要大学生都不要做学生工作，都去做书本知识的奴隶，这同样是偏颇的做法。正确的做法应该是摆正完成学业和培养能力的关系，只要处理得当，“鱼”与“熊掌”可以兼得。

5. 用智慧驾驭知识

以新的视角来看待知识与方法的关系，是知识经济时代培养创新人才最根本的问题。诺贝尔奖获得者李政道在《物理的挑战》报告中指出，创新人才不能仅仅依靠课堂讲授、课堂教育，也不能完全依靠因特网等高科技工具，因特网只能提供信息，但信息不是知识。

现在不少大学生认为进入信息时代，鼠标一点，就能查找到包罗万象的知识，就能包治百病，实际情况并非如此。信息不是知识，知识不等于智慧，体现智慧的是把信息和知识综合起来予以应用并取得良好效果的能力。若不将数据资料加以分析，其就不成为信息；信息若不加以应用，就不成为知识；知识若不通过智慧加以运用，就不成为力量。美国著名管理学家彼得·德鲁克把人类处理知识的方式划分为三个时代：人类早期是知识启蒙的时代，工业化时期是知识应用的时代，工业化之后是智慧时代。所谓智慧时代，就是要求根据自己的发展目标去检索知识、积累知识、处理知识。

牛顿、爱因斯坦等一大批科学家都是在二十多岁做出了划时代的科学成果。当时，他们的知识储量和他们同时代的科学前辈相比，可能要少一点。那么为什么他们取得了巨大的科学成就呢？主要是科学方法。知识的数量不是创新的决定因素，最为关键的是知识的数量要与科学的方法相结合，用智慧驾驭知识。

第二节　把握大学学习的规律

大学学习的自主性、专业性、广泛性和创造性，不仅要求大学生具备强烈的自主学习、终身学习的观念和强烈的学习责任感，还必须要把握大学学习的规律。大学生只有把握住了学习的规律，才能增强学习的科学性和有效性，才能事半功倍，取得良好的学习效果。

一、大学学习过程的基本阶段

大学学习是一个自始至终不断循环向前发展的过程，具体包括以下 5 个阶段。

（一）形成动机阶段

动机是引起和维持个体活动，并使活动朝向某一目标的内在心理过程或内部动力。人类的各种活动都是在动机的作用下，向着某一目标进行的，其本质是由人的需要产生的，大学的学习活动也是如此。

所谓学习动机，即指激发个体进行学习活动，维持已引起的学习活动，并使个体的学习活动向着一定的学习目标发展的一种内部启动机制。它包括学习的需要，即学习的内驱力和对学习的期待。而内驱力又包含认知的内驱力、自我提高的内驱力和附属内驱力三方面。依照马斯洛的需要层次理论，当人的生理的需要、安全的需要、爱和归属的需要、得到尊重的需要等基本需要得到满足后，就进入了成长的需要，即自我实现的需要，自我实现作为一种高级的需要，包括认知、审美和创造的需要。

一般来讲，较强的学习动机可以促进学习，能够长时间保持认真学习的态度及具有较强的学习毅力，可以引导大学生明确学习目标，知道自己为什么学习。

（二）组织信息阶段

组织信息对于大学生的学习来说至关重要，它制约着大学生的学习方式。信息的组织、存储、呈现、传递的变化，都会对大学生的学习产生一定的影响。大学生的学习在组织信息阶段，就是要形成自己的知识结构。信息都有它自身横向的（指相关、对比、增添的信息）和纵向的（指分层、伴随、从属的信息）联系。大学生在组织信息时要做到三个“善于”：一是要善于把新信息和旧知识“联系”起来，既可为新信息提供参照系，又便于新信息的消化、吸收，形成更高级的信息网络；二是善于将新信息用直观和文字概括的方式“表达”出来，并将感性认识提高到理性认识，学会表达理性认识的方法（如假设、原理、概念、公式、因果关系等）；三是善于将认识的结果用模型（数学的、物理的、逻辑的模型等）进行特征描述，做到把片段知识加以综合集中。

（三）学习应用阶段

在组织信息的基础上，大学生要通过应用使学习深化，使自己进入角色，成为学习的主人，而不是长期停留在被动地听课、看书阶段，要做到学以致用，理论与实践相结合。学习应用阶段，首先，要通过参与和所学知识技能的相互作用，进入角色（如概括所学内容并提出见解，用学会的知识技能做练习和作业，用自己设想的方案做实验，等等）；其次，要进一步深入学习所学内容，如做实验、做设计、进行实际操作、解决一两个实际问题等；最后，要看到自己应用后的成果，并对此成果加以讨论、总结、消化，以加深对所学内容的理解。

（四）重复巩固阶段

重复是大学生通过学习获得成功的必要过程和手段，在初步应用以后，必须对基本的学习内容进行重复和强化学习，这样才能达到巩固的目的，使它们长期保存在记忆中。重复巩固阶段主要包括熟练、强化和常规三个要素。熟练是对基本的学习内容能达到熟练的程度，对初步应用时用到的知识和技能进行提炼，以获得初步记忆。强化是指每隔一段时间对一些重要的概念、原理和方法进行再次复习和应用。常规是熟练和强化所学内容后所期望的效果，使获得的知识技能在运用时达到常规化的程度。

对大学生来说，及时复习，将集中学习与分散学习相结合，加强对所学知识的整理、概括，使之系统化，这是行之有效的方法，通过多次重复，不仅能强化、巩固记忆，还能发挥其在加深理解、促进应用中的重要作用。

（五）迁移综合阶段

学习过程的最终目标不仅仅是将知识技能学到手，更是要知道在什么时候、什么场合、用什么方法将它们迁移应用到新的任务中去。为此，在已经巩固的知识及初步应用的基础上，首先，要用自己的语言“归纳”出其中最重要的概念、原理和方法；其次，要将这些归纳出的概念、原理和方法“迁移”到其他领域中加以再应用；最后，要把已学习和再应用后的概念、原理和方法“综合”到一个新的参照系中，进行新的学习和应用，即处于新一轮的学习过程中。

以上学习过程的后一阶段既是前一阶段的发展，同时又会反作用于前一阶段。前一轮学习过程的第五阶段还会发展成为后一轮学习过程的第一阶段。

二、大学学习过程的层次

除学习过程的五个基本阶段以外，大学生在校学习还要经历两个不同层次的学习过程。

（一）第一层次学习过程——从入学到毕业

从宏观上来说，第一层次包含了大学学习的各个阶段、各个方面，是一个完整、系统的层次，一般分四个阶段。

1. 基础知识学习阶段

基础知识学习阶段是大学的开端，俗话说，“良好的开端，是成功的一半”。学生在这一阶段主要学习公共基础课。公共基础课一般安排在大学的第一学期和第二学期，包括大学英语、体育、数学、物理、大学生思想品德与法律基础、计算机文化基础。还有的同学认为在中学已经学过公共基础课，所以没必要再学习了，结果造成专业课的学习和研究受到基础知识的局限，难以在专业的广度和深度上发挥自己的能力。无数事实表明，基础知识学习阶段非常重要，它不仅直接影响到大学生专业课的学习，而且对大学生未来的发展将产生长远的作用。学好基础知识对大学生来说至关重要，大学生千万不要太过功利，认为公共基础课不重要。

2. 专业基础知识学习阶段

专业基础知识的学习一般安排在大学的第三学期和第四学期，不同的专业有不同的专业基础课，它重点讲述各专业的基本概念、原理、规律及解决问题的基本思想和技能，它在大学学习过程中起到承前启后的作用。有人用“塔”来形容，公共基础课是塔基，专业基础课是塔身，专业课是塔顶，这个比喻形象地说明了公共基础课、专业基础课和专业课三者之间的相互关系。没有扎实的专业基础知识，要学好专业课是不可能的，它是学习和从事专业工作的支柱，也是从事科学研究的基础。许多优秀学子的成功经验表明，专业基础课学得越扎实，专业学习就越轻松，就越有利于提高大学生综合运用知识的能力。

3. 专业知识学习阶段

专业知识学习阶段一般安排在大学的第五学期之后，这一阶段的学习主要体现专业的特点，要学习从事未来工作最直接、最实用的知识，更是发挥个性特点、提升能力的关键阶段，它包括各专业特有的技术理论课和技术应用课。专业知识的掌握和运用，主要取决于对各类专业知识的学习。专业技能越扎实的学生越受用人单位的青睐，所以对大学生来讲，不能忽视任何一门课的学习。

4. 毕业设计（论文）阶段

毕业设计（论文）就是要按照自己的职业发展意向从生产和社会实践中选择适当的题目进行设计或研究，撰写论文，并在老师的指导下，综合运用所学的知识和技能，独立解决生产和社会实践中的具体问题，这一阶段也是大学生从学生身份转换成职场人士的最后一次“演练”。

（二）第二层次学习过程——从一门课程的开始到结束

在这个过程中，学生的认知水平要经历三个阶段：依靠老师指导阶段、独立学习阶段、实践应用阶段。从第一阶段到第二阶段认知水平的变化，指学生从被动地接受到自行阅读参考文献，自己进行学习总结，并积极参与课堂讨论。从第二阶段到第三阶段认知水平的变化，指学生参与各种实践环节的训练，应用理论知识解决实际问题。在这些变化中，学生要把握时机，及时从低一级的阶段转化为高一级的阶段。

三、影响大学生学习效果的因素

(一) 学习的需要

需要是指个人和社会的需求在人脑中的反映，是人感到某种“缺乏”而力求满足的一种心理活动。需要往往表现为意向、愿望、理想的形式，成为行为的基本动力。一般可将需要分为六个层次：生理需要、安全需要、归属需要、尊重需要、自我发展的需要和实现理想的需要。其中生理需要是其他需要的基础；高层次的需要则是把社会需要转化为自我发展的需要；最高层次的需要则是树立抱负、实现理想的需要。学习的需要跨越了尊重需要、自我发展的需要和实现理想的需要三个层次。它既是个人获得成就的基础，也是个人不断进步的动力，只有高层次的需要才能促进人自发学习，产生良好的学习效果。

(二) 学习的动机

学习的动机是推动人们进行学习的内部动力，是学习的需要的具体表现。它可以引起学习愿望，推动学习行为，引导学习向某个目标进行，维持和不断增加学习能量。大学生的学习动机有多种，按其来源的远近和作用时间的长短分为间接的远景动机和直接的近景动机。在这些动机中，有积极的动机，有功利主义的动机，有狭隘的动机，有消极的动机。学习中的远景动机和近景动机都很重要，两者相辅相成、互相作用。缺乏远景动机会使学习缺乏持久性，学习时会感到精神空虚。缺乏近景动机会使学习劲头不足、效率不高、效果不好。大学生先要具备远景动机，同时要结合自己的学习状况形成不同阶段的近景动机，把每门课程都学好。

学习动机的形成既有内在刺激因素，也有外在刺激因素。前者是学习的需要，如感受到社会需求而产生内心的缺乏感等；后者是由于个体以外种种条件产生的，如教师的引导、环境的影响、物质金钱的刺激等。外因是通过内因起作用的，大学生有成效的学习始终是自己强烈学习动机和坚毅学习行为的结果。大学生应该自我激发学习动机的外因，自我培养学习动机的内因。自我激发外因，就是通过认真学习和参与社会实践活动来树立对未来的理想，激发对专业的责任感，产生强烈的求知欲，从而产生迫切的学习动机。自我培养内因，就是在产生正确的学习动机后，通过确立学习的高标准和大目标，让学习有明确的目的。

(三) 学习的目标

目标是行为期望达到的目的，又是引起需要、激发动机的外部刺激条件。目标分为教育者的教育目标和学习者的学习目标，这些目标又分为远期目标和近期目标两种。对教育者来说，远期目标就是本专业的培养目标，近期目标就是一门课程或者一个教学环节（实验、设计、实习等）的教学目标，即教育者期望学生在学完这门课程或完成这个教学环节后，在认知结构、技能、能力上达成的目标。对学习者来说，在得知专业培养目标及在教师告知每一门课和每一个教学环节的教学目的、意义、价值和预期效果后，就应该形成自己的远期学习目标，以及在每一门课、每一个教学环节前形成自己的近期学习目标。只有有了明确的学习目标后，才能具备学习的意向和计划，形成合理有效的学习方法，并采取有效的行动。

（四）学习中的迁移及其利用

大学生在学习一门课程时往往会问：这门课对今后的学习有什么用处？在这门课中用了过去学过的哪些知识？这些问题就涉及学习中的迁移。学习中的迁移一般指先学到的知识和已掌握的技能和方法对以后学习新知识和对形成新的技能、技巧所产生的影响。大学生在学习过程中，如果能及时地理解并消化、吸收所学的知识，加以综合、归纳和总结，并加强训练（如做题、练习、设计、实验等），做到融会贯通，在此基础上学习新知识，就会事半功倍。

（五）学习中的记忆和遗忘

记忆是一种主动的心理过程，记忆从识记开始，经过保持，被记忆的信息不断被人脑加工、改造，与人在识记前后的经验建立各种联系，然后在一定条件下加以再认或回忆，这就是记忆的全过程。再认指重新感知已感知过的事物时能够辨认出来，回忆指头脑中重新浮现出过去经历过的事物。再认要比回忆容易，因为再认有当前事物为线索，而回忆则没有，它要求人对已感知过的事物不在眼前时也能重新想起来。例如，学生在考试时做选择题会比做问答题感到轻松得多，其原因就是做选择题是再认的过程，而做问答题是回忆的过程。

遗忘是保持的消失，或表现为不能再认、不能回忆，或表现为错误的再认、错误的回忆。遗忘的速度（或记忆的保持率）随时间、所记忆内容的意义及重复叙述的程度而变化。若记忆的是无意义的信息，而且记忆后不再重述，则保持率急剧下降，几秒或几分钟后可下降至30%~40%，几天后保持率不足20%；若记忆的是有意义的信息，遗忘的速度就慢得多。若保持短时记忆后再用一定时间进行重复学习，称为过度学习（over learning），这时的保持率可以得到提高。此外，记忆还受抑制的影响。

因此，了解记忆与遗忘的规律，理解所学习的内容，有意识地进行阶段巩固，并注意经常应用所学的知识，善于联想，明确记忆目的，保持强烈的动机，讲究记忆的环境，有助于提高记忆效率。例如，早晨学习的东西不容易遗忘，睡前学习的东西也不容易遗忘，所以，睡前学习新内容，早上进行复习（或反之），往往是提高记忆保持率的好办法。又如在安静和心情舒畅的环境里进行学习，记忆效率会更高。

（六）大学生学习中的思维

认知是由具体的感觉到思维，又从理性抽象思维发展到理性具体思维的过程。有人说："到大学里来学什么？一是要学会做人，二是要学会思维，三是要学会掌握和运用知识的能力。"应该说，人与人的差异，学习有成效与否的差异，乃至事业成功与否及生活幸福与否的差异，都在很大程度上取决于思维方式和思维水平的差异。一般认为，思维包括形象思维、逻辑思维、辩证逻辑思维和创造性思维四种形式。

形象思维即直观思维，指建立在感性认识基础上的思维。学生在学习一个新领域的知识时，常常需要通过对该领域的具体事物进行认真的观察，获得感觉、知觉和表象，从中寻找联系和规律，以便将学习时获得的概念、原理与这些感性认识发生联系，产生联想，提高学习的效果和质量。这就是形象思维对学习的指导作用。比如在专业认识实习中及在课程的现场教学中得到的感性认识和形成的形象思维，对今后的学习将起到重要的作用。形象思维又是发展创造性思维的基础，由于形象思维既是取得知识的源泉，又是发展创造力的基础，所以重视和锻炼形象思维有着重要意义。

逻辑思维即抽象思维，指借助于抽象的概念、判断、推理等基本形式形成的思维，它与形象思维的区别是摆脱了对感性材料的依赖。逻辑思维对学习的指导作用首先表现在去粗取精、去伪存真、由表及里、由此及彼的学习上，也表现为由现象引导、由浅入深的推理上，因而使学习更容易深入事物的本质。大学生只有善于把“具体”“抽象”结合起来，侧重于训练自己的抽象思维，在发展形象思维和逻辑思维的基础上，侧重于发展自己的逻辑思维，才能顺利地完成学习任务，才能提高认识水平，才能有效地开发自己的智力并形成科学的世界观。

辩证逻辑思维简称辩证思维，是按照对立统一的矛盾运动形式来反映客观事物的思维活动。它要求人们客观而全面地看问题，从事物的发展中对具体事物做具体分析，把握它的全部要素并指出其中什么占主导地位，以及怎样创造条件，促使这种可能性转化为现实性。辩证思维是思维发展的最高形态。大学生在中学时已具有初步的辩证思维能力，而到了大学由于接触到大量科学技术知识，大学生的辩证思维水平得到迅速提高。同时，辩证思维的发展又能指导他们高质量地分析、解决实际问题。

创造性思维是在科学发明、技术革新、文艺创作等活动中所特有的思维过程，也是学习过程中必不可少的心理因素。它既具有一般思维的特性，又不同于一般的思维：它往往与创造性活动联系在一起；它是思维与想象的统一；它具有潜在性，表现形式往往带有突发性（通常称为“灵感”或“顿悟”）；它是多种思维的综合表现。对于大学生来说，由于创造性思维是多种思维的综合，所以应该在日常学习过程中加强对自身形象思维、逻辑思维和辩证思维的综合训练，也就是要多看、多听、多思考、多分析。又由于创造性思维既带有突发性，又带有潜在性，所以不能只看到灵感和顿悟的一面，以致平时学习任其自然，没有压力，想象着有一天突然得到灵感。灵感和顿悟反映一种质变，但质变是通过量变积累后才能得到的。平时勤奋、严谨的学习态度，刻意、执着的学习追求是产生创造性思维的基础。

第三节 讲究学习方法

一、常用的有效学习方法

大学学习方法有很多，常用的科学有效的学习方法有以下几种。

（一）循环学习法

学习成效与记忆能力密切相关。德国心理学家艾宾浩斯的一项关于学习记忆的实验研究结果表明，学习中人的遗忘具有先快后慢的规律，如果及时复习，就可达到牢固记忆的目的。事实上，在学习过程中，记忆能力再强的人也难以做到对所学的教学内容一次性记忆下来。因此，循环法就是要求大学生在每节课后，在新的信息传入大脑后，印象逐渐消失以前，对所学的内容及材料及时整理，在不同的时间内多次采取“学习—复习—再复习”的方法，以达到记忆的目的，巩固学习效果。

（二）四环式学习法

四环式学习法是指通过由面到点、由表面到实质的综合概括，把握学习内容之间的联系，在较短时间内掌握全部材料内容的一种方法。包括分析材料、编写提纲、迁移内化、归纳强化四个环节。第一环节是分析材料，要抓住重点，就是对所学的内容进行认真的分析、综合，把握其要点、重点和难点及材料间的必然联系。第二环节是编写提纲，要求在理解所学内容的基础上，细致地进行筛选、概括、组织，然后根据所学的材料的性质，用自己的语言提纲挈领地编写提纲，列出每一问题的要点。第三环节是对学习材料进行迁移内化，即对所编提纲及知识、材料间的内在联系进行背诵、记忆、分析、推理。第四环节是归纳强化，即用简短的语言，抓住材料的实质和核心内容，把提纲归纳成简纲，以强化记忆，加深印象。

（三）框架式学习法

框架式学习法是指将有关的知识通过有条理的分析，归纳成一个个“框架”，以便理解和记忆。例如，我们学习某一学科或阅读某一本书时，往往会根据学科或书本的知识和内容及其内部之间的联系，建立一个知识“框架”。这样不但便于我们理解和记忆内容，而且便于我们每学一点新的知识，就能自觉地把它投到这个“框架”的内容中，整理“信息”，调整信息的位置，这样就会取得更好的学习效果。

（四）设问推敲法

设问推敲法是指在学习过程中，我们经常会遇到各种问题，对遇到的问题，要养成问“为什么”的习惯。如果是前人问过的，但还没有解决，我们要敢于再问；如果是前人没有问过的，我们要敢于去问，不要怕错，错了就改。根据遇到的问题，迈出“问”这个第一步，我们根据“问”发挥自己的主观能动性，主动查找资料，主动寻求解决问题的新方案，这对培养自己的创造性思维能力是很有好处的。常见的设问推敲法有比较法、反问法、逻辑法、变化法、极端法五种提问形式。

（五）螺旋式学习法

螺旋式学习法就是用一系列的循环知识单元来代替平铺直叙的知识积累和阐述，每一循环都比前一个循环更高一层、更进一步。这种学习方法以学习者所感兴趣或想研究的内容为目标。起点可以是某个基本概念、某个公式、某个实验现象，围绕着中心内容，掌握与中心内容有直接关联的基本知识，并了解那些有联系、但并不直接有关的知识。经过一个阶段的学习，学生掌握了基本概念，能理解和运用公式，能分析实验现象，疑难问题也得到了解释，设想得到了丰富和完善。同时学生还了解到与所学内容有关的知识领域。在这一循环的学习中，学生又会遇到新的概念、新的问题，再以此为新的起点，进一步循环，进一步学习，进一步开阔视野。

（六）SQ3R 学习法

SQ3R 学习法是美国艾奥瓦大学首创的学习方法，其中 S 代表浏览（Survey），Q 代表提问（Question），3R 分别代表阅读（Read）、背诵（Recite）和复习（Review）。

浏览是指在学习一本书之初，先大致地浏览一遍，着重看书的序言、内容提要、目录，正文中的大小标题、图表、照片，以及注释、参考文献和索引等附加部分，目的是对全书有一个总的直觉印象及哪些内容值得注意等。

提问是指在浏览确定要读一本书之后，先进行粗读并提出问题，主要是在阅读大小标题、黑体字和其他重要标示的基础上提出一些问题来，以便在后面的精读阶段更有目的；对提出的问题自己先试着回答，有利于培养、提高思考问题和解决问题的能力，也可以提高学习和记忆的效果。

阅读是指带着问题深入地精读，对书中比较重要的内容，要逐段逐句地读，有时甚至要反复地读：对其中的重要概念、图、表、专门术语乃至注释等，要透彻理解其意义；对书中的核心内容和中心论点做笔记、写心得，并配以圈点、画线、眉批等。

背诵是指在理解了一本书的精神实质后，合上书本，把有关章节的主要内容简明扼要地复述出来，对书中的重要法则、原理、公式、定理等能熟练地背诵出来。通过背诵，可以加深理解、增强记忆。

复习是根据在复述、背诵的过程中所出现的问题和熟练程度进行回顾，以便全面、准确地记住书的主要内容。对其中需要长期记住的材料，还要反复复习，以求牢固掌握。

（七）理论与实践结合法

大学学习是学生将高度抽象的专业理论知识运用到实践的活动。理论来源于实践，必须回到实践中接受检验。学习的过程也是人的认识过程，它必须符合人的认识规律。脱离实践的理论，是无法生存的理论，也是无法掌握的理论。大学生所学的理论，是前人或他人在实践中升华了的东西，这种理论要在实践中才能检验它的真理性。因此，大学生通过参加课程设计、实习、实验、调查、毕业设计等实践活动，将课堂教学理论运用于实践，在实践中培养自己的动手能力、操作能力、运用知识解决问题的能力、创新能力等，树立在实践中学习的观念。

以上介绍的几种学习方法都是他人经验的总结，借鉴他人经验，可以少走弯路，提高学习效率。但是，由于个人习惯、思维方式、性格、气质、意志品德等具体条件不同，学习方法应该因人而异，因此，具体选择哪种学习方法，要结合自身的特点来选择，对别人的经验要有选择性地加以吸收。

二、有效的学习技巧

有效的学习技巧有助于提高学习效率，巩固学习效果。大学生应特别注意以下有效的学习技巧。

（一）听课

听课是学生吸收知识最简捷的途径，因此，“听好课”是获得好的学习效果的最重要手段。怎样听好课呢？大学生听课应在集中精力的基础上，就以下几个方面加以注意：明确自己的学习目标（即学完这门课后在理论上和方法上预期达到的效果）；掌握课堂上阐述的基本概念及其定义（基本概念反映对象的本质属性）、定律（客观规律的表述）、定理（通过一定论证得到的结果），并了解它们的外延和背景；及时跟上教师讲课的节奏；理解本课程的体系及本课程和已学课程间的关系，以便用已学的知识进行联想，温故而知新；注意教师讲课中阐述的个人见解，积极开动脑筋思考问题，允许大胆怀疑并提出问题；了解本学科的发展趋势，以便于今后利用其他文献做进一步探讨。

（二）记课堂笔记

一般来讲，课堂笔记主要记录教师讲授的思路、难点和结论。思路指教师讲授的思维逻辑系统。难点指需要花力气攻克的关键点。结论指教师经过综合归纳出的一些要点，它概括了教师讲授的主要内容，既是教师讲授中的精华，也是学生复习时的提纲。专业课程一般知识面广、综合性强、内容更新快，记笔记时除要记好本学科理论和方法的推论、应用和联系外，还要敏感地记下更新的信息，注意记下与其他学科的联系。文科课程笔记侧重于记录基本的哲理、研究的方法、分析的论点、实践的验证。外语课程要记好语法分析，还要多记词汇、词组、习惯用语、一词多义等。至于讲课中冗长的数学推导过程、长篇的文字叙述或繁多的公式推论等则应尽量少记，待自己复习时补充。要在记的同时进行积极思考。在教师讲到新概念时，要想一想为什么会建立这个概念；在教师论证时，要想一想已知和未知的因素是什么，推理的方法为什么是这样，论证中的关键步骤有哪些；在教师应用公式时，要想一想应用这些公式有什么限制条件。这样，边听、边思考、边记笔记，就能使所记内容成为自己理解的东西。要用自己的语言和符号来记录，要经常整理课堂笔记，进行学习小结，形成自己的思路，并与以前学过的有关内容融合起来。

（三）预习、复习和练习

（1）预习。预习是指听课前的泛读，约需用上课时间的15%，其作用是：有助于培养独立思考的能力（预习时要思考哪些为已知，哪些为未知，哪些为难点）；有助于提高听课质量（能在听课时格外注意重点和难点）；有助于提高记课堂笔记的水平（能克服“听、看、想、记”间的互相干扰）；有助于提高学习效率（预习时将已学过的知识在头脑中过一遍，加强新旧知识的联系，有助于记忆）。预习的基本要点是用“已知”比较、鉴别“未知”。

（2）复习。复习的作用是：巩固课堂听课学到的知识；将“已知”的知识和“新知”的知识联系起来，在头脑中形成更为丰富的信息网络；为做习题练习、实际应用及开展实验、大作业、课程设计等教学实践活动做理论准备；反复的复习可以使得某些知识形成头脑中的“常规”，达到学习过程中的一次次飞跃。

（3）练习。练习是指在教师的指导下，反复地完成一定的动作或活动，借以形成技能、技巧或行为习惯的一种学习方法。如外语课的语音和作文练习、体育课的技能和技巧练习、制图课的绘图练习、计算机课的上机操作等。

习题是为复习时做练习而提出的问题。习题练习是学生在教师的指导下，运用所学知识，反复地对一些假想的或实际的问题进行解答，达到理解和巩固所学知识、形成一定技能和技巧的学习方法。绝大多数课程都有习题练习这个环节。学生在进行课后练习（包括习题练习，下同）时，应该在思想上明确以下要点。

① 练习的目的。练习是教师有目的的安排，学生应该主动了解教师安排练习的目的。

② 练习的内容。练习材料大多是根据练习目的精心挑选的。学生在练习过程中不但要注意理解教学内容，加强基本技能的训练，而且要把典型练习和创造性练习结合起

来，运用学到的理论知识去解决一些难度更大的甚至更有创新意义的问题。如果既有一般性练习要求，又有提高性练习要求，应在完成一般性练习后力争完成一些提高性练习。

③ 练习的时间。练习是在基本掌握所学内容以后进行的。

④ 练习的方法。练习要按照确定的步骤和格式进行；先要求正确，后要求熟练；练习的方式要适当多样化，以提高对练习的兴趣和练习的结果；练习一般先易后难，先单项（解决个别性问题）后综合（解决整体性问题）；练习要个人独立地完成（也可在集体讨论的基础上个人独立地完成）。

⑤ 练习结果的处理。学生在每次练习后，应该对自己的练习结果进行一些自我检查，检查哪些方面有成效，哪些方面存在着缺点或错误。学生在做每道习题后，应该对得到的结论做一些自我分析，如这个结论是在什么条件下取得的，受到什么限制等，以扩大做习题的“战果”。如果能在每次做完习题后对所做习题的结果进行讨论，收到的效果会更好。此外，学生必须认真对待教师对练习的判断和评语，从中能学到书本上学不到的知识。

（四）解决疑难问题

学生在学习过程中会遇到各种疑难问题（包括教科书中的和教师提出的思考题）。这时，只靠听教师讲授和自己勤奋学习是不够的，还要勤于提问。所谓学问，就是既要学又要问。问谁呢？问自己，问教师，问同学，问书本。

（1）问自己。就是复习时不断给自己提出问题，不满足于弄懂课堂上教师讲的和书上写的知识，做完习题后给自己提出问题并对所提问题进行讨论，把解答引向深入，扩大做题效果。

（2）问教师。问教师不仅是向教师求教疑难问题，更重要的是要主动争取机会将自己思索得到的不太确切的答案提出来，和教师共同讨论，分析正确与否。问教师不单是单向求教的过程，更是师生双向思想交流的过程。

（3）问同学。问同学就是经常在同学间对学习中遇到的共同疑难问题开展讨论。由于同学都是思想活跃的年轻人，对问题没有固有的认识陈规，在讨论时，可以碰撞出新的认识火花，大家相互提问，互相解答。

（4）问书本。问书本就是利用教材和参考文献解决疑难问题。只要将教材内容前后融会贯通，一般都能够找到问题的答案。至于更深入一些的问题，则要通过阅读相关文献才能解决，而这些相关文献也会在教材后面的参考文献中列出。

思考题是老师为学生创造的“情景问题”，学生在探索问题中独立思考，获取知识。思考题主要涉及教学内容中的一些概念和这些概念的应用问题，它所要求的解答往往是对一些问题的定性分析和归纳，解答的形式往往是运用文字加以叙述或运用图表加以解析，而不是用公式和数据进行演算。一般情况下，思考题的解答可以按学生自认为合适的格式表达清楚，不必上交老师批阅，但应妥善保存以备复习时参阅。

第四节　应对学业考试

考试作为衡量学生学习成绩和检查教师教学效果的重要手段，是大学教学活动中不可缺少的一个重要环节。大学的考试一般安排在期中和期末，考试形式多样，有撰写论文、开卷考试、闭卷考试或开卷考试与闭卷考试相结合等。考试成绩的好坏，对学生下一阶段的学习乃至毕业有重要影响。因此，能否顺利通过考试并在考试中取得好成绩，对每一个学生有切身的利害关系。

要顺利通过考试并取得好成绩，主要取决于大学生平时对课程内容的熟悉、掌握和应用的程度。当然，考试前准备和考试时临场发挥也很重要。

（一）抓好平时的学习，不要“临时抱佛脚”

有的同学平时不用功，到考试时才“临时抱佛脚”。这种复习方式，对于应付一些客观选择题可起到一定作用，但对于要发挥想象力、创造力的考题就丝毫没有效果。因此，要抓好平时的学习，课堂上认真听好老师的讲课，坚持做笔记；课后注意及时消化、吸收、巩固课堂上的知识，并反复多次；按时完成老师布置的各种作业；每学完一章，除了要做好必要的练习外，还要进行自我总结，写读书心得，进行自我测试。学完一章要这样做，学完一门课也要这样做，这样学到的知识就比较牢固了。

（二）制订好复习计划，科学、合理地安排好复习时间

在大学里，每个学期的期末都要考几门课程，而且一般要集中在期末的一两个星期内进行。因此，要根据学校考试安排和自己的情况制订好复习计划，把每天的复习时间划分为几个阶段，分别复习不同的课程。各门课程的复习要交叉进行，若是考完一门课后再复习下一门，往往来不及。

（三）系统复习与突出重点、难点相结合

在复习过程中，首先，进行系统复习，将一本书各章节的内容进行归纳总结，全面系统地掌握这门课的基本框架、基本概念和基本原理。其次，掌握重点、难点。如果复习时不分难易，不分重点，每次都面面俱到，结果就会越学越多，越学越忙。因此，在进行系统复习后，要能区分哪些内容比较熟悉，哪些内容不熟悉，哪些内容是本书的重点、难点。对重点、难点、不熟悉的内容，要进行多次反复的复习，多做练习，多思考。遇到不懂的知识，要及时请教老师和同学。在复习重点内容时，可将学到的知识条理化、系统化，用简明的语言和图表概括起来，并且对学习过程中做过的练习再多次进行消化，这样效果会更好些。

（四）养精蓄锐，保持良好的心理状态

首先，要相信考试只不过是自己真实水平的展现，轻轻松松应对考试，有压力但不感到恐惧。其次，要劳逸结合，在考前如果过分紧张地复习，大量做题、熬夜，就会造成脑力和体力的极度消耗，精神高度紧张，加剧对考试的紧张恐惧，削弱对考试的信心。因此，考试前一定要养精蓄锐，临考前两天不要过度疲劳，每天保证有一定的时间参加体育活动，保证睡眠，同时要加强营养，使自己精力充沛、精神振奋地投入考试。此外，认真阅读考试规则，务必带齐考试应带的东西，以免影响考试。要做好扎实的复

习工作，不要有任何侥幸心理，认为考试不及格还有补考或重修的机会。

第五节　参与各类水平及资格证考试

在大学学习期间，除了必修课程考试外，可以选择参加由国家教育行政部门或地方政府部门组织的有关考试。在英语学习方面，有大学英语四、六级考试（CET-4、CET-6）；在计算机知识与技术的学习方面，有全国计算机等级考试；在求职就业方面，有国家或各地区举行的公务员考试；等等。

一、大学英语四、六级考试

全国大学英语等级考试（College English Test，CET）是由教育部主管的一项全国性的英语考试，其目的是对大学生的实际英语能力进行客观、准确的测试，为大学英语教学提供服务。

教育部委托“全国大学英语四、六级考试委员会”负责设计、组织、管理与实施大学英语四、六级考试。考试每年举行两次，时间分别在 6 月和 12 月（或次年 1 月），报名时间一般在每年 3 月下旬和 9 月下旬。大学英语四、六级考试同时进行，主要对象分别是高等学校修完大学四级或六级的本科生，同等程度的大专生或硕士研究生，同等程度的夜大或函授大学学生。

自 2005 年 6 月考试（试点）起，四、六级考试成绩采用满分为 710 分的计分方法，不设及格线；成绩报道方式由考试合格证书改为成绩报告单，即考后向每位考生发放成绩报告单，报告单内容包括总分、单项分等。总分达到 425 分合格，四级成绩不到 425 分不能报考六级。四级成绩超过 550 分或六级成绩超过 520 分可以参加口语考试。

大学英语四、六级考试试卷构成和所占比例为：第一部分听力理解占 35%；第二部分阅读理解占 35%；第三部分综合测试占 15%；第四部分写作占 15%。

大学英语四、六级考试口语考试与笔试分开实施，同时，考试委员会将积极研究开发计算机化口语测试，以进一步扩大口语考试规模，推动大学英语口语教学。

二、全国计算机等级考试

全国计算机等级考试是经原教育委员会（现教育部）批准，由教育部考试中心主办，面向社会，用于考查应试人员计算机应用知识与能力的全国计算机水平考试。教育部考试中心聘请由全国著名计算机专家组成的“全国计算机等级考试委员会”负责设计考试方案，审定考试大纲，制定命题原则，指导和监督考试的实施。

全国计算机等级考试目前设置了 4 个等级。

一级：考核计算机基础知识和使用办公自动化软件及互联网的基本技能。

二级：考核计算机基础知识和使用一种高级计算机语言（包括 C、C++、Java、Delphi、Visual Basic、Visual FoxPro、Access 等）编写程序及上机调试的基本技能。

三级：分为“PC 技术”“信息管理技术”“数据库技术”“网络技术”4 个类别。

四级：考核计算机专业基本知识及计算机应用项目的分析设计、组织实施的基本技能。

此外，教育部考试中心在部分省（自治区、直辖市）开设了一级B类考试。一级B类考试考核内容和水平与一级相当，完全采取无纸化的上机考试形式。在一级B类的合格证书上会注明“B类”字样。

三、国家公务员考试

由于国家公务员招考是“因岗择人”，即按照职位来招考，所以每个岗位的招考条件并不相同，但有一些通用的要求：具有中华人民共和国国籍；具有正常履行职责的身体条件；具有大专以上文化程度和符合职位要求的工作能力；具备拟任职位所需资格条件（其中，招考职位明确要求有基层工作经历的，报考者必须具备相应的基层工作经历）；公务员主管部门规定的其他条件。

国家公务员考试笔试题，除报考公检法的考生需加试专业科目考试外，报考普通职位的考生需考公共基础科目、行政职业能力倾向测验和申论。行政职业能力倾向测验和申论主要考查考生认识、分析和解决问题的能力，临时抱佛脚复习的作用不大，公共基础科目的考试涉及法律、行政等方面的内容。

申论，取申述、申辩、论述、论证之意。申论，既不同于作文考试，也不同于策论考试。但是申论考试的内容、方法及其产生的测评功能则涵盖了作文和策论两种考试的基本方面。申论测试，命题中的背景材料会涉及公务员社会活动方方面面的现实问题，包括一些社会热点与大众传媒所关注的焦点等，是模拟公务员处理日常工作的能力测试。申论所给的背景材料不是原始的信息，而是经过加工的半成品资料，头绪不很清楚，条理顺序也较为混乱，究竟反映了什么问题，需要考生研究、梳理、归纳。公务员处理日常工作，依据的是党的方针、政策、法规，所提出的解决问题的方案要有针对性，要切实可行。申论考试作答也要如此，不要说套话、假话，不能漫无边际、无的放矢。

专业科目笔试和面试的时间由招考部门自行通知。报考人员只有考试成绩、考核结果、体检都符合录用条件，才能办理录用手续。

四、中国物流职业经理资格证书考试

中国物流职业经理资格证书考试（China Professional Logistics Manager，CPLM）是为了培养适合我国物流行业发展需要和满足不同层次需求的专业物流管理人员。其基本要求是通过有关课程的学习，培养理论知识够用、职业技能实用的物流管理应用型人才。

中国物流职业经理资格证书分为初级、中级和高级共三种。参加高级证书考试的考生必须有5年以上的物流管理工作经验。考试采取全国统一计划、统一大纲教材、统一命题、统一考试。

考试时间：一年两次，分别在5月和11月举行。

五、全国电子商务职业证书考试

电子商务职业证书是非学历职业证书，由全国考办和全国电子商务协会联合面向社会开考。经规定的全部课程笔试及实践环节合格者，由全国考办和全国电子商务协会联合颁发相应的全国电子商务中级（或高级）证书。全国电子商务职业证书含有实践考核的课程，须按先后顺序完成笔试、网上作业和上机考核三个步骤。

考试时间：电子商务证书考试笔试课程考试在4月和10月进行。考生要通过联想集团FM365网站（http：//www.zk.fm365.com）进行注册，完成相应作业后方能参加实践环节考核。笔试课程考试时间及报名时间与4月和10月自学考试同步。

六、中国市场营销资格证书考试

中国市场营销资格证书考试是由教育部考试中心和中国市场学会联合推出的一个考试项目，包括中国市场营销经理助理、中国市场营销经理、中国市场营销总监（各级别均有报考条件要求）。中国市场营销经理和总监的考核内容为综合能力考试和实践能力考核两部分，中国市场营销经理助理的考核内容为综合能力考试。中国市场营销资格证书由教育部考试中心和中国市场学会联合签署颁发，证书全国通用。

考试时间：一年两次，分别在5月和11月举行。

七、会计证书考试

目前国内的会计证书考试分为三个级别：一是会计从业资格证书考试；二是会计专业技术资格考试；三是注册会计师考试。

会计从业资格证书，也就是通常所说的“会计证”，根据规定，在我国所有要从事会计行业的人必须持有该证书。全国会计专业技术资格考试（职称考试）分为初级资格考试（获取助理会计师证）和中级资格考试（获取中级会计师证）。目前我国对已取得中级职称的会计人员，采用评审制来认证其高级会计师职称。注册会计师考试（CPA），凡有高等专科以上学校毕业的学历、已取得会计或者相关专业（指审计、统计、经济）中级以上专业技术职称的中国公民都有资格报考。考试实行滚动式，从第一门单科合格成绩取得之年限算起，5年内必须考完所有科目，才可获得申请注册会计师的资格。

目前，可在国内参加考试、国外认证的会计师资格证书主要有5种：英国特许公认会计师认证（ACCA）、国际会计师专业资格证书（AIA）、加拿大注册会计师（CGA）、美国注册管理会计师（CMA）、澳大利亚注册会计师（ASCPA）。

考试时间：会计从业资格证书考试每年11月进行。5月报名，报名前必须有会计电算化证，会计电算化证考试每月举行。其他级别证书考试时间详见江西财政厅官方网站（网址：http://jxf.jiangxi.gov.cn/）。

八、教师资格证考试

教师资格证考试由教育部考试中心出题，地方教育考试院主考，主要针对对象为师范专业和非师范专业需要考取教师资格证的考生。

非师范类学生要取得教师资格，必须加试教育学和教育心理学，他们需参加教育部门举办的考试或者去考自学考试相关的科目。

教师资格分为幼儿园教师资格、小学教师资格、初级中学教师资格、高级中学教师资格、中等职业学校教师资格、中等职业学校实习指导教师资格、高等学校教师资格。

考试时间：江西省教师资格证考试一般安排在每年的 4 月和 12 月。

第八节　成功考研之道

很多人认为，自己的命运是上天决定的，即使自己再努力，也摆脱不了命运的安排。相信很多考研的人也有这样的想法，大家花同样的时间，看同样的资料，参加同样的辅导班，有的人考上，有的人却考不上，自己也付出过努力，结果却不尽如人意，老天不公。事实真的是这样的吗？

我院每年都有上百人考上研究生，他们的成功不是偶然，成功取决于他们的态度。态度决定行为，行为决定习惯，习惯决定性格，性格决定命运。要想考研取得成功，态度是最重要的。

（1）坚定的信念。一个人只要有了坚定的信念，其就一定会看到成功的曙光。在决定考研的那一刻就要坚信，通过努力，我们终将会获得理想院校的录取通知书。要时时提醒自己，我有这个能力。试想，一个自卑的人怎么能坚持走完艰苦的考研之路？

（2）向前的决心。命运不是上天决定的，是由自己决定的，是由决心决定的。考研之路不同于以往我们走过的高考之路，不是所有同学都会与我们一起走这条路，可能你的同学都选择了考研以外的道路，只留下你单枪匹马上场准备。既然选择了考研这条道路，就要有足够的决心与勇气来支撑自己，走完这条路，并且要走好这条路。

（3）适当的企图心。很多人肯定会觉得企图心是非常不好的，人要知足。但是实际上，要想成功，没有足够的企图心，是根本不行的。这并不是说要你去钩心斗角，只是你的目标要明确，确定好院校和专业，围绕着这个目标，之后你所做的每一件事情都是服务于它，为达成这个目标做更多的准备。

（4）全力的争取。如果你不能够为自己全力争取，那么你就只能将命运交给别人安排，苦苦等待机遇的降临。所以，决定考研后就积极主动地采取任何措施去实施你的目标。主动地去联系师兄师姐、导师、同学，搜集尽可能多的、可靠的考研信息，争取更多的机会，让自己考研成功。

（5）满腔的热情。热情是指一个人对一件事情的关注度、上心程度。不管你是由于什么原因而选择了考研，在你做出决定的那一刻，就应该投入百分之百的热情，全身心地完成学习任务。

（6）永不停止的学习。信息社会时代的核心竞争力已经发展为学习力的竞争，而考研成功的核心就是努力学习。活到老，学到老，学习到所要考的所有知识点，掌握它们，并灵活地运用它们。

（7）顽强的意志。谁都有控制不住的时候，成功者往往都有着顽强的意志。看到别的同学找到了好的工作，你心动了："我是不是该去碰碰机会?"看到别的同学中途松懈了，你也想："我是不是也该休息休息了?"考研路上充满着太多的"拦路虎"，毅力不坚定者就很有可能受了它们的诱惑，中了它们的陷阱，再无翻身的机会。只有具备顽强的意志，才能在考研的道路上获得成功。

只要同学们把握住以上几条，考研成功的大门就在你们的面前。表 4-1、表 4-2 是 2021 届、2022 届毕业生考取研究生名单。

表 4-1　2021 届毕业生考取研究生名单

序号	姓名	专业班级	录取学校
1	黄志奇	工程管理	南昌大学
2	付博	工程管理	东华理工大学
3	汪跃	工程管理	华东交通大学
4	黄思	工程造价	江西财经大学
5	王子艺	工程造价	桂林电子科技大学
6	廖雨光	工程造价	江苏科技大学
7	武丹婕	工程造价	华东交通大学
8	刘鑫辉	工程造价	西南科技大学
9	余章彪	工程造价	浙江理工大学
10	龚俊宇	工程造价	南昌大学
11	孙雨昕	工程造价	东华理工大学
12	胡仙	工程造价	华东交通大学
13	高鑫	工程造价	福建师范大学
14	方圳生	给排水科学与工程	华东交通大学
15	李启明	给排水科学与工程	华东交通大学
16	周之琳	给排水科学与工程	合肥工业大学
17	李佳诚	给排水科学与工程	华东交通大学
18	彭贤强	给排水科学与工程	东华理工大学
19	郑明鑫	给排水科学与工程	东华理工大学
20	熊晟钦	给排水科学与工程	华东交通大学
21	万晁玮	给排水科学与工程	南昌大学
22	丁之宇	给排水科学与工程	南昌大学
23	刘慧	给排水科学与工程	南昌大学
24	李哲宇	交通工程	大连交通大学
25	胡雪纯	交通工程	辽宁工程技术大学

续表

序号	姓名	专业班级	录取学校
26	张丽斌	交通工程	哈尔滨体育学院
27	陶文康	交通工程	华东交通大学
28	陈皓	交通工程	湖南工业大学
29	付顺龙	交通工程	宁波大学
30	张文毫	交通工程	南京工业大学
31	邓鑫焰	交通工程	华东交通大学
32	涂祥国	交通工程	华东交通大学
33	刘淑怡	交通工程	华东交通大学
34	程文迪	交通工程	温州大学
35	焦素昌	交通工程	西北民族大学
36	刘友平	交通工程	上海海事大学
37	汪玄垣	交通工程	华东交通大学
38	余鹏	交通工程	华东交通大学
39	刘鑫	交通工程	湖南工业大学
40	周鹏飞	道路桥梁与渡河工程	南京工业大学
41	姜斌	道路桥梁与渡河工程	内蒙古科技大学
42	仰圣刚	道路桥梁与渡河工程	华东交通大学
43	潘光煊	道路桥梁与渡河工程	华东交通大学
44	樊真龙	道路桥梁与渡河工程	广东工业大学
45	宋雨珂	交通工程	昆士兰大学
46	魏子坤	道路桥梁与渡河工程	华东交通大学
47	张智力	道路桥梁与渡河工程	内蒙古大学
48	彭芳玉	道路桥梁与渡河工程	新疆大学
49	刘礼源	道路桥梁与渡河工程	华东交通大学
50	马宏煜	道路桥梁与渡河工程	华东交通大学
51	曾帅	建筑工程技术	广州大学
52	陈良	铁道工程	浙江工业大学
53	谢天利	建筑工程技术	南昌大学
54	刘甦宇	铁道工程	华东交通大学
55	赵俊辉	铁道工程	华东交通大学
56	韦志颖	视觉传达设计	江西师范大学

续表

序号	姓名	专业班级	录取学校
57	方立兴	建筑工程技术	江西理工大学
58	赵伟健	建筑工程技术	南昌大学
59	裘健	铁道工程	华南农业大学
60	江亲财	建筑工程技术	华东交通大学
61	孙文康	铁道工程	长沙理工大学
62	雷智千	建筑工程技术	湖北工业大学
63	龙思昊	建筑工程技术	湖北工业大学
64	熊小龙	建筑工程技术	东华理工大学
65	管云杰	建筑工程技术	浙江工业大学
66	赵瑞兴	铁道工程	南京工业大学
67	宋瑞霖	建筑工程技术	东华理工大学
68	毛云靖	视觉传达设计	江西科技师范大学
69	熊健	建筑工程技术	华东交通大学
70	黄鸿鹭	环境艺术设计	广州大学
71	王子岳	环境艺术设计	西安建筑科技大学
72	易金辉	建筑学	华东交通大学
73	翟召阳	建筑学	华东交通大学
74	王馨怡	建筑学	昆明理工大学
75	赖琴	建筑学	西南民族大学
76	邓珺	建筑学	南昌大学
77	徐梦玲	建筑学	南昌大学
78	章思懿	建筑学	南昌大学
79	张马健	建筑学	南昌大学
80	孙正	环境艺术设计	昆士兰大学
81	凌燕雯	建筑工程技术	伯明翰大学
82	陈亚鹏	环境艺术设计	昆士兰大学
83	徐亚甜	材料成型与控制工程	华东交通大学
84	胡绍纲	材料成型与控制工程	东华理工大学
85	程雨晨	材料成型与控制工程	燕山大学
86	黄林杰	材料成型与控制工程	广东工业大学
87	刘辉	材料成型与控制工程	南昌大学

续表

序号	姓名	专业班级	录取学校
88	夏浩	材料成型与控制工程	南昌大学
89	周梦铖	材料成型与控制工程	华东交通大学
90	彭静	机械设计制造及其自动化	长沙理工大学
91	李明	机械设计制造及其自动化	广东工业大学
92	李伟鹏	机械设计制造及其自动化	江西理工大学
93	卢宇翔	机械设计制造及其自动化	华东交通大学
94	樊晨旭	机械设计制造及其自动化	南昌大学
95	张武略	机械设计制造及其自动化	华东交通大学
96	吴伟平	机械设计制造及其自动化	辽宁科技大学
97	王伟桂	机械设计制造及其自动化	浙江工业大学
98	曾梓璠	机械设计制造及其自动化	浙江工业大学
99	刘振亚	机械设计制造及其自动化	南昌航空大学
100	陈福华	机械设计制造及其自动化	天津商业大学
101	桂初阳	机械设计制造及其自动化	西南交通大学
102	刘涛	机械设计制造及其自动化	广东工业大学
103	潘杨昊	机械设计制造及其自动化	广东工业大学
104	查宇	机械设计制造及其自动化	浙江工业大学
105	胡祖贤	汽车服务工程	上海理工大学
106	付文斌	汽车服务工程	兰州交通大学
107	张如琴	汽车服务工程	长沙理工大学
108	陈典锋	汽车服务工程	华东交通大学
109	刘晨露	汽车服务工程	华东交通大学
110	袁鹏禹	汽车服务工程	天津工业大学
111	邓嘉泰	汽车服务工程	天津职业技术师范大学
112	姜慧枫	汽车服务工程	中国地质大学（武汉）
113	涂亮	汽车服务工程	广州大学
114	孙建兵	汽车服务工程	南华大学
115	徐嘉惠	物流管理	华东交通大学
116	陈令川	物流管理	福州大学
117	黄金	物流管理	湖南工业大学
118	解悦乔	物流管理	东华理工大学

续表

序号	姓名	专业班级	录取学校
119	祝珂	物流管理	江西师范大学
120	景晓玮	物流管理	华东交通大学
121	曾非凡	机械电子工程	华东交通大学
122	米智恺	机械电子工程	内蒙古金属材料研究所
123	温雨欣	机械电子工程	广州大学
124	钟杰	机械电子工程	广州大学
125	刘宝明	机械电子工程	集美大学
126	肖崇斌	机械电子工程	华东交通大学
127	肖妍星	车辆工程	华东交通大学
128	李志滨	车辆工程	广州大学
129	郑长城	车辆工程	华侨大学
130	汪勇	车辆工程	华东交通大学
131	刘宏峰	车辆工程	重庆理工大学
132	钟秋亮	车辆工程	浙江海洋大学
133	郭拯诗	车辆工程	华东交通大学
134	汪超仁	车辆工程	华东交通大学
135	胡振杰	车辆工程	广东工业大学
136	徐家楠	车辆工程	南昌航空大学
137	蔡启凡	车辆工程	华东交通大学
138	范超	车辆工程	广东工业大学
139	饶胤坤	车辆工程	华东交通大学
140	杨明杰	车辆工程	华东交通大学
141	张哲	车辆工程	广东工业大学
142	谭超强	电子信息工程	武汉科技大学
143	李海峰	电子信息工程	厦门理工学院
144	吴伟	电子信息工程	南昌大学
145	刘宏亮	电子信息工程	厦门理工学院
146	曹任龙	电子信息工程	广州大学
147	胡峰	电子信息工程	天津科技大学
148	刘云祥	电子信息工程	华东交通大学
149	黄文圣	电子信息工程	天津科技大学

续表

序号	姓名	专业班级	录取学校
150	李文浩	网络工程	赣南师范大学
151	刘淦	网络工程	广东技术师范大学
152	沈文鸿	网络工程	湖北大学
153	熊子文	网络工程	重庆邮电大学
154	陈娟	网络工程	杭州电子科技大学
155	李森	网络工程	华东交通大学
156	王豪	网络工程	辽宁工程技术大学
157	王丽清	网络工程	广州大学
158	刘威	网络工程	东北石油大学
159	王志鹏	网络工程	贵州大学
160	曾天亮	移动通信技术	深圳大学
161	王小娟	移动通信技术	江西理工大学
162	彭禹	移动通信技术	西安邮电大学
163	雷猛涛	移动通信技术	广州大学
164	张守蕾	移动通信技术	南京邮电大学
165	方瑞洪	移动通信技术	华东交通大学
166	王博博	移动通信技术	华东交通大学
167	李子傲	移动通信技术	华东交通大学
168	万娜	移动通信技术	华东交通大学
169	胡宇旭	移动通信技术	华东交通大学
170	罗贵贤	移动通信技术	南昌大学
171	鲍旭俊	移动通信技术	广州大学
172	朱梓鸿	电气工程及其自动化	华东交通大学
173	熊泽亮	电气工程及其自动化	厦门理工学院
174	欧阳兴辉	电气工程及其自动化	上海电机学院
175	黄健	自动化控制	武汉科技大学
176	李子钊	电气工程及其自动化	上海电机学院
177	李昊岭	电气工程及其自动化	华东交通大学
178	王涛	自动化控制	华东交通大学
179	段煜锋	自动化控制	华东交通大学
180	黄雅兰	电气工程及其自动化	上海电机学院

续表

序号	姓名	专业班级	录取学校
181	付一桐	电气工程及其自动化	昆明理工大学
182	陈子豪	电气工程及其自动化	华东交通大学
183	胡辉	自动化控制	华东交通大学
184	陈文凯	电气工程及其自动化	华东交通大学
185	李宇涛	自动化控制	江西理工大学
186	王浩宇	电气工程及其自动化	华东交通大学
187	芦智锴	自动化控制	江西财经大学
188	彭绍祖	电气工程及其自动化	南昌工程学院
189	龚磊	电气工程及其自动化	华东交通大学
190	雷传水	电气工程及其自动化	华东交通大学
191	赖健	自动化控制	南昌工程学院
192	杨亮	自动化控制	华东交通大学
193	许卫东	电气工程及其自动化	厦门理工学院
194	黄鸿健	电气工程及其自动化	上海电机学院
195	张凯	自动化控制	济南大学
196	欧阳鑫元	电气工程及其自动化	重庆邮电大学
197	张超	自动化控制	上海工程技术大学
198	陈进	电气工程及其自动化	厦门理工学院
199	章翔	电气工程及其自动化	华东交通大学
200	严冰	自动化控制	厦门理工学院
201	陶伟俊	电气工程及其自动化	西安石油大学
202	王成成	电气工程及其自动化	上海电机学院
203	邱志敏	电气工程及其自动化	南昌工程学院
204	程璐瑶	电子商务	浙江师范大学
205	邱际亮	电子商务	湖南工业大学
206	孙新	电子商务	浙江工商大学
207		电子商务	杭州电子科技大学
208	陈文升	计算机科学与技术	福建工程学院
209	金薇	计算机科学与技术	华东交通大学
210	吴倩	计算机科学与技术	北京工商大学
211	袁立成	计算机科学与技术	东华理工大学

续表

序号	姓名	专业班级	录取学校
212	查可豪	计算机科学与技术	大连交通大学
213	葛晶晶	计算机科学与技术	华东交通大学
214	胡江龙	计算机科学与技术	重庆理工大学
215	黄雨豪	计算机科学与技术	广西师范大学
216	刘海波	计算机科学与技术	浙江工商大学
217	王学勋	计算机科学与技术	湖北大学
218	徐旺	计算机科学与技术	浙江师范大学
219	叶林涛	计算机科学与技术	华东交通大学
220	余世昌	计算机科学与技术	重庆理工大学
221	余鑫	计算机科学与技术	江西师范大学
222	周鑫森	计算机科学与技术	温州大学
223	付旗勇	软件工程	浙江师范大学
224	李琪	软件工程	浙江师范大学
225	李兴	软件工程	华东交通大学
226	武易	软件工程	华东交通大学
227	熊楼	软件工程	江西理工大学
228	袁斯宇	软件工程	新疆大学
229	张迎春	软件工程	华南师范大学
230	曾荣燊	软件工程	华侨大学
231	韩星	软件工程	华东交通大学
232	刘洪博	软件工程	重庆科技学院
233	刘劲贤	软件工程	南昌工程学院
234	吴兵兵	软件工程	江西理工大学
235	吴彭勇	软件工程	南昌工程学院
236	肖智豪	软件工程	上海海洋大学
237	李波平	软件工程	华东交通大学
238	赖建明	软件工程	江西师范大学
239	李文浩	计算机科学与技术	英国纽卡斯尔大学
240	罗淦	金融学	华东交通大学
241	刘风	金融学	江西理工大学
242	董勃良	金融学	沈阳农业大学

续表

序号	姓名	专业班级	录取学校
243	陈优美	金融学	云南财经大学
244	徐驰	金融学	华东交通大学
245	俞恩甜	金融学	华东交通大学
246	冯君霞	会计学	东华理工大学
247	刘雅婷	会计学	江西财经大学
248	汪佳睿	会计学	北京物资学院
249	查秋云	会计学	华东交通大学
250	李拓	会计学	湖北经济学院
251	程熹悦	会计学	西华大学
252	薛瑞	营销市场	江西师范大学
253	邓俊婷	营销市场	江西财经大学
254	余燕娟	营销市场	江西财经大学
255	许翼	酒店管理	山东科技大学
256	朱雅红	酒店管理	华东交通大学
257	沈训荷	国际经济与贸易	江西财经大学
258	张茎	国际经济与贸易	成都理工大学
259	万伟丽	人力资源管理	南昌大学
260	戴高伟	人力资源管理	江西财经大学
261	罗岚清	人力资源管理	华东交通大学
262	杨华	人力资源管理	华东交通大学
263	郑瑶瑶	人力资源管理	江西科技师范大学
264	张宇甜	人力资源管理	福建师范大学
265	王敏	人力资源管理	江西农业大学
266	胡功章	金融学	阿伯丁大学
267	冯馨锐	会计学	西澳大学
268	周敏	英语	江西师范大学
269	谢淑婕	英语	安徽理工大学
270	陈佳朦	电子商务	南昌大学
271	张小辉	法学	上海对外经贸大学
272	盛瑶	英语	江西财经大学
273	聂羽倩	英语	江西财经大学

续表

序号	姓名	专业班级	录取学校
274	欧阳慧雯	商务英语	华东交通大学
275	楼晶斐	公共事业管理	浙江理工大学
276	罗佳丽	公共事业管理	福建农林大学
277	杨雪	英语	江西财经大学
278	汪巧	英语	江西财经大学
279	徐意	法学	暨南大学
280	林炳瑞	英语	长沙理工大学
281	陶柳	法学	南昌大学
282	周珊	法学	华东交通大学
283	刘嘉灵	法学	新疆师范大学
284	张祖琪	法学	吉首大学
285	蔡曲	公共事业管理	宁波大学
286	郑丽霞	商务英语	天津师范大学
287	张丽	商务英语	苏州大学
288	申迪	商务英语	江西财经大学
289	蓝新梅	英语	赣南师范大学
290	李晨瑶	公共事业管理	江西师范大学
291	熊毅静	英语	江西师范大学
292	王晶	公共事业管理	云南财经大学
293	于燕楠	法学	谢菲尔德大学
294	于万	音乐表演	武汉音乐学院
295	赵禹	音乐表演	华南师范大学
296	周悦	音乐表演	扬州大学
297	刘继婷	播音与主持	宝鸡文理学院
298	刘希诚	广播电视编导	江西财经大学
299	姚辉耀	广播电视编导	延边大学
300	李金羽	广播电视编导	新疆艺术学院
301	罗宇萱	广播电视编导	中国艺术研究院
302	秦卫冠宏	体育教育	天津体育学院
303	王爽	体育教育	温州大学
304	任雪	体育教育	沈阳体育学院

续表

序号	姓名	专业班级	录取学校
305	安罗	体育教育	河南大学
306	苏国锋	安防	华东交通大学
307	金佳慧	音乐表演	卡迪夫大学
308	汪心悦	音乐表演	约克大学

表 4-2　2022 届毕业生考取研究生名单

序号	姓名	专业班级	录取学校
1	胡炜琴	物流管理	上海海事大学
2	谌梦颖	物流管理	华东交通大学
3	陈金兰	物流管理	石河子大学
4	段雨欣	物流管理	江西财经大学
5	范逢祥	物流管理	武汉纺织大学
6	廖红英	物流管理	武汉科技大学
7	李勤川	物流管理	华东交通大学
8	陈　梦	物流管理	武汉科技大学
9	袁　晓	物流管理	江西科技师范大学
10	顾振宝	交通工程	大连交通大学
11	徐龙广	交通工程	长沙理工大学
12	冯智浩	交通工程	华东交通大学
13	葛刘杨	交通工程	南京工业大学
14	邹雨清	交通工程	华东交通大学
15	张文贵	交通工程	兰州交通大学
16	舒　阳	电气工程及其自动化	华东交通大学
17	杨子恒	电气工程及其自动化	西安工程大学
18	刘尚海	电气工程及其自动化	华东交通大学
19	董子豪	电气工程及其自动化	成都理工大学
20	蒋振兴	电气工程及其自动化	华东交通大学
21	刘雪飞	电气工程及其自动化	中南林业科技大学
22	钟羽朋	电气工程及其自动化	昆明理工大学
23	滕诚尧	电气工程及其自动化	上海第二工业大学
24	肖　锋	电气工程及其自动化	湖南工业大学

续表

序号	姓名	专业班级	录取学校
25	林　坚	电气工程及其自动化	重庆理工大学
26	石钟锋	电气工程及其自动化	华东交通大学
27	刘　涛	电气工程及其自动化	华东交通大学
28	王　祥	电气工程及其自动化	湖南工业大学
29	毛云龙	电气工程及其自动化	华东交通大学
30	何　言	电气工程及其自动化	南昌工程学院
31	刘　鑫	电气工程及其自动化	南昌工程学院
32	周焦文	电气工程及其自动化	南昌工程学院
33	叶思鹏	自动化控制	华东交通大学
34	杨丽波	电气工程及其自动化	华东交通大学
35	龚金恒	自动化控制	南昌大学
36	谢周龙	电气工程及其自动化	南昌工程学院
37	曹炯琼	电气工程及其自动化	厦门理工学院
38	刘　傲	自动化控制	南昌大学
39	胡　钧	电气工程及其自动化	上海海事大学
40	顾鹤立	电气工程及其自动化	南昌工程学院
41	张雨璇	电气工程及其自动化	内蒙古科技大学
42	林云飞	自动化控制	江西师范大学
43	陈宣宇	电气工程及其自动化	上海海事大学
44	屈浏强	电气工程及其自动化	南昌工程学院
45	周易琛	电气工程及其自动化	厦门理工学院
46	万　俊	建筑学	深圳大学
47	欧阳佳凤	建筑学	南昌大学
48	方　露	建筑学	合肥工业大学
49	王　耀	建筑学	南昌大学
50	胡佳辉	建筑学	南昌大学
51	饶　潇	建筑学	广东工业大学
52	吴浩然	建筑学	苏州大学
53	吴彦霖	建筑学	诺丁汉大学
54	雷智聪	工程管理	南昌大学
55	陈正青	工程管理	云南农业大学

续表

序号	姓名	专业班级	录取学校
56	郭志芳	工程管理	华东交通大学
57	刘永鑫	工程造价	华北电力大学
58	郑　娟	工程造价	安徽建筑大学
59	余冰雁	工程造价	华东交通大学
60	梅　桐	工程造价	沈阳工业大学
61	柴　硕	工程造价	辽宁科技大学
62	陈卓桢	工程造价	桂林理工大学
63	窦良玉	工程造价	安徽建筑大学
64	周戎喆	工程造价	南昌工程学院
65	欧宇炀	工程造价	江西科技师范大学
66	祝純子	工程造价	纽黑文大学
67	宋洁霞	工程造价	南京工业大学
68	童卓娅	工程造价	绍兴文理学院
69	黄敏华	工程造价	华侨大学
70	刘海龙	工程造价	西南石油大学
71	张子豪	工程造价	山东工商学院
72	欧阳轶丹	工程造价	南昌工程学院
73	梅哲源	工程造价	华东交通大学
74	刘力鑫	建筑工程技术	大连交通大学
75	李子威	建筑工程技术	南昌大学
76	彭思捷	建筑工程技术	华东交通大学
77	张圣杰	建筑工程技术	东华理工大学
78	刘　俊	建筑工程技术	华东交通大学
79	罗鹏彬	建筑工程技术	东华理工大学
80	钟天乾	建筑工程技术	东华理工大学
81	梅子钞	建筑工程技术	华东交通大学
82	戴　涛	建筑工程技术	东华理工大学
83	宗营亮	建筑工程技术	华东交通大学
84	易　常	建筑工程技术	南昌大学
85	陈霄雷	建筑工程技术	华东交通大学
86	韩道灵	建筑工程技术	广州大学

续表

序号	姓名	专业班级	录取学校
87	林凯文	建筑工程技术	浙江工业大学
88	黄金鑫	建筑工程技术	华东交通大学
89	陈衍翀	建筑工程技术	湖北工业大学
90	李祖贵	建筑工程技术	江西理工大学
91	晏俊杰	建筑工程技术	安徽建筑大学
92	徐星隆	建筑工程技术	华东交通大学
93	叶小洁	铁道工程	长春工程学院
94	胡文辉	铁道工程	华东交通大学
95	吕　添	铁道工程	华东交通大学
96	向星瑶	铁道工程	中南林业科技大学
97	徐培原	铁道工程	华东交通大学
98	付聪聪	铁道工程	河北大学
99	李任志	铁道工程	东华理工大学
100	王昱龙	道路桥梁与渡河工程	重庆交通大学
101	郭月康	道路桥梁与渡河工程	河南理工大学
102	曾　彬	道路桥梁与渡河工程	江西理工大学
103	赵嘉明	道路桥梁与渡河工程	河北工程大学
104	游日亮	道路桥梁与渡河工程	华东交通大学
105	赵志鹏	道路桥梁与渡河工程	华东交通大学
106	方标良	给排水科学与工程	华东交通大学
107	陈敬开	给排水科学与工程	华东交通大学
108	陈文清	给排水科学与工程	华东交通大学
109	谢宇翀	工程造价	约克大学
110	张子祎	铁道工程	岭南大学
111	周　跃	电子信息工程	河北大学
112	朱荣林	电子信息工程	浙江科技学院
113	邱小鹏	电子信息工程	华东交通大学
114	罗永琦	电子信息工程	江西理工大学
115	王建鸿	电子信息工程	南昌大学
116	李伦玲	电子信息工程	厦门理工学院
117	何财俊	电子信息工程	厦门理工学院

续表

序号	姓名	专业班级	录取学校
118	马玉婷	电子信息工程	青岛理工大学
119	李　超	电子信息工程	上海工程技术大学
120	钟佛生	电子信息工程	广州大学
121	金子淞	电子信息工程	南昌大学
122	邹　倩	电子信息工程	华东交通大学
123	喻　张	电子信息工程	宁波大学
124	雷　雄	电子信息工程	中国计量大学
125	黄志文	电子信息工程	南昌航空大学
126	乐国星	软件工程	闽南师范大学
127	屈乔乔	软件工程	江西师范大学
128	林利琪	软件工程	湖南工商大学
129	刘平吉	软件工程	江西师范大学
130	熊雨欣	软件工程	江西师范大学
131	金西兴	软件工程	重庆理工大学
132	刘芳佶	软件工程	华东师范大学
133	陶国好	软件工程	浙江理工大学
134	王华军	软件工程	新疆师范大学
135	刘佳玉	软件工程	浙江师范大学
136	陈芳林	软件工程	浙江师范大学
137	杨千千	软件工程	华东交通大学
138	黄斯声	软件工程	西南林业大学
139	郑热花	软件工程	江西师范大学
140	黄安东	软件工程	湖北工业大学
141	余斯谊	软件工程	重庆理工大学
142	欧阳辰	软件工程	北京石油化工学院
143	车康宏	软件工程	山东科技大学
144	郑明晨	软件工程	华东交通大学
145	徐　赞	软件工程	厦门理工学院
146	游建鹏	软件工程	湖北大学
147	翁　甜	软件工程	中国医科大学
148	江伊天	软件工程	武汉轻工大学

续表

序号	姓名	专业班级	录取学校
149	周川鹏	软件工程	华东交通大学
150	邓文强	软件工程	景德镇陶瓷大学
151	张东华	软件工程	江西师范大学
152	曹玉清	软件工程	华东交通大学
153	熊志玲	软件工程	南昌工程学院
154	陈　洁	软件工程	华东交通大学
155	张思逸	软件工程	华东交通大学
156	金　旺	移动通信技术	温州医科大学
157	朱兆康	移动通信技术	厦门理工学院
158	饶贵宾	移动通信技术	长春工业大学
159	徐　诚	移动通信技术	华东交通大学
160	邱君辉	移动通信技术	广州大学
161	吴卓文	移动通信技术	厦门理工学院
162	胡超华	移动通信技术	南昌大学
163	吴翔宇	移动通信技术	江苏理工学院
164	施　琪	移动通信技术	华东交通大学
165	王妤婷	移动通信技术	兰州交通大学
166	计紫琦	移动通信技术	重庆邮电大学
167	张了康	移动通信技术	广州大学
168	沈文强	移动通信技术	华东交通大学
169	陈　超	移动通信技术	重庆三峡学院
170	李嘉豪	移动通信技术	江西师范大学
171	赵　严	移动通信技术	西安邮电大学
172	戴广强	移动通信技术	华东交通大学
173	熊亿坤	计算机科学与技术	南昌工程学院
174	刘彬文	计算机科学与技术	江西理工大学
175	白子涵	计算机科学与技术	天津理工大学
176	晏瑶琴	计算机科学与技术	上海理工大学
177	吴友鲜	计算机科学与技术	湖北大学
178	刘佳俊	计算机科学与技术	南昌工程学院
179	蒋伟锐	计算机科学与技术	南昌工程学院

续表

序号	姓名	专业班级	录取学校
180	易晟权	计算机科学与技术	华东交通大学
181	汪　辉	计算机科学与技术	江西师范大学
182	程佳俊	计算机科学与技术	湖州师范学院
183	陈志金	网络工程	五邑大学
184	赵师明	网络工程	华东交通大学
185	万明军	网络工程	江西财经大学
186	王佩君	材料成型与控制工程	华东交通大学
187	胡锦铭	材料成型与控制工程	华东交通大学
188	石家俊	材料成型与控制工程	南昌航空大学
189	姚志辉	材料成型与控制工程	南昌大学
190	祝文龙	车辆工程	华东交通大学
191	刘良峰	车辆工程	华东交通大学
192	李　明	车辆工程	华东交通大学
193	谢根牙	车辆工程	广州大学
194	张　勇	车辆工程	南昌大学
195	双佳俊	车辆工程	三峡大学
196	蔡德鑫	车辆工程	青岛科技大学
197	方　禹	车辆工程	广州大学
198	陈典诚	机械设计制造及其自动化	华东交通大学
199	伍海清	机械设计制造及其自动化	广东工业大学
200	万　乐	机械设计制造及其自动化	华东交通大学
201	罗徐龙	机械设计制造及其自动化	华东交通大学
202	钟　桦	机械设计制造及其自动化	广东工业大学
203	徐欣熠	机械设计制造及其自动化	南昌航空大学
204	笪贤豪	机械设计制造及其自动化	广东工业大学
205	祝义浩	机械设计制造及其自动化	燕山大学
206	阮炳聪	机械设计制造及其自动化	集美大学
207	汪永杰	机械设计制造及其自动化	北部湾大学
208	徐黎志	机械设计制造及其自动化	华东交通大学
209	孙　强	机械设计制造及其自动化	盐城工学院
210	张嘉斌	机械设计制造及其自动化	四川轻化工大学

续表

序号	姓名	专业班级	录取学校
211	范炼海	机械设计制造及其自动化	南昌航空大学
212	周多龙	机械设计制造及其自动化	武汉科技大学
213	史保龙	机械设计制造及其自动化	南京理工大学
214	肖洪凯	机械设计制造及其自动化	宁波大学
215	周咏琪	机械设计制造及其自动化	华东交通大学
216	朱　宇	机械设计制造及其自动化	上海理工大学
217	方　武	机械设计制造及其自动化	华东交通大学
218	张有平	机械设计制造及其自动化	上海工程技术大学
219	龚伟伦	机械设计制造及其自动化	东莞理工学院
220	阮志杰	机械设计制造及其自动化	集美大学
221	黄子龙	机械设计制造及其自动化	华东交通大学
222	戴世龙	机械设计制造及其自动化	山东理工大学
223	吴世琛	机械设计制造及其自动化	温州大学
224	范百佳	机械设计制造及其自动化	华东交通大学
225	张　俊	机械设计制造及其自动化	华东交通大学
226	郭　圳	机械设计制造及其自动化	昆明理工大学
227	周佳欣	汽车服务工程	上海理工大学
228	刘赋泽	汽车服务工程	武汉理工大学
229	岳佳文	汽车服务工程	浙江理工大学
230	陈小城	汽车服务工程	温州大学
231	艾家勋	汽车服务工程	华东交通大学
232	陈勇伟	汽车服务工程	南昌工程学院
233	刘铭涛	机械电子工程	华东交通大学
234	潘祥珲	机械电子工程	华东交通大学
235	陈　启	机械电子工程	桂林电子科技大学
236	张　宇	机械电子工程	华东交通大学
237	田　源	机械电子工程	上海理工大学
238	范高鸣	机械电子工程	南京林业大学
239	冯秀豪	机械电子工程	华东交通大学
240	邹永强	机械电子工程	昆明理工大学
241	李其称	机械电子工程	西南林业大学

续表

序号	姓名	专业班级	录取学校
242	钱童帅	机械电子工程	华东交通大学
243	杨佳兆	机械电子工程	南京工程学院
244	潘雪勇	机械电子工程	辽宁科技大学
245	胡逸龙	机械电子工程	桂林电子科技大学
246	刘　鹏	机械电子工程	华东交通大学
247	王　澳	机械电子工程	华东交通大学
248	黄浪标	机械电子工程	北方工业大学
249	王泽能	机械电子工程	广东工业大学
250	张永丰	机械电子工程	浙江科技学院
251	石培鑫	机械电子工程	五邑大学
252	王海长	机械电子工程	广西科技大学
253	熊　帅	机械电子工程	江西师范大学
254	钟　婧	公共事业管理	江西理工大学
255	王雨薇	公共事业管理	爱丁堡大学
256	洪鹭敏	公共事业管理	南宁师范大学
257	李嘉欣	公共事业管理	广西师范大学
258	何冰婷	会计学	华东交通大学
259	冯晓豪	会计学	东华理工大学
260	郭兆赟	会计学	沈阳农业大学
261	吴小丽	会计学	闽南师范大学
262	何慧娟	会计学	江西财经大学
263	蔡　锐	会计学	南昌航空大学
264	方　燚	会计学	重庆工商大学
265	尧璐璐	会计学	重庆工商大学
266	屠莹莹	会计学	南昌航空大学
267	吴　娟	酒店管理	华东交通大学
268	王莉琴	金融学	厦门大学
269	王彩霞	金融学	江西师范大学
270	江志龙	金融学	江西科技师范大学
271	罗一涵	金融学	湖南农业大学
272	祝豪伟	金融学	江西财经大学

续表

序号	姓名	专业班级	录取学校
273	刘佳静	金融学	河北师范大学
274	赖信哲	金融学	江西财经大学
275	袁琪琪	金融学	华东交通大学
276	郝以晨	金融学	华东交通大学
277	方昌弟	金融学	长江大学
278	于雯静	金融学	南昌大学
279	谢玉栩	金融学	长春师范大学
280	周　伟	金融学	宁波大学
281	金　霖	金融学	大连工业大学
282	陈莉萍	金融学	广西科技大学
283	张雄斌	金融学	南昌航空大学
284	汪栋栋	金融学	华东交通大学
285	郭雨彤	营销市场	南昌工程学院
286	聂海园	营销市场	江西师范大学
287	刘美芳	营销市场	东华理工大学
288	崔珊珊	人力资源管理	江西科技师范大学
289	刘思淼	人力资源管理	江西师范大学
290	罗枫珍	人力资源管理	浙江师范大学
291	陈可歆	人力资源管理	贵州大学
292	蔡依婷	国际经济与贸易	西安科技大学
293	曾　敏	国际经济与贸易	江西师范大学
294	邓　芳	国际经济与贸易	南昌大学
295	付　珊	国际经济与贸易	马来亚大学
296	钟小燕	电子商务	江西科技师范大学
297	黎思婷	电子商务	江西师范大学
298	占新龙	电子商务	江西理工大学
299	陈雨彤	电子商务	福建师范大学

续表

序号	姓名	专业班级	录取学校
300	李张阳	国际经济与贸易	湖南理工学院
301	马格	广播电视编导	西北大学
302	任芮莹	广播电视编导	成都大学
303	周舰铭	广播电视编导	辽宁师范大学
304	陈　亮	广播电视编导	辽宁师范大学
305	刘晓琰	广播电视编导	浙江传媒学院
306	贾梓祺	广播电视编导	江西科技师范大学
307	路安琪	广播电视编导	西安交通大学
308	贾文宇	广播电视编导	西南林业大学
309	彭桃芳	广播电视编导	湖南工业大学
310	简思彤	广播电视编导	北华大学
311	李吉祥	广播电视编导	北华大学
312	林　淑	广播电视编导	曲阜师范大学
313	谢璜昕	广播电视编导	扬州大学
314	徐浩翔	广播电视编导	杭州师范大学
315	许新新	声乐	聊城大学
316	刘利斌	声乐	江西师范大学
317	张丞裕	钢琴	赣南师范大学
318	赖泓宇	钢琴	山东科技大学
319	陈丽媛	声乐	山东师范大学
320	李淑娜	播音	吉首大学
321	朱　可	播音	悉尼大学
322	洪振庭	环艺	桂林理工大学
323	钟毓秀	视传	山东工艺美术学院
324	刘柯潇	广播电视编导	香港都会大学
325	李佳宇	法学	北华大学
326	聂　宣	法学	湖南工商大学
327	林　艺	法学	贵州财经大学
328	刘香香	法学	江西财经大学
329	李欣仪	法学	华东交通大学
330	刘姝言	法学	华东交通大学

续表

序号	姓名	专业班级	录取学校
331	周佳瑜	法学	华东交通大学
332	朱峻锋	法学	华东交通大学
333	陈　洁	法学	内蒙古科技大学
334	曾智勇	法学	南昌大学
335	程思晴	翻译	宁波大学
336	李时欣	商务英语	湖南科技大学
337	彭政英	商务英语	浙江师范大学
338	孙文静	商务英语	湖北师范大学
339	孙迎迎	商务英语	湖北大学
340	谭　静	翻译	海南师范大学
341	吴婷雯	翻译	闽南师范大学
342	伍　芬	商务英语	江西财经大学
343	肖紫娟	翻译	延安大学
344	熊　丹	翻译英语	西安科技大学
345	游虎祥	商务英语	江西财经大学
346	张　莉	商务英语	安徽师范大学
347	钟　珊	商务英语	华中师范大学
348	朱莹芬	商务英语	淮北师范大学
349	陈代凤	商务英语	江西财经大学
350	钱晓珂	商务英语	首都师范大学
351	郑子昱	商务英语	香港浸会大学
352	何琪晗	翻译	悉尼大学
353	李玥琳	商务英语	武汉工程大学
354	朱云飞	法学	悉尼大学
355	房静怡	体育教育	福建师范大学
356	王长龙	安防	武汉体育学院
357	田奔奔	安防	华东交通大学
358	徐力文	体育教育	景德镇陶瓷大学

第七节 学会撰写论文

一、论文的类型

（一）课程论文

课程论文是高等学校学生在学完一门课程之后，对课程进行总结或围绕与课程有关的问题独立撰写的一篇小文章。它是衡量学生掌握和应用所学课程知识的重要手段，也是培养学生分析问题和解决问题能力的基本方法。通过撰写课程小论文，学生初步学会科学的研究方法，为以后撰写毕业论文或科技论文、开展科学研究奠定坚实的基础。

（二）毕业论文

毕业论文是高校学生学业的最后一个环节，它是一项总结性独立作业，目的在于总结学习专业的成果，培养综合运用所学知识解决实际问题的能力。从文体而言，它也是对某一专业领域的现实问题或理论问题进行科学研究和探索的具有一定意义的论说文。

二、论文的格式

论文一般包括以下六个部分。

（一）论文题目

论文题目要求直接、具体、醒目、简明扼要。一般用字不宜超过 20 个汉字，外文标题不宜超过 10 个实词。使用简短题目而语义未尽时，可借助副标题加以补充。题目应尽量避免使用化学结构式、数学公式、不太为同行所熟悉的符号、简称、缩写及商品名称。

（二）摘要

摘要，即摘出论文中的要点，放在论文的正文之前，行文要简洁、概括，准确反映论文的主要内容。论文摘要一般以 100~200 字为宜，包括对论题的简单陈述、结果、结论、意义等。

（三）关键词

关键词是从论文的题目、摘要和正文中选取出来的，是对表述论文的中心内容有实质意义的词汇。关键词是用作计算机系统标引论文内容特征的词语，便于信息系统汇集，以供读者检索。每篇论文一般选取 3~5 个词汇作为关键词，按照词条外延层次从大到小排列，且另起一行，排在“摘要”的左下方。

（四）正文部分

1. 前言（绪论）

前言相当于论文的开头，要求简练地讲清写作动机、与本课题相关的前人的研究成果，并表达本文的写作内容和方法等。绪论部分主要说明研究这一课题的理由、意义，要写得简洁。要明确、具体地提出所论述课题，有时要写些历史回顾和现状分析，本人将有哪些补充、纠正或发展，还要简单介绍论证方法。篇幅短的课程论文可简要谈及。

2. 本论

本论部分是论文的主体，是对论题、论点、论据、论证和研究成果的表述。要求内容充实，论据充分、可靠，论证有力，主题明确，且要准确把握文章内容的层次、大小段落间的内在联系。本论一般分章、节、条、款、项，依次深入。在写作过程中，要注意各级序号的使用。常用格式为：在节之下，使用的序号应为“一”“二”“三”等；接下去，应使用“（一）”“（二）”“（三）”等；往下，应使用“1.”“2.”“3.”等；再往下，应使用“（1）”“（2）”“（3）”等。根据表达需要，还可使用罗马或英文数字作为序号。

3. 结论

结论部分是论文的归结收束部分，是以研究成果为前提，经过严密的逻辑推理和论证所得出的最后结论。在结论中应明确指出论文研究的成果或观点，并指出今后进一步在本研究方向进行研究工作的展望与设想，提及进一步探讨的问题或可能解决的途径，等等。结论应简明扼要、精炼完整、逻辑严谨、措施得当、有条理性。

4. 注释

注释是对正文中某一特定内容的进一步解释或补充说明。注释的引录方式分为文内注、脚注和尾注。文内注指在文本中需要注解的文字后面加括号，直接注明引文出处。脚注是在需要加注部分的本页正文下方，注释前面用圈码①、②、③等标志。尾注是把全文的引文或释疑集中按序号排放在篇末（也有按章节集中，排放在章或节之末的）。

文内注紧跟在正文中，同步地对需要解释的内容进行解释，以方便读者理解文义，但如果文内注太多，就会割裂正文的连贯性，影响读者对正文的阅读和理解。因此，在出版物或论文中常常用脚注或尾注。

5. 参考文献

参考文献即撰写论文过程中研读的一些文章或资料，通常按文中参阅的文献的顺序或重要性，在文后将它们集中按规定格式加以著录。参考文献（即引文出处）的类型以单字母方式标志，具体如下：

M—专著、J—期刊文章、N—报纸文章、C—论文集、D—学位论文、R—报告，对于不属于上述的文献类型，采用字母“Z”标志。

① 专著类格式：［序号］作者．书名［M］．出版地：出版社，出版年份：起止页码．

例如：［1］李定清，曾林．现代财务与会计探索［M］．成都：成都交通大学出版社，2015．

② 期刊类格式：［序号］作者．篇名［J］．刊名，出版年份，卷号（期号）：起止页码．

例如：［1］夏鲁惠．高等学校毕业设计（论文）教学情况调研报告［J］．高等理科教育，2004（1）：46-48，52．

③ 报纸类格式：［序号］作者．篇名［N］．报纸名，出版日期（版次）．

例如：［2］林海涛，欧阳洁，王珂，等．为经济全球化注入强劲动力［N］．中国邮政报，2021-4-28（01）．

④ 论文集格式：[序号] 作者. 篇名 [C]. 出版地：出版者，出版年份.

例如：[3] 伍蠡甫. 西方古今文论选 [C]. 上海：复旦大学出版社，1984.

⑤ 学位论文格式：[序号] 作者. 篇名 [D]. 出版地：保存者，出版年份.

例如：[4] 张筑生. 微分半动力系统的不变集 [D]. 北京：北京大学数学系数学研究所，1983.

⑥ 研究报告格式：[序号] 作者. 篇名 [R]. 出版地：出版者，出版年份：起始页码.

例如：[2] 冯西桥. 核反应堆压力管道与压力容器的 LBB 分析 [R]. 北京：清华大学核能技术设计研究院，1997：9-10.

⑦ 条例格式：[序号] 颁布单位. 条例名称. 发布日期.

例如：[5] 中华人民共和国科学技术委员会. 科学技术期刊管理办法 [Z]. 1991-06-05.

（五）致谢

长篇的毕业论文要有致谢辞，向指导教师及为本文提出有益建议的人士表示谢意。致谢辞一般放在文章的结尾。课程论文一般省略此项。

（六）附录

附录一般为不便放进正文的重要数据、资料、公式、表格等，以供读者参考。毕业论文一般有附录，课程论文可省略。

三、论文的写作步骤

论文写作步骤一般包括以下几个步骤：选题、拟定提纲、成文、修改完稿、装订成册。

（一）选题

选题是论文撰写成败的关键。选题是论文撰写的第一步，它实际上就是确定“写什么”的问题，亦即确定科学研究的方向。如果“写什么”不明确，“怎么写”就无从谈起。论文论述的是作者对某个具体问题的新的洞识，所探讨的内容一定与本学科有关，且一定有所创见。当然，这种创见可能是前人从未阐释过的，也可能是对前人论述的一种新的整理和推进。对于同学们来说，后一种类型的论文显然更为适合。另外，论文讲究“小切口、深进入”，切忌宏大叙事。论文要学会写小事，从小事中见出大来。

（二）拟定提纲

论文一般比较长，少则数千字，多则上万字。在着手写作之前，一个大纲是绝对必要的。拟定提纲有助于安排好全文的逻辑结构，构建论文的基本框架。一般来说，论文的第一部分应当概述本文主题已有的研究成果。这样不仅清楚地表明了自己文章的继承性，表明了自己对学术传统的尊重，而且让读者知道你是在何种基础上展开讨论的。接着是论文的主体部分，阐释你对问题的认识。最后一部分一般是结语，重新概述一下本文各个章节的结论，这样在长时间的阅读后读者不至于会忽略或者歪曲你的意思。

（三）成文

根据论题的要求，按照提纲的次序，把观点、材料组织好，把问题说透彻，使之成为一个完整的有机体。

（四）修改定稿

对成文进行反复阅读，看写作意图是否表达清楚，基本论点和分论点是否准确、明确，材料用得是否恰当、有说服力，材料的安排与论证是否有逻辑效果，大小段落的结构是否完整、衔接自然，句子词语是否正确妥当，文章是否合乎规范，等等，对发现的问题予以修改，最后定稿。

（五）装订成册

毕业论文经过修改定稿后，要按照要求装订成册。一般的顺序为封面、中文内容提要、英文内容提要、目录、正文、参考文献、致谢等。论文装订要整齐，即稿纸的大小、格式在同一篇论文中要统一，不可混杂。篇幅短的课程论文可以省去。

四、毕业论文成绩评定

毕业论文的成绩评定标准一般分为：优秀、良好、中等、及格、不及格五个等级。

第八节　学会利用大学的资源

大学生要成长为一位素质全面的人，必须要学会充分利用大学的各项资源。很多学生进入大学后，丰富多彩的大学生活，相对宽松的管理环境，自由时间较多的课程安排，令不少初入大学的学生感到很难适应，于是时间在闲聊中、逛街中、网络游戏中匆匆溜走了，他们没有看到校园里等待他们去挖掘的各种“金矿”。除了课堂外，还有很多我们应该可以很好利用的各种资源。大学毕业后，有些人只得到一张文凭，而有些人则收获颇丰，原因是多方面的，其中很重要的一条就是我们是否充分利用了大学的资源。大学校园里有哪些我们应该利用而常常又忽视的资源呢？

一、学业朋友——大学最亲密的学习伙伴

“三人行，必有我师焉。”大学时光，与我们朝夕相处、共同成长的，正是我们的学业朋友。学业朋友不但是我们的学习伙伴，也是最好的知识来源，大学生要学会善于从每个人身上学习他们的优点和闪光点，做到取长补短。英国文学家萧伯纳曾经有一段经典的交换苹果与思想的论述，交换苹果，每人还是一个，交换思想每个人都将拥有两种思想。朋友就是可以交换思想、沟通心灵、彼此相助的人。大学生是大多数优秀青年的集合体，如果细心观察，虚心请教，我们能从这些优秀的伙伴身上学到很多优点。遇到困难，看看别人怎样处理，对自己肯定会有很好的启发；有不会的问题，请教身边的同学，不仅能解决困难，而且还会增进同学之间的感情。“闻道有先后，术业有专攻”，每个人的专长不同，每个人对问题的理解和认识都不尽相同，只有互帮互学，大家才能共同进步。学长们的经验和教训对我们的帮助是很大的，尤其是本专业的学长，他们经过了专业课程的学习和考试，对课程内容本身、学习重点都有所了解，可以向他们请教课程的重点内容，学习时要注意哪些问题，这样可以让我们在学习中少走弯路，尽快达到目的。

大学生要善于结交学业朋友，拓展自己的学业朋友圈子。跨专业结交朋友，可以互相交流专业知识，领悟不同的思维方式，实现知识的互相渗透；跨个性结交朋友，可以吸收不同特质的人的个性优点，使自己的个性更加丰富和完善；跨学校结交朋友，可以体验到不同学校的精神和文化；若有条件，你也可以跨国籍结交朋友，结交学校里的留学生、外教朋友，你会感受到异域文化独特的魅力；跨年龄结交忘年交，你将会受益无穷，甚至终身受益。

结交朋友既要靠缘分，也要靠自己的主动，大学里各种校园文化活动都是你结交朋友的平台。但是千万要记得，不要为了交朋友而交朋友，“物以类聚，人以群分”，要慎重结交朋友，注重结交思想上能相互启迪、心灵上能相互沟通、学业上能相互借鉴、品质能力上能相互欣赏的朋友，这将是你一生的财富。

二、师者——你的人生导师

清华大学前校长梅贻琦曾说：“所谓大学者，非大楼之谓也，是有大师之谓也。”老师是知识的传授者、成长的指导者、学生素质拓展的培养者，老师在大学生的成长道路上的作用无人能够替代。大学老师大多思想深邃、个性鲜明、感情真挚，是我们为人治学难觅的楷模。与老师的交流就如同一次思想的洗礼、一次人格的过滤、一次心灵的净化，如果能常与老师交流，你的大学生活将变得无比的丰富，也更有内涵。

在大学里，我们要尽可能地多与老师接触，老师们那种历经人生风雨之后的淡定从容，那种深厚的人文素养和含而不露的内在大气，无时无刻不在影响着我们。从学习到生活，从研究到工作，我们都可以从老师那里得到最无私的帮助。遗憾的是，基于很多顾虑，如担心受到老师的冷落、批评，担心老师没时间，等等，很多同学不敢甚至不愿亲近老师，但是实际上，或许当我们用敬畏的眼光去看待老师的时候，他却会用一种欣赏鼓励的眼光看着我们。很多老师并不如我们所想象的那样，总是高高在上，不容靠近，其实他们很喜欢和年轻的学生一起交流，我们只要有勇气跨出第一步，老师就一定会笑着接纳我们。

跟老师交流的第一步就是多跟老师聊聊天。课前、课间、课后都是跟老师交流的好机会，不要担心找不到共同话题，比如请老师帮忙推荐几本专业参考书，请教自己在学习中遇到的问题或自己在生活上的一些疑惑都是很合适的。彼此熟悉之后，自然可以聊一些学习和校园之外的东西。不过，我们在跟老师交往的过程当中，一定要注意礼貌和尊敬，不管这个老师多么和蔼可亲、平易近人，他始终是我们的长辈和师尊，我们在表达上要多注意。

平时我们也应该主动去拜访老师，倾听老师的教诲。跟老师深入地交流，往往比课堂的学习效果更好，因为这更有针对性。在拜访老师时，有几个问题需要注意：首先，要跟老师提前约定时间，不要贸然拜访；其次，要事先准备好请教的问题；最后，要注意自己的着装仪容，体现出对老师的尊重。

大学新生要善于向老师请教，勇于提出问题。不论是学习方法、技巧上的问题，还是课程本身内容上的问题，或是老师研究领域方面的问题都可以请教，与老师熟悉了以后甚至还可以提出有关做人道理方面的问题。能够提出问题正是研究的开始，要锻炼自己这种能力，向师者请教之后，慢慢培养自己解决问题的能力。这样 4 年下来，肯定收获颇丰，甚至会发现终生研究的课题。

俗话说，听君一席话，胜读十年书。我们在学校里很容易就能遇到这样的人生导师，既然如此，同学们就要勇敢地跨出和老师交流的第一步，好好地运用这一资源。

三、图书馆——广博的知识海洋

如果说大学是知识的殿堂，那么图书馆就是殿堂的脊梁。图书馆馆藏丰富，大学生要很好地利用这一资源。图书馆是学院文献信息中心，是为教学和科学研究服务的学术性机构，是学院信息化和社会信息化的重要基地。

大学里最有价值的地方是图书馆。图书馆对求知的学生来说，不亚于第二课堂。课堂上老师所讲的只是浓缩了的知识精华，内容只是沧海一粟，更为精深、更为广泛的知识，相关或边缘学科的知识，等等，都需要靠自己在课后去获取，图书馆就是我们寻找答案的最佳去处。不少大学生不能很好地认识图书馆的价值，大学期间很少光顾图书馆，有些同学仅仅把图书馆作为一般自习的场所，没有真正合理、充分地利用图书馆。大学的学习离不开图书馆，能否很好地利用图书馆，几乎就意味着你的大学学习是否成功。

每所大学都会有自己的图书馆，有些大学的院系也拥有本院系专门的图书资料室。不同学科的图书馆主要的藏书内容和馆藏分类会有所不同，但是一般都会有一些常规的阅览室，如报刊、工具书、社科类阅览室等。不论是专业知识的查漏补缺，还是自身知识积累的丰富提高，不论是思想品德的培养，还是身心健康的培养，我们都可以在图书馆里弥补自己的不足。知识是人类进步的阶梯，书籍集合了人类几千年的文化知识，而图书馆则集合了书籍中的精华，是永不枯竭的知识来源。此外，图书馆还能培养和提高我们的自学能力和学习上的自立精神，古今中外的许多大家、文豪、思想家、军事家等，在图书馆自学而成就事业的不在少数。

大学新生入学后，学校都会举办图书馆使用专题讲座，介绍图书馆学的一些基本知识、图书馆的服务机构、借阅流程等。办理完阅览证、借书证之后，不妨先去学校图书馆大致浏览一番，弄清楚怎样使用电子检索系统找到自己想要的书，怎样浏览图书馆新进的书籍，哪个阅览室都有些什么方面的图书，外借书一次可以借阅几本，续借有什么要求，怎样预约书籍等问题。可以说，如果一本书是一滴水，那么图书馆就是一个知识的海洋；如果一个知识点是一粒金沙，图书馆就是我们身边一座知识的金矿。大学生一定要注意利用好学术期刊阅览室和图书馆内的各种工具书，为以后的成才发展打下坚实的基础。倘若在大学四年里，我们很少去图书馆，就等于白白浪费了一大笔财富；相反，如果我们能够坚持经常去图书馆看看书，读读报，即使只是随意翻翻，我们也会获益匪浅。

与其把大好时光浪费在逛街、睡懒觉、玩网游、微信、QQ 等上面，不妨多去图书馆转转，至少保持每周一次的频率。认认真真地坐在图书馆里读读书，你会发现自己忽然之间拥有了一座取之不尽、用之不竭的宝山。需要注意的是，图书馆是一个安静、高雅的公共场合，我们去图书馆的时候要注意自己的言行举止，遵守馆内的规章制度，不要着汗衫、背心、拖鞋等去图书馆，在馆内不要大声喧哗、举动轻浮等。

小贴士

我校图书馆依据《中国图书馆图书分类法》（简称《中图法》），将知识门类分成22个基本大类，按A，B，C，…，X，Z排序。A. 马克思主义、列宁主义、毛泽东思想；B. 哲学；C. 社会科学总论；D. 政治、法律；E. 军事；F. 经济；G. 文化、科学、教育、体育；H. 语言、文字；I. 文学；J. 艺术；K. 历史、地理；N. 自然科学总论；O. 数理科学和化学；P. 天文学、地理科学；Q. 生物科学；R. 医学、卫生；S. 农业科学；T. 工业技术；U. 交通运输；V. 航空、航天；X. 环境科学、劳动保护科学（安全科学）；Z. 综合性图书。

索书号由分类号和书次号两部分构成，图书馆依据中图法分类表给出图书的分类号，按图书作者姓名的拼音字顺给出图书的书次号，二者结合即确定了该册文献在馆藏中的唯一位置，成为读者检索馆藏的依据。图书馆采用的图书分类号是采用《中国图书馆图书分类法》（第四版）作为图书的类号。它是按图书学科所属的内容来进行划分的，所以学科内容相同的图书在书架上集中在一起排列，若分类号相同，则以图书的著者来进行区分。这样同一学科、同一作者的图书都会放在一起，便于查找。

例如，查找《会计入门实账实战培训》。

索书号含义——“中图号”。

F23：F代表“经济”大类，2表示经济计划与管理，23表示会计。

T14：T表示作者姓氏的声母，14表示作者名称。

该索书号表达的含义是：《会计入门实账实战培训》，汤宁编著。

在同一基本大类中，不管号码有多少位，都必须依第一位号码从小到大排列，第一位相同时，依次再按第二位数字从小到大排列，以此类推，逐级比较，按从小到大排列。

例如，有这样一组分类号：

D296，H154，H314，I222.2，C92，H15，I23，H152，C499，H36，H05，D0，H154.3。

排列顺序如下：

C499→C92→D0→D296→H05→H15→H152→H154→H154.3→H314→H36→I222.2→I23。

四、学术讲座——提高综合素质的捷径

对大学生来说，听学术讲座是学习的重要组成部分。在大学里，尤其是综合性大学里，为了增强学术气氛和活跃人们的思维，为了扩大学生的知识面和丰富学生的课余生活，经常举办内容丰富的学术讲座。学术讲座的主讲者基本上是专家、教授、知名学者、实干家、社会名流等，这些讲座一般都具有前沿性、创新性、前瞻性，非常有利于提高大学生的综合素质。大学讲座是可贵的思想财富，身处大学校园，有这样的便利条

件，如果能尽量多听讲座尤其是质量高的讲座，大学生活定会有更多的收获。这些讲座能开阔我们的视野，拓展我们的思想，增进我们的人生阅历。

但是，不少学生对大学的学术讲座不感兴趣，参与学术报告的积极性不是很高。不要考虑学术讲座是否对口所学专业，专业不对口的讲座你也肯定能在思想观念、思维方式和学术精神上受到启发。同时，要拓展知识面，也要我们积极关注专业以外的知识，克服“偏食症”，也不要以“忙”为借口。只要学术讲座时间不与上课时间冲突，再忙也应该抽时间去听讲座。学术讲座都是主讲人对讲座的主题颇有研究，甚至是终身研究的成果，短短的几个小时，能够吸收别人的研究成果，无疑是最有价值的。

对于大学新生来说，如何有效地参加学校讲座大有学问。第一步，我们要准确、及时地获取学术讲座信息。一般说来，讲座主办人或主办单位会提前在相关场所发布这些信息，比如在校园内专门的信息公告地就会发布相关信息。讲座的宣传材料一般会张贴在公告区最醒目、人流量最密集的地段。如果你上网方便，也可以查看学校里有关讲座信息的专门网页，获取近期讲座的详细资料。一些学术大师的讲座和国内外政界要员的来访演讲等，常常会因座位供不应求，学校会对听讲人数做出限制，如果对这些讲座有兴趣的话，一定要提早行动。

知道了讲座的时间和地点，第二步就是有效地去听。考虑到听讲座的效果，一般需要提前赶往指定地点占座。听讲座的时候，要专心去听，跟上演讲者的节奏，同时还要做好笔记，以备查阅。讲座的笔记与平时的课堂笔记稍有不同，最好能记住主讲人的个人信息，尤其是联系方式；还要简明扼要地记录讲座的理论框架和基本内容，以及令人耳目一新的新概念、新观点、新想法，和自己在听讲座过程中的感悟和想法。这些思想的火花稍纵即逝，所以不管其成熟与否，都要先记录下来。讲座结束之后，主讲人一般会留出一段时间，进行互动交流，如果有某些不明白的或是不赞同的观点和内容，可以自由提出。对于大学生们来说，这既是与主讲者面对面交流的机会，又能对自己思维的拓展和理论表达能力的提高有很大帮助，所以一定要珍惜这种机会。

五、互联网——平面的世界

信息时代，获取信息的途径除传统的书籍、报刊、广播、电视之外，又增加了互联网，而且互联网的高效、丰富、即时和交互性是其他传统媒体无法比拟的。在大学里，互联网资源可以说是大学生们平时用得最多的资源。通过互联网，我们可以和世界各地的人做朋友，了解这个世界各个角落的风土人情，收看最新的新闻资讯、科技动态……缤纷的网络世界给了我们一个联络外部世界的桥梁，通过互联网，我们可以方便快捷地获取资讯，鼠标轻轻一点，世界就呈现在我们眼前。网络以其免费、快速、信息范围广等优势，给我们的学习带来了很大的帮助。

但是，大学生对互联网使用的现状却十分令人担忧。相当多的大学生更多地把互联网作为娱乐工具，淡化了互联网的学习功能。在互联网上，好多同学都是在聊天、玩网络游戏、看电影等，甚至不少同学因“网游”过度而无法完成学业，也有一些同学因“网恋”而上当受骗，还有一些意志薄弱的学生受到一些非法网站的诱惑而走上犯罪的道路。互联网既可以丰富我们的生活，也可以让我们在生活中找不到自己，互联网就是一把“双刃剑”。大学生应做一名文明的网民、理性的网民，不断增强法治观念、道德感和责任感、自制力、判断力、选择力，不断提高自己的网络素养，把握住自己，做互联网的主人。

大学生要重视互联网的学习功能，突出发挥互联网在个人成长成才中的重要作用。首先，可以通过互联网下载一些学习软件和工具，比如常用的 Photoshop、Flash 等，帮助我们自学并拓宽知识面。其次，互联网上有很多电子图书，有些专业书籍和论文等很难通过正式渠道获得，可以在互联网上查阅到电子文档进行阅读。最后，互联网上有大量的英语学习资源。这些快捷免费的资源，在大学里不好好运用，着实浪费。

除此之外，学校里还有很多其他资源，比如丰富多彩的校园文化活动，能开阔大学生的视野，也让大学生更加了解社会等。大学生要提前做好准备，并充分地利用这些资源，让大学生活变得更加丰富多彩、更有收获。

第五章　我的大学活动

大学生是祖国的未来、民族的希望。在人才济济的大学校园里，我们若想让自己成为一名综合素质较高的大学生，除了完成本身的学习任务外，还要提高思想水平和觉悟，并根据自己的兴趣爱好适当地参加一些社团组织，努力提高自己的综合素质，成为一名品学兼优的大学生。

第一节 学生会组织机构设置

南昌交通学院学生会是在院党委和上级学联的领导下，在院团委的具体指导下的全校学生的群众性组织，以倡导学生自我服务、自我管理、自我教育、自我监督为主要原则和宗旨。校学生会是建设校园文化的重要力量，是学校联系广大学生的桥梁和纽带。校学生会于2001年成立，发展至今，经数次改革，目前共设置办公室、宣传部、文艺部、体育部、学术科创部、权益服务部六个部门（图5-1），各部门开展形式多样的校园文化活动，如迎新晚会、“迎新杯”篮球赛、学术科技节等，旨在从德、智、体、美、劳多方面丰富校园文化，丰富学子课余生活。

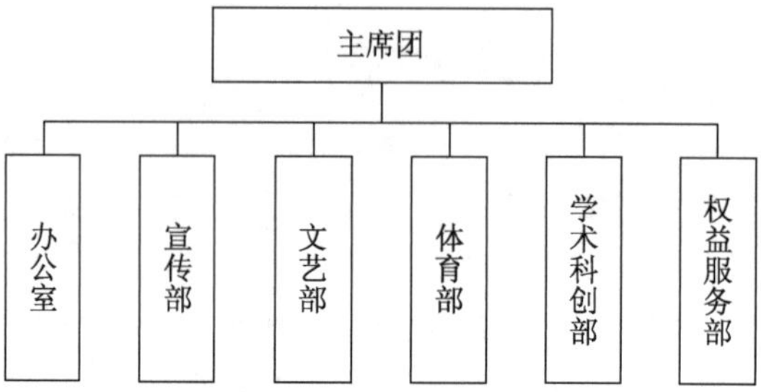

图5-1 南昌交通学院学生会组织架构图

小贴士

南昌交通学院学生会章程

第一章 总 则

第一条 本章程依据《中华全国学生联合会章程》《江西省学生联合会章程》，结合南昌交通学院实际情况制定。

第二条 南昌交通学院学生会（以下简称本会）在院党委领导下，在江西省学生联合会和院团委的双重指导下独立开展工作，是学校党政联系广大同学的主要桥梁和纽带。

第三条 本会高举中国特色社会主义伟大旗帜，以马克思列宁主义、毛泽东思想、邓小平理论、“三个代表”重要思想、科学发展观、习近平新时代中国特色社会主义思想为指导，紧紧围绕学校中心开展工作。本会的宗旨是全心全意服务同学，坚持从同学中来、到同学中去，团结和带领广大同学，为学校的发展和学生的成长成才服务。自觉树立和践行社会主义核心价值观，为实现中华民族伟大复兴的中国梦而努力奋斗。

第四条 本会一切活动服从学院规章制度。以中华人民共和国宪法和法律为最高准则。

第二章 会 员

第五条 本会实行会员制。

具有南昌交通学院学籍的全日制学生，承认本会章程，均为本会会员。

第六条 会员的基本权利：

（一）通过符合本会章程规定的民主程序，讨论和决定本会的重大事务；

（二）有对本会工作提出意见、批评和实行监督的权利；

（三）享有参加本会组织开展的有关会议和各类活动的权利；

（四）在组织内享有平等的选举权和被选举权；

（五）有在学习、生活等方面遇到困难时，要求本会给予帮助的权利。

第七条 本会会员的基本义务：

（一）遵守校纪和校规，遵守本会章程；

（二）执行本会决议，支持各级学生会的工作；

（三）积极参加各项活动，努力完成团组织委托的工作；

（四）维护学校荣誉。

第三章 组织和职权

第八条 本会组织构架以“主席团+工作部门”形式。校级学生会组织主席团成员不超过5人，校级学生会设置部门6个，工作人员不超过40人。各分院学生分会主席团成员不超过3人，部门设置不超过6个，工作人员不超过20人。除学生会主席团成员和工作部门成员，均不设置其他任何职务。

第九条 南昌交通学院学生代表大会（以下简称学代会）是本会的最高权力机关。

南昌交通学院学代会每一年举行一次。南昌交通学院学代会应当有三分之二以上当选代表参加才能召开。

南昌交通学院学代会进行选举和通过决议实行表决制。

南昌交通学院学代会行使下列职权：

（一）审议和批准南昌交通学院学生委员会的工作报告；

（二）讨论和决定本会的工作方针与任务；

（三）修改本会章程；

（四）选举南昌交通学院学生委员会；

（五）讨论、决定应当由南昌交通学院学代会议决的其他重大事项。

学代会经民主选举产生大会正式代表，代表总额占在校学生总数的1%以上。代表中男女代表比例与在校生男女比例基本相当，保证有一定数量的少数民族学生代表。

第十条 南昌交通学院学生委员会是在南昌交通学院学代会闭会期间的执行机构，负责执行学代会的决议和学生会日常事务，由学代会选举产生。南昌交通学院学生委员会全体会议应当有三分之二以上委员参加才能召开。南昌交通学院学生委员会进行选举和通过决议实行表决制，行使下列职权：

（一）在南昌交通学院学代会闭会期间，执行代表大会决议，决定南昌交通学院学生会的重大事项；

（二）召集南昌交通学院学代会；

（三）选举南昌交通学院学生会主席团；

（四）审议和批准南昌交通学院学生会主席团的工作报告。

第十一条　南昌交通学院学生会主席团候选人由分院团总支推荐，经分院党总支同意，由院党委学工部和院团委审定，报院党委确定。南昌交通学院学生会主席团由南昌交通学院学生委员会全体大会表决产生。

第十二条　南昌交通学院学生会主席团在学代会和学生委员会全体大会闭幕期间行使以下权利：

（一）召集南昌交通学院学生委员会会议；

（二）决定聘任和解聘南昌交通学院学生会秘书长；

（三）审议和批准南昌交通学院学生会秘书处的年度工作报告和年度经费使用情况的报告；

（四）批准任免南昌交通学院学生会部门负责人。

第四章　分院学生分会及班级委员会

第十三条　分院学生分会是校学生会的基层组织，在学院党委和校学生会的双重领导及分院团总支的指导下开展工作。

第十四条　分院学生分会主席团候选人由班级推选，分院团总支推荐，分院党总支同意，报院团委和院党委学工部审定。

第十五条　分院学生分会主席团由分院学代会民主选举产生，并报请分院党总支和校学生会审批。

第十六条　分院学生分会主席团主持分院学生会日常工作，接受校级学生会组织指导和管理。

第十七条　分院学生分会人事变动应及时向校学生会申报备案。

第十八条　分院学生分会的组织机构、职责权限、工作程序原则上应与校级学生会对应，分院学生分会应及时向校学生会报告工作开展情况，并参照本章程自行制定相关工作要求。

第十九条　班级委员会（简称班委会）是本会的最基层组织，由全班学生会议选举产生，对全班同学负责并报告工作，接受所在分院党总支和分院学生分会的双重领导。

第二十条　班委会的组织机构、职责权限、工作程序由所在分院规定。

第二十一条　班委会具有监督学生会工作的权利。

第五章　附　则

第二十二条　本章程自发布之日起实施，最终解释权属于南昌交通学院学生委员会。

第二节　学生社团及品牌活动简介

学校现有学术科技类、思想政治类、文化体育类、创新创业类、志愿公益类五个类别 41 个协会，如英语协会、心理协会、舞蹈协会、音乐协会、装饰设计协会、足球协会、篮球协会、汽车俱乐部协会、机械创新协会、羽毛球协会、乒乓球协会、绿色环保协会、华翔文学社、法学社、武术协会、话剧协会、创业就业协会、营销实践协会、投资理财协会、博雅轩书画协会、排球协会、数学建模协会、社交与口才协会、网球协会、模型协会、计算机协会、瓔珞动漫协会、博弈棋社协会、影视摄影协会、思想政治理论研学协会、龙狮协会、破晓漂移板协会、飞影轮滑协会、力量健身协会、台球协会、健美操协会等。

一、学生社团情况一览表

学生社团一览如表 5-1 所示。

表 5-1　学生社团一览表

序　号	类　别	社团名称
1	学术科技类	英语协会
2		法学社
3		会计协会
4		营销实践协会
5		人力资源管理协会
6		播音与主持协会
7		投资理财协会
8		沙盘俱乐部协会
9	思想政治类	思想政治理论研学协会
10	文化体育类	瓔珞动漫协会
11		龙狮协会
12		话剧协会
13		博雅轩书画协会
14		舞蹈协会
15		音乐协会
16		影视摄影协会
17		博弈棋社
18		华翔文学社
19		篮球协会
20		排球协会
21		羽毛球协会
22		网球协会
23		破晓漂移板协会

续表

序　号	类　别	社团名称
24	文化体育类	足球协会
25		社交与口才协会
26		飞影轮滑协会
27		力量健身协会
28		武术协会
29		乒乓球协会
30		台球协会
31		健美操协会
32	创新创业类	计算机协会
33		数学建模协会
34		装饰设计协会
35		机械创新协会
36		模型协会
37		国际交流协会
38		创业就业协会
39		汽车俱乐部协会
40	志愿公益类	绿色环保协会
41		心理协会

二、社团介绍

1. 博雅轩书画协会

博雅轩书画协会以“弘扬文化瑰宝，传承书画艺术”为办协宗旨，以扩大同学们的书画知识视野，提高全院学生艺术素养和审美观，丰富大学校园文化生活，推动学校精神文明建设为主要目的，积极开展形式多样的书画交流活动。在正副会长的领导和各部门的协调下协会开展了各种书画活动，对外参加了各种高校交流活动。重点以硬笔、毛笔、篆刻、国画、油画、水粉、素描、动漫为主要内容，提高同学们的兴趣、爱好和艺术审美能力。

2. 博弈棋社

博弈棋社是由学院棋类爱好者自愿组成的发扬智慧和学习精神的兴趣实践类群众性社团组织。其宗旨是立足学院棋类运动，团结全校棋类爱好者，普及棋类知识，提高棋艺水平，繁荣校园文化，增进校内外棋类爱好者的交流，以棋会友，共同进步。社团精神为团队合作、创新求变、挑战自我、博弈人生，社团文化为集名智风范、创博弈盛世。本社团涉及棋种主要包括中国象棋、围棋和五子棋，将来还会扩充其他棋种。

3. 创业就业协会

创业就业协会通过广泛地组织和开展各种与就业、创业相关的交流活动，努力营造校园创新创业氛围，积极促进在校大学生与校外企业的交流，增强大学生的就业意识、市场意识、效率意识及竞争意思，提高大学生的社会适应能力，为大学生参与专业实践创造机会。

4. 璎珞动漫协会

璎珞动漫协会是由对动画、漫画等感兴趣的学生自愿组成的全校性社团，协会在院团委的领导与指导下积极开展工作。协会通过组织活动，丰富学生校园生活，帮助成员增长动漫专业知识，培养同学对动漫文化的兴趣，从而活跃课余文化生活。本社团奉行团结、奋进、提高、充实的原则。

5. 法学社

法学社是一个将法学知识、实践能力、交往能力、团队精神有机融为一体的社团。法学社共有四个部门：办公室、策划部、宣传部、外联部，各部门各司其职，相互合作，并且一直秉承着为社员服务的宗旨，积极处理和解决会员的问题与需求。法学社还有模拟法庭和辩论赛两大品牌活动，同时也为我校学子提供有着法学特色的活动：法律知识竞赛、法制宣传日等，为法学生活增添色彩。

6. 飞影轮滑协会

飞影轮滑协会是集健身、竞技、娱乐、趣味、技巧、艺术、休闲于一体的学生协会，轮滑协会立足于校内，以服务会员为根本，组织培训，开展轮滑活动，培养同学们对轮滑活动的兴趣。

7. 国际交流协会

国际交流协会是一个倡导国际交流活动的学生组织。“国际”“交流”“协会”这些关键词完全包含在其名称之中。在这里有西班牙语、日语等特色小语种的课程学习班；还有特色活动“雅思高校行”，可以免费参与体会模拟的雅思考试；还有一些文化交流的晚会；等等。希望通过与志同道合的同学共同努力，让更多青年学子学习到国内外的知识、文化及思维模式。

8. 华翔文学社

华翔文学社一直秉持着让风流激昂文字传扬四方的目的和宗旨。作为扎根最早的一批社团，华翔文学社有着丰富的底蕴。华翔文学社充分发挥文学社的作用，给全校师生营造良好的文学氛围。

9. 话剧协会

话剧协会曾多次获得“优秀社团称号”“精品社团称号”，并获得“五四红旗优秀团支部（2016—2017）”。它是一个立足校园面向全校同学和社会传播高雅文化艺术的文艺社团组织。本协会以话剧艺术为特色，以创作与表演话剧小品等为主要内容。协会始终坚持“两为”的立会原则，为广大话剧爱好者提供相关的话剧理论知识、剧本创作与表演培训等方面的服务，为具有话剧创作与表演能力的同学提供一个锻炼自己、提高自己、展现自己的舞台。每学期协会都会举办大型文艺活动，使会员们有充足的舞台展现自我。

10. 会计协会

会计协会是一个以会计专业知识为主，涉及学习交流、实践创新、学科知识竞赛等的综合性学生社团。

11. 机械创新协会

机械创新协会是机械设计制造及其自动化专业、机械电子工程专业、材料成型及控制工程等专业的专业性协会，也是其他专业中机械爱好者的聚集地。本协会是由一群有着设计热情，对手工作图、软件制图及控制、力学分析等技能有着一定基础的大学生组成的学生团体，本协会旨在培养大学生的创新精神，提高大学生的创新能力，增强大学生的创造思维，磨炼大学生的创造意志，为爱好机械创新的同学提供一个展示自我能力的平台，为每届全国大学生机械创新设计大赛准备和选拔人才。本协会遵守学校社团的规章制度，遵守社会道德风尚，为我校机械爱好者搭起学习交流和展示创新的平台，营造良好的气氛。

12. 力量健身协会

力量健身协会是一个为校内各专业大学生提供体育健身知识、机会的协会，一个为校园体育事业贡献力量的协会，一个旨在传播健身健康知识、提高健身专业技能的特色协会，一个融技能性、娱乐性、非营利性为一体的协会。力量健身协会是一个健身爱好者们沟通、分享健身经验与心得，并帮助有意改变自己、强身健体、增强自律性的同学爱上运动、享受健康的协会。力量健身协会从创建到逐步完善，都得到了院团委的大力支持。它以学校为主要活动基地，始终以“强健身心，快乐自己”为宗旨。相信在各位成员的努力付出和不懈努力下，力量健身协会会不断得到发展。

13. 计算机协会

计算机协会是一个集学习、研究、开发、交流为一体的社团，以“普及计算机知识、丰富校园文化、服务社会实践”为社团宗旨，秉承“从探讨中学习知识、在竞赛中拓展技能、以赛代练、以实践代教学”的社团理念，弘扬“团结互助、交流提高、服务他人”的社团精神，朝着能更好地为广大师生服务的方向不断地发展和完善自己。

14. 健美操协会

健美操作为近年来非常流行的一种运动方式，融体操、音乐、舞蹈于一体，追求人体的健康与美。因此，健美操具有体育、舞蹈、音乐、美育等多种社会文化功能。我们深知开展大学生群众性课外体育锻炼活动是一项重要而又长期性的工作。为使大学生早操形式多元化，从心底里拒绝睡懒觉、爱上早起做早操，大学生健美操爱好者协会带领广大健美操爱好者“走下网络、走出宿舍、走向操场”，旨在把更多学生吸引到健康向上的体育锻炼活动中来，在提高身体素质的同时，不断提升自我、完善自我。

15. 篮球协会

篮球协会以普及、提高学生篮球知识和技能为目的，以为广大篮球爱好者服务，提高学生课余活动质量，增强学生综合素质，丰富校园文化为宗旨。篮球协会自成立以来在正副会长的领导和各部门的协调下积极组织开展了各种篮球活动。例如，组织大型篮球比赛、组织会员观看高水平篮球比赛、组织会员上篮球理论课及进行技能训练、协助学校搞好篮球比赛等。在协会人员的共同努力下，协会为团结全校篮球爱好者，利用业余时间，通过广泛地开展篮球活动，丰富学生的业余文化生活，缓解同学们学习或生活上的压力，为提高广大师生的身体素质、陶冶师生的情操，做出了较大贡献。

16. 绿色环保协会

绿色环保协会加强全校师生的环保意识，以各种新奇的环保造物，如具有创新性的环保工艺品等，帮助同学们提升创新意识，并丰富全校师生的课余生活，促进学校的精神文明建设。协会每年都会举办手工设计大赛，以传播环保理念，利用环保和创新的意识，打造展现当代大学生风采的公益实践平台。

17. 模型协会

模型协会以航模、船模、车模（现主要为航模）等模型为平台，旨在丰富广大同学的课余生活，培养同学们的创新能力、实践能力。协会自成立以来，在学校的大力支持与会员自身的不懈努力下得到了极大的发展。协会有多个成员曾在各种活动比赛中获得荣誉，在南昌高校航模圈中立下了良好口碑，具备了一定的影响力。模型协会在发展传统固定翼机型的同时，也与时俱进地先后完成了四六轴飞行器的制作与测试，开拓了协会多轴飞行器的发展方向。在时下火热的航拍领域，协会也有踏足并有所建树。此外，模型协会拥有一间工作室，陈列有各种模型、工具及其他机械设备。

18. 排球协会

排球协会是我校成立最早的社团之一，它团结了全院的排球爱好者，推动了排球运动的普及和技巧水平的提高，丰富了全院师生的课余文化生活，并多次组织与外校的排球友谊赛。

19. 乒乓球协会

乒乓球协会是由一群热爱乒乓球的在校大学生组建，抱着“坚韧，不放弃”的精神，秉承“热爱运动，迸发能量”的理念，旨在推广乒乓球，激发学子的运动激情，提高乒乓球的竞技水平。

20. 破晓漂移板协会

破晓漂移板协会是凝聚热爱漂移板运动的同学，宣传和普及漂移板运动知识，大力发展漂移板事业，组织大学生积极参加漂移板运动的体育竞技类团体。协会成员均为热爱漂移板运动的在校大学生。协会宗旨是：指导个人会员的漂移板活动，促进漂移板运动的普及提高，广泛联系和团结各高校漂移板爱好者，充分发挥协会的桥梁纽带作用。

21. 汽车俱乐部协会

汽车俱乐部协会是由一批对汽车有着浓厚兴趣的同学自发组建的协会。汽车俱乐部协会以“了解汽车知识，弘扬汽车文化，提高综合素质”为宗旨，为同样对汽车有着兴趣的同学打造一个无界限的交流平台，使同学们爱车、懂车。汽车俱乐部协会成功举办了多次活动，如“汽车风采大赛”，举办各种展览，并定期出版海报“汽车快报”，可以让同学们了解更多的汽车最新资讯，反响颇好。

22. 人力资源管理协会

人力资源管理协会是由人力资源管理专业学生自发组织的学术类非营利性社团。协会宗旨是提高本专业学生的学习兴趣和实践经历，向大家传播人力资源管理知识，增加学生的课外面试实践经历，以提升学生就业水平为导向，努力开展积极有益的活动。例如，开展无领导小组讨论及面试模拟等活动，开展个人素质及职业素质测评讲座，增强学生对面试场景的认识，提升面试水平，以达到提高学生就业率的目标。

23. 沙盘俱乐部协会

沙盘俱乐部协会是由院团委、院学工处统一领导的学生组织机构，是一个以运用模拟沙盘知识为主，涉及学习交流、实践创新、学科知识竞赛等的综合性学生社团，希望能为对模拟沙盘有兴趣的同学提供一个专业学习、交流和实践的平台。

24. 社交与口才协会

社交与口才协会是受“社交礼仪”选修课的启发而创立的。这是南昌交通学院唯一将演讲口才与社交礼仪相结合的协会。社交与口才协会已经跻身南昌交通学院“十大精品社团”之一，同时也是南昌高校演讲联盟成员之一，该联盟由南昌 20 所高校的演讲语言类协会构成。协会与外校建立了广泛的联系，为同学们提供了更广阔的舞台。

25. 影视摄影协会

影视摄影协会是一个将理论与实践紧密结合的社团。协会致力于培养大学生摄影技能，丰富校园生活，促进校园文化建设。协会先后开展了摄影知识、摄影技巧、图像处理软件等讲座，协会还利用课余时间组织学生到户外参加摄影实践活动，极大地提高了学生摄影技能，丰富了学生课余生活。协会多次在学校举办的技能大赛中获奖，在省级各类大学生摄影大赛中也获得优秀成绩。

26. 数学建模协会

数学建模协会自创办以来一直深受学校的重视和支持，经过多年的发展，协会为学校培养出一批批优秀的建模人才，在每年的全国大学生数学建模竞赛上取得了喜人的成绩。协会以“提高人文素养，丰富课余生活，推进学风建设”为宗旨，以“一次参赛，终身受益，打造一流数模人才”为口号。协会协助基础部数学建模办公室选拔、组织和培养优秀人才参加全国的联赛。

27. 投资理财协会

投资理财协会是由院团委、院学工处统一领导的学生组织机构。一直以来，在学院领导和学工处老师的关怀和指导下，投资理财协会秉承“播种投资理念，培养理财意识”的宗旨，继承和发扬“自强厚德，求实创新”的院训。在院领导和老师的支持下，投资理财协会在“东方财富杯金融精英挑战赛”“全国金融与证券投资模拟实训大赛”“大智慧杯精英挑战赛”等各项比赛中都取得了优异的成绩，同学们也可以在比赛中得到锻炼并学习到炒股的专业知识，提高对市场动向的分析能力。

28. 网球协会

网球协会以网球为中心，以“学习、服务、锻炼、奋进、挑战、超越”为宗旨，以“快乐网球，快乐人生”为口号，以“快乐网球，为生活增添色彩”为协会目标，为更多喜爱网球的同学提供更广阔的训练平台，体验网球真正的魅力，从而喜欢上这项体育运动，进一步丰富大学生的体育生活，使同学们的生活更加多彩多姿。

29. 武术协会

武术协会已经成长为一支专业队伍较强、素质较高、会员众多、在全校范围内具有较大影响力和号召力的团队，协会经常参加学校内的各种舞台演出，更好地弘扬中华武术，丰富了学员们的校园生活。在弘扬武术精神和丰富校园文化的同时加强自身建设，制定一系列规章制度，上下团结一致，受到了广大师生的好评。另外，武术协会的闪电棍道（双节棍训练班）还是南昌高校双节棍联盟的成员，每年都会定期参加南昌高校双节棍联盟举办的集训和交流会。

30. 播音与主持协会

播音与主持协会主要是为了帮助有着播音与主持梦想的同学实现梦想，同时学习一些专业以外的知识，提升自己的文化素养的协会。协会通过举办一系列活动，来促进同学们之间的交流和相处。协会提供了一个可以尽情发挥自己想象力和创造力，展示自己风采的平台。

31. 舞蹈协会

舞蹈协会是在院党委的领导和院团委的指导下，接受学校社团管理中心的督促、管理的学生群体组织。本协会是由对舞蹈有兴趣，并喜欢舞蹈的同学自愿组成的非营利性机构。以舞蹈学习、舞蹈表演为核心，本着树立新一代大学生蓬勃向上的精神风貌的宗旨，积极开展舞蹈类活动。

协会自成立以来，始终秉承“以舞健身，以舞会友”的目标，发扬舞蹈文化，传播舞蹈技能，丰富舞蹈知识，提高身体素质及艺术欣赏能力，改善同学们的身体形态及外在气质，提高同学们利用身体语言的能力，从而建立良好的校园艺术氛围。

32. 心理协会

心理协会是在学院大学生心理健康咨询中心老师的指导下成立的，是学校与广大同学沟通的桥梁和纽带。一直以来，在学院领导和学工处老师的关怀和指导下，心理协会秉承“立足校园、打造沟通平台”的宗旨，继承和发扬“自强、厚德、求实、创新”的校训，服务于全院师生，并着力打造展现当代大学生风采的心灵平台。心理协会的主要活动有“心灵之约”“心理保健员培训”“户外素质拓展”“心理健康操比赛”“心理健康知识竞赛”“心理情景剧比赛”等。依据大学生生活及身心发展情况，每年会增加新的活动，进一步丰富大学生课余生活，提高大学生的整体素质。

33. 音乐协会

音乐协会是以增强我校音乐氛围、提高学生业余文化生活为目的而建立的协会。音乐协会以歌手大赛、音乐晚会、音乐交流会等途径，为广大同学提供音乐知识和音乐文化交流的平台。通过音乐，让同学们获得快乐，并且拥有积极向上的生活态度，音乐协会的口号是“音乐还在，梦就在”。

34. 英语协会

英语协会以“对外文化交流，自我修养提升”为主旨，意在提升全校同学的口语水平。英语协会成功举办了多次与其他外校、外教的交流活动。

35. 营销实践协会

营销实践协会以“做事先做人，责任为先”为原则，积极促进会员学习和研究营销知识并运用于实践，积极创造条件，提高会员的实践能力，为社会培养具有较丰富的营销知识和较高的求职经验的优秀大学生，为社会主义现代化建设做出积极的贡献。协会组织营销创意策划大赛，考查学生的项目策划和活动策划书写、排版能力及想象力，比赛设立了最佳创意奖、最佳营销奖、科斯特奖等六大奖项。本社团致力于提高会员们的营销能力和实践能力，通过对产品的营销和在与人沟通的实践中提升会员们的技能，也让更多的人了解本协会。

36. 羽毛球协会

羽毛球协会旨在给热爱羽毛球的同学提供一个互相交流羽毛球技术、放松身心的场所。协会成员于闲暇时间一起交流羽毛球技术，每周三、周四在艺体楼下羽毛球场有训练，由技术部教给大家一些最基本的羽毛球技术。每年举行一次趣味赛、全校性的迎新杯比赛、协会内部相互交流友谊赛等。除此之外，协会还会收集被打坏的羽毛球，将之做成球花，以供各部门相互了解学习。羽毛球协会将倾尽所有的热情为热爱羽毛球运动的同学服务。

37. 装饰设计协会

装饰设计协会原名装饰装潢与测量协会，于 2014 年 3 月 26 日正式更名为装饰设计协会。十几年来，装饰设计协会以发扬当代大学生对装饰设计的兴趣为目标，提高同学们对美的发掘力和审美观。协会活动的重点以手工设计和电脑设计为主要内容，来提高同学们的兴趣爱好和动手操作能力。

38. 足球协会

足球协会以丰富广大学生的课余生活、满足广大足球爱好者的需求为宗旨，为广大热爱与关心足球运动的同学搭建一个展示自我、交流球技的舞台。校园足球运动开展得轰轰烈烈，运动成绩稳步提升，多年也为校足球队选拔了很多人才。

39. 台球协会

台球协会以“以球会友，永争第一”为创办理念。台球协会作为各个高校之间交流的桥梁，积极开展形式多样的台球竞赛项目，培养学生的体育精神。协会还配备了高级教练，让同学们的球技得到大幅度提升，在比赛中充分展现出独特的魅力。

40. 思想政治理论研学协会

思想政治理论研学协会始终坚持“学习理论、研究理论、宣传理论、服务青年学生”的宗旨，在全体成员的共同参与和努力下，思政理论研学协会定期开展系列主题活动，将党的声音传递到青年学生中去，践行奋斗精神，传递中国故事。全体成员以增强党性修养和政治常识为目的，不忘初心、牢记使命，培养社会责任感。同时，与时俱进，不断学习，时刻保持政治的敏锐性和鉴别力。

41. 龙狮协会

协会前身为华东交通大学理工学院机电工程分院龙狮队，由 17 级机电工程分院学生成立，现成为南昌交通学院龙狮协会。龙狮协会的宗旨是弘扬中国传统文化。协会举办了多种多样的活动，以丰富校园文化，提高成员身体素质及社会交际、团队协作等综合能力。

三、学校的品牌活动

(一) 校园文化

热潮涌动，青春当时，学校一贯以社团活动为载体，师生齐心协力，共同谱写百家争鸣、百花齐放的校园文化篇章，让各式各样的校园活动千帆竞发，让校园文化的热潮涌动校园。

1. 运动校园

贯彻落实共青团中央、教育部、国家体育总局、全国学联共同印发的《关于开展人学生“走下网络、走出宿舍、走向操场”主题群众性课外体育锻炼活动的通知》(中青联发〔2014〕2号) 等文件精神，引导大学生在日常生活和学习中，开展丰富多彩的阳光体育活动，促进学生锻炼身体、强健体魄。学校开展了各种体育竞技类、趣味类体育活动，以篮球赛为代表，开展了“迎新杯”“烽火杯”等多场篮球比赛。此外，还开展了教职工趣味运动会、足球比赛等。同时，学校组建田径等项目队伍，参加各类赛事、院校竞技等。

2. 智动校园

校园文化是学校的灵魂和生命力所在，校园文化离不开科技知识的支撑，我校开展“科技文化节”，展示以科技文化为主导，以科技动手制作为辅，彰显智慧校园建设。同时开展“一站到底知识竞赛”“微团课大赛”“党团知识竞赛”等各类竞赛类活动，以重要红色节日为依托，统筹规划系列宣传教育活动，或在寒暑假大学生社会实践中开展中国梦、党史、国史、形势政策、民族精神教育，坚定师生理想信念，让智慧校园文化的建设更加鲜活。

3. 艺动校园

加强“德才双馨”文化人才培养，建设我校大学生艺术团队。按照“思想精深、艺术精湛、格调高雅”的精品文化要求，开展大学生文化艺术节、社团文化节等活动，以推动校园艺术文化发展，丰富师生文化生活，激发师生文艺创作热情，把宣传和培育社会主义核心价值观融入优秀的文艺作品之中，打造展示时代风貌、学校特色的文学、戏剧、音乐、美术、舞蹈等文艺精品，提升学校文化软实力，塑造学校良好形象。开展以“青春心向党”为主题的迎新晚会、“冬季文化艺术节”、“主持人风采大赛”、“校园十佳歌手”等各类晚会活动及“寝室文化节”等，活动涉及科技、美育、文化、艺术、生活等多方面，深化校园文化的德育等作用。

4. 爱动校园

加强大学生志愿服务实践育人。支持社团品牌建设活动，遴选优秀学生社团予以扶持，增强社团的活力和吸引力；加强实践基地建设，打造青年志愿者服务活动品牌，鼓励在校大学生争做志愿者，让大学生在社会志愿服务实践中培育和践行社会主义核心价值观。强化以德立身、以德立学，坚持聚焦美育育人。学校组织师生参与社会志愿服务活动、帮扶帮建等社会活动。学校青年志愿者中心积极组织师生为社会提供志愿活动，如“江西省红色跑神州·红色接力赛”“南昌城市定向挑战赛”“旧衣物回收捐赠”“校园无偿献血”“社会公益组织慰问”等志愿服务活动。既传承了学校服务育人功能，又展现了学校的文化亮点。通过校园文化建设，学校将发挥特色，打造文化品牌，以文化滋养心灵，以文化涵育德行。

（二）学校的品牌活动

学校的学生活动丰富多彩，目前我校的品牌活动主要有以下几项。

1. 大学生科技节

大学生科技节是由院学工处、院团委主办，院学生会承办的学院大型品牌活动，已成功举办六届。历次科技节都会以创新的姿态出现在同学们面前，深受全校同学们的欢迎（图 5-2）。活动的宗旨在于进一步促进我校科技文化建设，创造校园科技创新氛围，提高在校大学生的创新、创业能力，全面推进大学生素质教育。科技节以“崇尚科学、追求真知、勤奋学习、勇于进取、迎接挑战”为宗旨，通过开展一系列特色活动，增强学生的科技创新能力，培养学生严谨的治学态度和学术精神，为大学生的成长成才服务。

在院团委的指导下，科技节的指导思想是坚持思想教育与科技活动并重，以育人服务为中心，在普遍开展与重点扶持相结合的原则指导下，努力创造条件，满足广大师生需求，积极开拓我校科技创新活动的新局面。

图 5-2　科技节活动剪影：桥梁称重、插花比赛

全院各专业学生积极响应学校号召，围绕科技节主题，根据学生实际需求，结合各自专业特点，开展了“科技之光”图片展、鸡蛋撞地球、桥梁承重、风力起重机的设计、水火箭设计、创业计划竞赛比赛、“百米画布”等一系列丰富多彩的科技活动，在校园里营造了良好的学术科技文化氛围，有效地促进了师生间的互动与交流，呈现了科技节的鲜明特色。经过多年的积淀、创新与发展，在院领导的指导下，活动已初步实现了由小到大、由普及到提高、由单一到多元、由一枝独秀到精品纷呈。大学生科技创新氛围在我院日益浓厚，学生参与科技实践的积极性不断提高，这进一步推动了校园文化的繁荣和发展，促进了大学生成长成才，增强了校园文化活动的育人功能，构建了一个物质与精神交织渗透的物理空间、信息网络空间和精神文化空间融为一体的全方位育人的文化校园。

2. “黄家湖之声”主持人风采大赛

每一个年轻人都有一个明星梦，“黄家湖之声”主持人风采大赛为怀有梦想的大学生们提供了一个圆梦的舞台。九年来，在院学工处、院团委的正确领导下，在院党委宣传部的精心指导下，由院学联广播站承办的“主持人风采大赛”经过一代代“馨语”人的共同努力，已经成了我院的一个优秀的校园品牌活动。

“黄家湖之声”主持人风采大赛是我院一年一度的大型比赛活动（图5-3）。大赛继承发扬了我院优秀文化传统，并打造我院新颖的文艺活动，进一步丰富了我院校园文化形式，努力营造了积极向上、清新高雅、健康文明的校园文化氛围，展现了我院学生的青春风采和精神风貌；同时促进、活跃了第二课堂，并利用广播站这一平台给广大播音主持爱好者提供一个展示独特才艺和展现自我风采的舞台，让他们在这个舞台上充分锻炼自己，实现自己的主持梦想。

图5-3 “黄家湖之声”主持人风采大赛活动剪影

九年来，“黄家湖之声”主持人风采大赛在院党委宣传部、院学工处、院团委的牵引下一步步走来，一岁岁成长。从一开始的青涩单一到后来各项环节章程的规范，再到后来的追求权威、公正，“主持人风采”大赛吹响了“个性风采”的集结号，鼓励我院学子走向舞台，展示个性，秀出风采。同时，从一个当代年轻人的角度出发，创新比赛环节，合理安排比赛流程，把“主持人风采”比赛打造成为一个“挑战自我，展示风采”的舞台。时代在发展，学院在进步，“主持人风采”大赛办赛水平也在不断提高。“主持人风采”大赛在积极吸取往届成功举办经验的基础上，借鉴同类比赛的特色和经验，把诸多创意融入比赛当中，努力把我院“黄家湖之声”主持人风采大赛办成权威而又特色鲜明、高水准、高水平的校园比赛。

3. 黄家湖讲坛

“黄家湖讲坛”为学院校园文化品牌，创办于2009年3月，由院学工处、院团委主办，目的在于营造浓厚的校园文化素养，推进校园文化建设。讲座的内容涉及文学、艺术、历史、哲学、教育、法律、政治、经济等方面，注重品位高雅、见解独特、思想深刻，与师生兴趣和接纳程度相结合。

“黄家湖讲坛”的设置按照“清新的人文精神、厚重的传统积淀、浓郁的学术氛围、活泼的精神风貌”的校园文化建设目标，积极探索“政治文化暨团支部建设是灵魂，道德文化暨掌门人奉献精神是基础，学术文化暨业务水平是核心，文体文化暨情感建设是关键”的文化建设思路，为“百花齐放、万紫千红”的校园文化的繁荣起了促进和引领的作用。

“黄家湖讲坛”将邀请更多的全国知名专家学者来我院讲座，进一步活跃校园文化氛围，扩大讲坛影响，力争将它打造成全国高校校园文化建设的知名品牌。

华东交通大学党委副书记徐朝亮、南昌市团委副书记阎志强曾做客黄家湖讲坛（图 5-4）。

图 5-4 华东交通大学党委副书记徐朝亮、南昌市团委副书记阎志强

2019 年 9 月 24 日，清华大学经管学院、美国密苏里大学商学院联合培养管理学博士文河根应邀走进黄家湖讲坛，以《当前经济形势、就业趋势及应对措施》为主题，为我校师生做了一次别开生面的讲座（图 5-5）。

图 5-5 清华大学经管学院、美国密苏里大学商学院联合培养管理学博士文河根

2019 年 11 月 20 日，华东交通大学图书馆馆长、孔目湖书院院长石初军做客黄家湖讲坛（图 5-6），结合优秀传统文化阐述共产党人的初心与使命，为在场六百余名学生开设了一场别开生面的讲座。

图 5-6　华东交通大学图书馆馆长、孔目湖书院院长石初军

2019 年 12 月 11 日，南昌大学硕士生导师、副教授杨琳应邀走进我校“黄家湖讲坛”，为我校师生作《追寻生命的幸福感》的主题讲座（图 5-7）。

图 5-7　南昌大学硕士生导师、副教授杨琳

2019 年 12 月 4 日，贵州省人民政府参事张树昭应邀走进黄家湖讲坛，通过阐述传统文化的内涵与个人修炼的关系，为我校师生开展了一场别开生面的讲座（图 5-8）。

图 5-8　贵州省人民政府参事张树昭

2020年11月5日，华东交通大学博士、教授、常务副院长舒曼应邀走进黄家湖讲坛，以《积极心理学视野下育人的策略与技巧》为题，为我校师生做了一次别开生面的讲座（图5-9）。

图5-9　华东交通大学博士、教授、常务副院长舒曼

2020年11月27日，备受年轻读者喜爱的90后作家苑子文做客黄家湖讲坛（图5-10）。

图5-10　备受年轻读者喜爱的90后作家苑子文

2020年11月30日，北京师范大学高等教育研究院教授、博士生导师洪成文做客我校黄家湖讲坛，为我校师生做《高校战略规划与资源拓展互动发展》主题讲座（图5-11）。

图5-11　北京师范大学高等教育研究院教授、博士生导师洪成文

2020 年 12 月 25 日，江西师范大学中华传统文化教育发展中心主任杨颖教授走进黄家湖讲坛，为我校师生做《礼仪与文明大学生形象塑造》主题讲座（图 5-12）。

图 5-12　江西师范大学中华传统文化教育发展中心主任杨颖教授

2021 年 12 月 8 日，南昌大学博士生导师、“215”赣江特聘教授刘继忠应邀走进黄家湖讲坛，以《工业 4.0 时代下的智能制造》为主题，为人工智能学院学生做讲座。

图 5-13　南昌大学博士生导师、“215”赣江特聘教授刘继忠

2021 年 12 月 8 日，土木建筑学院邀请华东交通大学土木建筑学院副院长、教授、博士研究生导师耿大新走进黄家湖讲坛，做专业知识讲座。

图 5-14　华东交通大学土木建筑学院副院长、教授、博士研究生导师耿大新

2021 年 12 月 10 日，华宇企业集团董事长、“华商精神”倡导者方池雄先生走进黄家湖讲坛，为全校师生作《商学与心学——论“七维一体”开创东方式华商文化思想体系及人生历程之路》主题讲座。

图 5-15　华宇企业集团董事长、“华商精神”倡导者方池雄

2021 年 12 月 15 日，上海财经大学博士，江西财经大学电子商务系主任、副教授，深圳市世贸组织事务中心和江西财经大学联合培养博士后罗春香走进黄家湖讲坛，作《突破农村电商物流瓶颈　助力江西乡村振兴》主题讲座。

2021 年 12 月 22 日，华东交通大学副校长、博士、二级教授、博士生导师、新世纪百千万人才工程国家级人选杨辉走进黄家湖讲坛，为学院师生作《重载机车智能辅助驾驶策略研究》主题讲座。

图 5-16　华东交通大学副校长、博士、二级教授、
博士生导师、新世纪百千万人才工程国家级人选杨辉

2021 年 12 月 22 日，江西师范大学副教授、硕士生导师陈建走进黄家湖讲坛，为学院师生作《互联时代的营销洞察》讲座。

图 5-17　江西师范大学副教授、硕士生导师陈建

4. “理工风采杯”辩论赛

“理工风采杯”辩论赛是在院团委指导下，由院学联具体承办的校园品牌活动，广受众多学子好评，至今已成功举办了 10 届（图 5-18）。它有力地推动了辩论文化在我院的开展，使得我院的辩论风气保持浓郁，让辩论热潮影响了一代又一代理工学子。历届辩论赛都得到了院团委领导的高度重视和关怀。大学生们通过参加“理工风采”辩论赛，思辨能力和分析推理能力得到了很大的提高，并主动去关注和思考现实生活中出现的各种问题。它将“天下兴亡，匹夫有责”的古训深深地植入了每个理工学子的心中。整个比赛的进展和结果会及时在校广播电台报道、校宣传中心网页宣传。

图 5-18　辩论赛现场

5. 社团文化艺术节

社团文化艺术节是校园内一项重要的品牌活动，是校园文化的重要组成部分。该文化节由院团委主办，学联社管中心承办，各协会协办。每届历时近一个月，期间，全院各个学生社团各展所长，为全校同学奉献出一系列丰富多彩的活动（图 5-19）。其活动宗旨是展示社团风采，促进社团建设。通过鼓励各学生社团积极配合学校素质教育建设，开展丰富多彩的活动，集中展示当代大学生的才华与风貌，展示大学生社团的青春和活力，同时也为学生社团提供交流、竞争的平台，促进学生社团积极、健康地发展，为活跃校园文化生活服务。在共青团江西省委主办的全省高校组织的社团文化艺术节中，我院连续 4 年获得全省社团文化艺术节“优秀组织奖”，武术协会、英语协会、舞蹈协会、羽毛球协会四个协会被评为全省优秀社团。

图 5-19 社团文化艺术节剪影

6. “青马工程”暨大学生骨干培训班

为深入推进“青年马克思主义者培养工程”，用马克思主义中国化最新成果武装我院大学生骨干，切实发挥大学生骨干在日常生活中的示范和带动作用，引导和帮助更多的大学生健康成才，成为中国特色社会主义事业合格建设者和可靠接班人，院团委举办了“青马工程”暨大学生骨干培养班（图 5-20），到目前为止已举办 7 期，培养学生骨干 2 500 余人。

图 5-20　“青马工程”培训班

7. 大学生暑期“三下乡”社会实践活动

大学生暑期“三下乡”社会实践活动作为加强和改进大学生思想政治教育的重要途径，是院团委重点组织开展的学生社会实践活动之一。暑期“三下乡”社会实践活动以引导和帮助大学生在实践中“受教育、长才干、做贡献”为目标，以解决基层经济社会发展和人民群众生产生活中的实际需求、科技支农为主攻方向，围绕大学生党团史宣讲服务、大学生科技支农服务、大学生教育帮扶服务、大学生挂职锻炼实践服务、大学生文化宣传服务等几大服务内容，深入开展挂职锻炼、社会调查、课题研究、科技服务、环保实践、法律援助、心理咨询、义务支教、文艺下乡、勤工助学、帮贫扶困等多种形式的志愿服务公益活动（图 5-21）。

图 5-21　暑假“三下乡”荣誉证书

2011—2018年，我院连续被江西省委宣传部、江西省教育厅、共青团江西省委、江西省文明办、江西省学联授予全省暑期“三下乡”先进单位，先后有22支团队被授予全省暑期“三下乡”重点团队，8支团队被授予全省“优秀团队”（图5-22）。

图5-22 “三下乡”活动剪影

8. 尚德班

尚德班是我院精英人才的培养基地，是我院优秀学子身份象征的荣誉班级，是学校高素质人才培养模式的试验区。我校“尚德班”建设的总体目标是：坚持“学生为本、道德为先、能力为重”的教育理念，注重学生的自我激励、自我磨炼、自我管理和自我提高，强调自主学习和专业实践环节，通过意志力训练、学习能力训练、表达能力训练、团队协作能力训练、就业创业能力训练、人格修养锻炼、社会实践能力训练等实践内容，将学生培养成为甘于奉献、意志坚强、能力突出、身心健康的秉承中国优秀传统优秀文化精髓与现代人文精神的高素质人才。

尚德班以育人为宗旨，立足于课余时间，对其成员进行理论与实践的全方位培养，挖掘和激发成员自身的潜力，这对于学员的人格修养、思维拓展、意志力磨炼等个人素养的提升具有重要的意义。

小贴士

尚德班德育育人工程实施方案（试行）

为进一步探索我院大学生德育的新模式，培养学生高尚的道德情操、坚韧的意志品质、良好的学习和生活习惯，激发学生勤奋刻苦、勇于争先、拼搏进取的内在动力，增强学习能力、实践能力和创新能力，提高身体素质和思想素质，现决定在我院实施尚德班德育育人工程，特制订实施方案如下。

一、培养目标

坚持“学生为本、道德为先、能力为重”的教育理念，注重学生的自我激励、自我磨炼、自我管理和自我提高，强调自主学习和专业实践环节，通过意志力训练、学习能力训练、表达能力训练、团队协作能力训练、就业创业能力训练、人格修养锻炼、社会实践能力训练等实践内容，将学生培养成为甘于奉献、意志坚强、能力突出、身心健康的秉承中国优秀传统文化精髓与现代人文精神的高素质人才。

二、育人宗旨

体现“一个定位”“二不”“四自”的原则。

“一个定位”：立足于第二课堂，开展丰富多彩的教育实践活动，以培养学生的综合素质和能力为着力点。

“二不”：尚德班的成员不脱离原班级活动，不搞特殊化。

“四自”：要求尚德班成员做到自我组织、自我管理、自我教育、自我评价。

三、班名班训

班名：尚德班。

班训：求真尚德，励志笃行。

四、成员招募

每年9月份，在新生中招募尚德班的成员。在新生的入学教育中，开设尚德班的相关教育内容，阐明实施此项育人工程的重要意义，全面做好动员工作。学工处积极组织，周密部署。全体新生本着自愿原则，凡有志于磨炼成才者均可以报名参加。10月下旬，举行尚德班的成立仪式。

五、组织机构

全院统称尚德班，按照每个年级设立大班；在年级大班的基础上，按照不同分院或专业设立小班；根据人数规模和活动需要，可将小班划分为若干小队。

六、指导方式

尚德班由校长任名誉班主任，并配备指导教师和班主任，学工处负责协调引导日常生活。为进一步规范并加强管理，学工处制定了《南昌交通学院尚德班管理规定》《南昌交通学院尚德班学生行为规范》，对尚德班同学提出了具体的要求，并将《实施方案》《管理规定》《学生行为规范》印制成《尚德班学生手册》，适时向尚德班学生发放。

七、实践内容

（一）意志力训练

1. 晨练：周一至周五早上6：30~7：00，在学工篮球场进行。晨练对学生养成按时作息的好习惯和培养良好的学风具有重要意义。

2. 晨读：周一至周五早上7：00~7：30，在指定教室集中进行晨读。学生通过晨读，生活习惯、品格、人生修养等得到明显的提升。

（二）学习能力训练

1. 开展尚德讲坛活动：聘请校内外专家围绕时事政治、社会热点、传统文化、国学经典、人文素质、个人修养等方面开展专题讲座；同时，深入挖掘全校学生中的先进典型，定期在尚德班开展模范事迹报告。尚德讲坛由学工处负责组织。

2. 学习、交流经验：每学期期末组织尚德班同学总结自己在专业学习和专业实践方面取得的成绩，交流经验，查找不足，并明确下一阶段的学习目标和努力方向。各小队需要认真填写会议记录表，以备存档。

3. 示范、引领、交流：组织尚德宣讲团到各专业班级开展交流活动，带动和引领广大青年学子。

（三）表达能力训练

1. 读书交流活动：积极开展励志读书活动，要求每人在大学期间阅读30~40本非本专业的励志类、学习实践类书籍或国学经典，每学年至少阅读10本。尚德班同学每月至少上交一篇读后感，定期举办读书心得交流活动和传统文化传承活动。

2. 专题讨论会：围绕当前时事政策、社会热点、传统文化和大学生成长成才普遍关注的问题展开讨论，并认真填写会议记录表格，以备存档。

（四）人格修养锻炼

1. 开展在图书馆、实验室、学生食堂等志愿服务；并利用节假日到社区、养老院、农村开展扶贫救济、敬老助残、校内外公益服务等各项公益奉献活动。要求达到班班有基地，人人有活动，使同学们真正参与到活动中，并在活动中增强服务意识，培育奉献精神。各班级需请接受服务单位在志愿服务情况表上对活动情况、学生表现等做出评价。

2. 开展艺术素养相关课程，通过音乐通识课程、书法、美术等实践活动，丰富学生的知识，提高学生的艺术鉴赏力，拓展学生的思维，最重要的是有利于学生在学习过程中建立良好的人际关系，有利于学生的心理健康，起到疏导、熏陶、激励的作用，从而培养学生的人格品质，如精神振奋、积极上进，创新、探索、高瞻远瞩，意志坚定、迎难而上，胸襟宽广、宽容大度，等等。

（五）社会实践能力训练

1. 学工处定期组织开展主题社会实践活动，如参观学习、社会调查、交流访谈等活动，使同学们更多地接触社会，了解国情、社情、民情，从而提高社会实践能力。

2. 各班可结合自己的专业特点和兴趣爱好，组织开展形式多样的社会实践活动。

（六）团队协作能力训练

1. 学工处定期组织尚德班学生进行素质拓展训练活动，培养其团队意识和合作精神。

2. 以班级为单位，组织开展有关培养团队意识的文体活动，在活动中加强班内成员的交流，促进团队凝聚力建设。

（七）就业创业能力训练（针对大三年级以上同学开展）

1. 专题讲座：聘请有关专家围绕职业生涯规划与设计、创业做专题讲座，邀请历届优秀毕业生回校交流求职创业经验和技巧。

2. 专题培训：围绕如何做好简历、写好自荐信及通过笔试等做专题培训，切实提高学生求职职能，帮助学生设计形象，充分展示自我，将学生的个人能力和用人单位的需求结合起来。

3. 模拟招聘面试现场：请用人单位到校指导，开展面对面演练和指导。

八、教育评价

（一）自我淘汰

自我淘汰，就是要求学生通过努力或自律达到我们设定的基本要求。自我淘汰的标准主要有三个方面：

1. 学习退步明显者自动淘汰。此条标准旨在引导学生努力学习，成绩优异。

2. 遵守《尚德班管理规定》，不与规定上的要求相违，各项活动中，一学期无故迟到或早退两次以上（含两次）或无故不参加尚德班集体活动一次的被淘汰。

3. 意志力不强，自我要求不高，坚持不下来的自动被淘汰。

（二）自我评价

在教育过程中，引导学生分阶段设定目标，让学生根据自身条件和基础逐步提高，循序渐进。由此，学生要进行经常性的自我评价，看自己是否达到既定的要求，是否和同学保持同步等，然后调整所设定的目标，以便更高效地提高自身综合素质。

（三）同学评价

同学评价主要是引导学生充分利用团队学习的优势，营造良好的学习氛围，让同学之间相互促进，在经常性的横向比较和剖析中不断进步。同学评价的形式主要包括如下几种形式：

1. 在教学活动中，进行小组评价。

2. 分阶段进行经常性的班内互评。

3. 以调查问卷、座谈会等形式，由原所在班级同学评价（请原所在班级同学对其参加尚德班后在班级发挥的示范作用进行评价）。

4. 每学年在学生间相互填写评价表格，并算出综合成绩，作为是否合格和淘汰的依据。

（四）教师评价

要求指导教师和班主任尽可能多地了解学生，为学生的个性化发展提出建设性意见和针对性指导。同时，教育学生注重教师的引导，主动征求指导教师有关自身发展和成长问题的解决策略。

（五）家长评价

家长评价主要是收集学生家长对学生表现的反馈意见。通过设计《尚德班学生家长意见反馈表》来征求学生家长的意见，在假期由学生将反馈意见表带回，家长填写评价意见后由学生在新学期返校时交予学校。

（六）社会评价

社会评价是在开设尚德班取得一定成效后开展的一项评价方式，包括校园周边群众、社区、养老院及上级有关部门和领导的评价，以及媒体的关注和获得的荣誉等方面。

第六章　我的大学管理

为维护学校正常的教学秩序和生活秩序，保障学生身心健康，促进学生德、智、体、美、劳全面发展，依据教育法、高等教育法及其他有关法律、法规，学校制定了一系列学生管理规章制度，具体见我校《学生手册》。这些管理规定都是我们在整个大学学习生活过程中需要去遵守和执行的。

目前，我校学生管理工作实行学院和分院两级管理模式。本章着重对《学生手册》中没有涉及但学生必须知道的一些学生管理规定，如注册、课程考核、学籍档案管理、学生证的管理与使用、奖励与处分等进行简单阐述。

第一节 入学与注册

一、入学

凡经学院按照招生规定录取的新生，持录取通知书和入学须知中规定的有关证件，按时到校办理入学手续。因故不能按时入学者，应以书面形式向学校请假，请假时间一般不得超过两周。未经请假超过两周不报到者，取消其入学资格。新生入学后，学校在3个月内按照招生规定进行复查。经注册后复查合格即取得学籍。复查不符合招生规定者，由学校区别情况，予以处理，直至劝其退学。新生体格复查发现患有疾病者，经医院证明短期治疗可达到健康标准的，由本人申请，分院、教务处审查，主管院长批准可准许保留入学资格一年，并自通知日起两周内离开学校回家治疗。保留入学资格的学生，必须在下学年开学前向学校申请入学，经县级以上医院证明，学校复查合格，方可重新办理入学手续，取得学籍。复查不合格或逾期不办理入学手续者，取消入学资格。保留入学资格的新生，不享受在校生待遇。

二、注册

每学期开学时，学生应按学院规定的时间，持本人学生证（新生持录取通知书）和应缴纳的费用，到财务处及分院办理缴费、入学和注册手续。学生证在加盖注册章后，方为有效。所有在籍学生必须在每学期开学后两周内凭财务处收费收据到所在分院注册，方可取得学籍。对故意拖欠学杂费的学生不得办理入学注册手续，对家庭经济困难的学生，经请示学院同意后，可酌情办理缓交学费及缓注册手续。

第二节 课程考核与成绩记载

课程（包括理论课、体育课与实践性环节）考核，分为考试与考查两种。所有学生均应参加由教育培养方案规定和学校统一安排的一切教学活动，并接受考核，考核成绩载入学生成绩册，并归入本人档案。

一、学生考试资格的审定

学生上课、实习、实验、军训等教学活动都应予以考勤。凡未请假，或请假未获批准造成缺勤者，一律视为旷课。学院将根据旷课学时数及其情节给予批评教育直至纪律处分。

以下三种情形之一者，取消考试资格，该课程总评成绩记为零分，须补考：

（1）旷课一次性达到某课程计划授课学时数五分之一及以上者；

（2）未完成某课程实验项目总量或未完成作业总量达到三分之一及以上者；

（3）因病、因事请假批准但达到某课程计划授课学时数二分之一及以上者。

二、课程考核方法的确定

课程考核分为考试和考查两种，根据不同的课程可采取不同的考核方法。课程成绩分为平时考核与课程结束考试两类。平时考核，包括课堂提问、书面作业、实验报告(不单独设置的实验)、阶段测验等方式，一方面可以让学生了解自己学习的不足之处；另一方面教师可以及时了解教学中的问题，有的放矢地改进教学。课程结束考试可采用闭卷笔试，开卷考试，开卷、闭卷考试相结合，口试，口试、笔试相结合，开卷、闭卷加实践操作等方式。学生体育课的成绩应当根据体育考试项目，并结合到课考勤、课内教学和课外锻炼活动的情况综合评定。

三、课程考试成绩的评定

课程考试成绩评定的规定为：要求阅卷教师做到公正合理，实事求是，不徇私情，不得随意加分或扣分，真实地反映学生的知识和实践操作能力水平。特别要重视学生在答卷中的独到见解及创新意识，严肃认真地执行成绩评定标准。实践性教学环节的考核，一般采用五级制，其他课程的考核均用百分制。百分制与五级记分制的换算关系为：优秀=95分，良好=85分，中等=75分，及格=65分，不及格=45分。采用合格、不合格两级制评判并记载成绩的，必要时可按“合格=80分，不合格=45分”转化为百分制记载成绩。

第三节 学生学籍档案管理

一、学生学籍档案概述

学生档案是指本校在学生管理活动中形成的，记录和反映学生个人经历、德才能绩、学习和工作表现的，以学生个人为单位集中保存起来以备查考的文字、表格及其他各种形式的历史记录。“学生学籍档案”主要包括学生报名登记表、学生学籍登记总表、学生奖惩材料等，是学生在校期间学习成绩、政治表现、学籍情况的重要文字依据。

二、学生学籍档案管理要点

新生入学报到注册后，学生将自带的高中档案上交辅导员，由辅导员统一上交学校图书馆档案室。各班辅导员要组织学生填写学生学籍登记表，每学期将学生相关情况填入学生登记表中。教务处在教务系统中将导入的学生信息生成学生基本学籍信息并建立电子学籍成绩档案。学生电子学籍成绩档案包括学生基本信息、在校期间学籍变更、奖惩情况及成绩记录等。教务处对每学期课程结束考试和补考结束后的成绩录入工作进行布置和检查，确保成绩录入工作的落实。毕业生最终学籍档案材料包括学生学籍登记表、毕业生登记表、学生奖惩材料、学籍成绩表、报到证副本、高中阶段档案及体检表等。

第四节 学生证的管理与使用

学生证是由学校签发给已获得学籍的学生的身份证明文件，用以证明学生在本校就读和证明学生身份。

一、学生证的发放

新生以班级为单位按《新生花名册》的内容，用黑色签字笔填写《学生证》后，交到分院，由分院集中到学工处办理领取手续。

二、学生证的使用与保管

（1）学生证是学生的身份证明，只限本人使用，不得转借、涂改。

（2）伪造学生证或利用他人学生证进行违纪、违法活动者，将按学校有关规定严肃处理。

（3）每学期开学时，学生须持本人学生证到所在分院办理报到手续，由辅导员将所带班级学生的学生证和缴纳学费的凭证一并收齐，并到分院加盖注册章，开学一个月内未盖注册章的学生证即视为该学生未取得学籍，学院按学籍管理规定视其为自动退学。

（4）参加考试和其他有关活动，必须持学生证以备检查。

（5）学生证要注意爱护，妥善保管，谨防丢失和损坏。

三、学生证的更换和补发

学生证补发流程如图6-1所示。

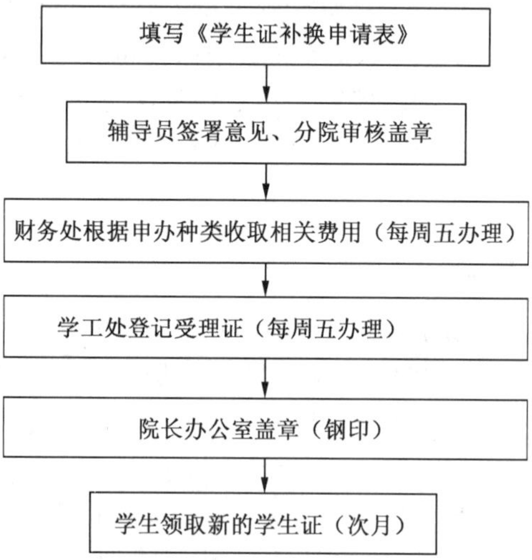

图6-1 学生证补发流程

第五节　奖励与处分

一、奖励的设置

为了奖励学生在校期间刻苦学习，奋发向上，德、智、体、美、劳全面发展，除了国家奖学金、国家励志奖学金外，学院还设立了优秀学生奖学金、考研奖学金、尚德奖学金、三好学生、优秀学生干部、优秀毕业生、单项奖等各级奖项。具体条件详见《学生手册》中《南昌交通学院国家奖学金管理实施细则》《南昌交通学院国家励志奖学金管理实施细则》《学生奖学金制度实施办法》《南昌交通学院考研奖学金评审暂行办法》《“三好学生”“优秀学生干部”“先进班集体”评选表彰办法》等。

二、处分的设置

处分是指对违反学校规定行为的学生视其情节轻重，给予劝告教育、通报批评或相应纪律处分。纪律处分的种类分为警告、严重警告、记过、留校察看、开除学籍。其中警告、严重警告、记过处分期为 6 个月，留校察看的期限一般为一年，从处分决定做出之日起算。学生在留校察看期间，如有显著悔改表现，可以提前解除留校察看处分；如果在留校察看期间继续违纪，给予开除学籍处分。具体详见《学生手册》中《南昌交通学院学生违纪处分管理规定》。

第七章　大学生之安全教育

近年来，在大学校园里，危及大学生生命、财产安全的事故时有发生，这给社会、学校及家庭造成了一定的不良影响。因此，加强对大学生的安全教育，深入开展平安校园建设，营造安全稳定和谐的校园环境，是大学生健康成长的必要条件，也是高校必须始终坚持的一项重要任务。

安全伴随着人类历史的全过程。人类从历史走来，又向未来走去，在现实生活中无时无刻不将安全作为生存的基础。安全是社会发展的前提，是人类个体发展的基本保障。在安全与避害方面，古代先哲们给我们留下了宝贵的精神和文化遗产。例如，“祸兮，福之所倚；福兮，祸之所伏”，“千丈之堤，以蝼蚁之穴溃；百尺之室，以突隙之烟焚”，“防微而杜渐，居安而思危”，“宜未雨而绸缪，毋临渴而掘井”，“小过不生，大罪不至”，等等，这些思想对于我们正确处理安全方面的问题仍有启示和借鉴意义。

近年来，随着经济社会的快速发展，校园安全形势出现了许多新情况，校园安全管理和教育面临着许多新矛盾和新挑战。加强高校学生的安全教育，不断增强大学生的安全意识和自我保护防范能力，显得十分迫切和必要。

第一节　财产安全

一、盗窃

盗窃，是指一种以非法占有为目的，秘密窃取国家、集体或他人财物的行为。它是一种最常见的，并为广大人民群众最为深恶痛绝的违法犯罪行为。盗窃案在高校发生的各类案件中占90%以上。

以作案主体进行分类，盗窃案可分为外盗、内盗和内外勾结盗窃三种类型。少数大学生对自己要求不严，人生观和价值观发生扭曲，法律意识淡薄，不顾家庭和自己的经济承受能力，追求时髦，盲目攀比，从而导致没有钱花就去偷窃，逐步走上了犯罪的道路。这是导致高校盗窃案件数不断上升的原因之一。

（一）高校盗窃案件的特点

一般盗窃案件都有以下共同点：实施盗窃前有预谋准备的窥测过程；盗窃现场通常遗留痕迹，如指纹、脚印、物证等；盗窃手段和方法常带有习惯性；有被盗窃的赃款、赃物可查。

由于客观场所和作案分子的特殊性，高校盗窃案件有以下特点：

（1）时间上的选择性。作案分子在有人的情况下是不会行窃的，他们往往选择在作案地点无人的空隙实施盗窃。例如，上课期间，同学们都去教室上课了，作案分子便会“光顾”宿舍；下课以后或节假日期间，实验室、办公室、财会室、计算机室通常均处于无人状态，作案分子便会乘隙而入。

（2）目标上的准确性。高校中内盗案件比较多。财会室、计算机室在什么位置，作案分子会掌握得一清二楚；哪个学生有钱或贵重物品，常放在什么地方，有没有锁在箱子中或柜子里，钥匙放在何处，作案分子也基本了解。不动手便罢，一旦动手，常会十拿九稳地得手。

（3）技术上的智能性。高校中盗窃案件的作案分子，一般以高学历、高智商的人为多，有的本身就是大学生。他们智商较高，盗窃技能高于一般盗窃作案人员。

（4）作案上的连续性。如上所述，正是由于作案分子比较“聪明”，所以其第一次作案很容易得手。“首战告捷”以后，作案分子往往产生侥幸心理，加之报案及破案的滞后，作案分子极易屡屡作案而形成一定的连续性。

（二）高校盗窃作案的行窃方式

（1）顺手牵羊。是指作案分子趁主人不备，将其放在桌上、床头、走廊、阳台等处的钱物窃取而占为己有。

（2）乘虚而入。是指作案分子趁主人不在，房门、抽屉未锁之机入室行窃。这类盗窃手段要比“顺手牵羊”者毒辣，其胃口也比“顺手牵羊”者更大，不管是现金、存折、信用卡还是贵重物品，只要看到，就会统统盗走。

（3）窗外钓鱼。是指作案分子用竹竿等工具在窗外将被害人的衣物钩走。有的作案分子甚至把纱窗弄坏，钩走被害人放在桌上、床上的衣物。因此，住在一楼或其他楼层靠近走廊、窗户的同学，如果缺乏警惕，很容易受害。

（4）翻窗入室。是指作案分子翻越没有牢固防范设施的窗户、气窗等入室行窃。入室窃得钱物后，常又堂而皇之地从大门离去，因此不易被发现。

（5）撬门扭锁。是指作案分子使用各种工具撬开门锁而入室行窃。

（6）用钥匙开锁。是指作案分子用学生随手放置的钥匙，趁学生不在宿舍时打开门锁、抽屉锁、箱子上的锁，从而盗走现金和贵重物品等。这类作案分子大都是与学生比较熟悉的人。

（三）防盗的基本方法

防盗的基本方法有人防、物防和技防三种。人防，是人力防范的简称，是利用人们自身的传感器（眼、手、耳等）进行探测，发现防害或破坏安全的目标，作出反应。利用声音警告、恐吓、设障、武器还击等手段来延迟或阻止危险的发生，在自身力量不足时发出求救信号，以期待作出进一步的反应，制止危险的发生或处理已发生的危险。物防，是实体防范的简称，主要作用在于推迟危险的发生，为“反应”提供足够的时间，现代的实体防范已经不是单纯的纯物质屏障的被动防范，而是采用高科技的手段，使实体屏障被破坏的可能性变小，增加延迟的时间，也使实体屏障本身增加探测和反应的功能，它是一种应用最为广泛的基础防护措施。技防，是技术防范的简称，是可以及时发现入侵、能够替代人员守护且不会疲劳和懈怠，可长时间处于戒备状态的更加隐蔽可靠的一种防范措施。它是人力防范和实体防范在技术手段上的补充和加强。日常生活中，常见的技防系统有：出入口控制防范系统、入侵报警防范系统、安全检查系统、视频防范系统、火灾报警系统、煤气报警系统、生物特征识别系统。对于大学生来说，最重要的是加强防范意识，努力保护好自己和同学的财物不受侵害。

学生在宿舍、教室、图书馆时，要注意做到以下几点：

（1）最后离开教室或宿舍的同学要关好窗户、锁好门，千万不要怕麻烦。要养成随手关窗、随手锁门的习惯，以防盗窃犯罪分子乘隙而入。

（2）不要留宿外来人员。如果违反学校学生宿舍管理规定，随便留宿不知底细的人，有时就等于引狼入室，后患无穷。

（3）发现形迹可疑的人应提高警惕、多加注意，做一个有心人。盗窃分子到教室或宿舍行窃时，见管理松懈、进出自由、房门大开，便来回走动、窥测张望、伺机行事，待摸清情况、瞅准机会后就撬门扭锁或明目张胆入室盗窃。遇到这种可疑人员，应主动上前询问，如果来人确有正当理由一般都能说清楚。如果来人说不出正当理由，又说不清学校的基本情况、疑点较多且神色慌张时，则需要进一步盘问，必要时可交值班人员处理。如果发现来人携有可能是作案工具或赃物等证据时，则必须立即报告值班人员和学院保卫处。

（4）积极参加教室和宿舍等部位的安全值班，协助学院保卫处做好安全防范工作。通过参加值班、巡逻等安全防范工作实践，不仅可以保护自己和他人财物的安全，而且可以增强安全防盗意识，锻炼和增长社会实践的才干。

（5）注意保管好自己的钥匙，包括教室、宿舍、箱包、抽屉等处的钥匙，不能随便借给他人或乱丢乱放，以防“不速之客”复制或伺机行窃。

（四）几种易盗物品的防范措施

（1）现金。最好的保管办法是将其存入银行。尤其是当数额较大时，更应及时存入银行。银行卡密码应选择容易记忆且又不易解密的数字，千万不要选用自己的出生日期做密码。这是因为，一旦存折丢失很容易被熟悉的人冒领。特别要注意的是，存折、信用卡等不要与自己的身份证、学生证等证件放在一起，更不应将密码写在纸上，与存折一起存放，以防被盗窃分子一起盗走后冒领。在银行存取款、输入密码时要注意周边安全。

（2）各类有价证卡。各类有价证卡最好的保管方法就是将其放在自己贴身的衣袋内，袋口应配有钮扣或拉链。密码一定要注意保密，不要告诉他人。如果参加体育锻炼等活动必须脱衣服时，应将各类有价证卡锁在自己的箱子里，并保管好自己的钥匙。

（3）自行车。自行车要安装防盗车锁，养成随停随锁的习惯。骑车去公共场所，最好将车停在存车处。如停放时间较长，最好加固防盗设施，如将车锁固定在物体上或将车放在室内。自行车一旦丢失，应立即到学院保卫处或当地派出所报案，并提供有效证件、证明及其他有关材料，以便及时查找。

（4）其他贵重物品。手提电脑、手机、金银饰品、随身听等，若较长时间不用，应该带回家中或托给可靠的人代为保管。暂不使用时，最好将其锁在抽屉或箱（柜）子里。寝室的门锁最好是能防撬的，门锁钥匙不要随便乱放或丢失；对易于翻越的窗户要加装防盗网。

（五）发生盗窃案件的应对办法

一旦发生盗窃案件，一定要冷静应对，并做到：

（1）立即报告学院保卫处或当地派出所，同时封锁和保护现场，不让其他人进入，也不要翻动现场的物品，这对公安人员准确分析、正确判断侦察范围和收集罪证，有十分重要的意义。

（2）发现嫌疑人，应立即组织同学进行堵截，力争捉拿。

（3）配合调查，实事求是地回答公安部门和保卫人员提出的问题，积极主动地提供线索，不得隐瞒情况不报。学院保卫处和公安机关有义务、有责任为提供情况的同学保密。

（4）如果发现银行卡被窃，应当尽快到银行挂失。

案例一：

某年夏天一个闷热的深夜，某高校男生宿舍房门敞开着。在凌晨3点半左右，一个黑影迅速窜进了宿舍，这时，睡在中间下铺的小李还未睡觉，正在收听收音机。看到黑影，小李屏住呼吸，不敢反抗，怕小偷带了刀具。于是，小李假装睡觉。大约过了五分钟，黑影溜走了。第二天，同学发现物品被盗，立即报告学校保卫部门。后来经同学们清点，发现小张的手机、一支派克牌钢笔被盗；小林挂在床边的裤子被盗，口袋里有一个钱包，内有现金、学生证、身份证等物品；小杨放在抽屉里的钱包也被盗了，内有现金、饭卡、银行卡等物品。被盗物品总价6 600多元。

案情反思：案件中的宿舍之所以被盗，主要存在以下几个问题。

（1）不关好门窗，给盗贼以可乘之机。因夏天天气闷热，在晚上睡觉时把门窗都打开，盗贼得以长驱直入。

（2）小李由于害怕而不敢反抗也是盗贼得逞的一个很重要的原因。事实上，在学生宿舍这种特殊的环境下，发动广大学生捉拿犯罪分子是比较容易的。另外，盗贼虽然敢偷东西，但内心是很脆弱的，若同学们能迅速组织起来，在宿舍内行窃的盗贼多半是跑不掉的。而小李却采取躲避的办法，假装睡觉而不敢大声呼叫，丧失了捉拿盗贼的时机。

（3）贵重物品随意乱放，造成更大的损失。从案件中可以看出，盗贼几分钟就轻而易举地盗得价值6 600多元的财物，其主要原因是同学对于贵重物品保管不善，比如小张的手机和派克牌钢笔没有入柜；小杨的钱包虽然放在抽屉内，却没有上锁；而小林更是将装钱包的裤子挂在床边；等等。所有这一切，都说明了他们缺乏必要的防盗意识，以致造成较大的损失。正确的办法是：将贵重物品入柜并上锁，这样不仅可避免和减少物品被盗，更可增加盗贼的作案难度和滞延他的作案时间，便于打击盗窃犯罪分子。

案例二：2018年9月以来，某高校保卫处陆续接到十多名女生手机被盗的报案，校园110加强了对案发地女生宿舍的布控，2019年3月23日早7时，女贼徐某落网。经审查，她是学校周边的无业人员，还在其他高校作案30余起。

案情反思：犯罪嫌疑人作案地点选择在女生宿舍，时间选择在早晨6时至7时30分之间。犯罪嫌疑人是年轻女性，进入女生宿舍具有很大的隐蔽性。而这段时间，正是学生起床早读、买早点、锻炼身体的时间，同学出去不锁门，其他同学还在睡觉，即使听到有人进来也不闻不问。犯罪嫌疑人正是利用了同学们的这一弱点，多次得手。

二、抢劫

抢劫，是指以非法占有为目的，以暴力胁迫或者其他方法将公私财物据为己有的一种犯罪行为。这类犯罪行为会侵害他人的人身权利，且容易转化为凶杀、伤害、强奸等恶性案件，比盗窃犯罪更具有社会危害性。

（一）高校抢劫案件的主要特征和手段

1. 时间的规律性

高校抢劫案一般发生在行人稀少、夜深人静及学校开学特别是新生入学时，具有一定的规律性。因为在行人稀少、夜深人静时，同学们往往孤立无援，而犯罪分子却人多势众，易于得手；学校开学时，同学们一般带有一定数量的现金，特别是新生入学时，有的新生及家长还带有较大数额的现金，为犯罪分子所垂涎。

2. 地点的隐蔽性

抢劫犯罪分子作案，一般选择校园内较为偏僻或校园周边地形复杂、人少及夜间无路灯的地段。因为这些地方犯罪分子比较容易隐藏，不易被人发现，得手后也容易逃脱。

3. 目标的选择性

犯罪分子抢劫的主要目标是穿着时髦、携带贵重财物、单身行走的大学生或在无人地带谈恋爱的大学生情侣等。

4. 人员的团伙性

为了抢劫财物这一共同目的，一些犯罪分子往往臭味相投，三五成群，结成团伙，共同实施抢劫。他们有明确的分工，有的充当诱饵，专门物色抢劫对象，有的专门充当打手，有的在抢劫前还进行了周密的预谋。

5. 手段的多样性

犯罪分子实施抢劫的手段通常有：抓住部分大学生胆小怕事的心理，对被侵害对象进行暴力威胁或言语恫吓，实施胁迫型抢劫；利用部分大学生的单纯幼稚，设计诱骗大学生上当，实施诱骗型抢劫；犯罪分子采用殴打、捆绑等行为实施暴力型抢劫；利用大学生热情好客等特点，冒充老乡或朋友，骗得大学生的信任，继而寻找机会，用药物将大学生麻醉，实施麻醉型抢劫；等等。

（二）高校抢劫案件的预防措施

预防抢劫案件的发生，要从思想上引起高度的重视，严格遵守学校制定的有关安全规定，并自觉落实到具体的行动中，不给犯罪分子以可乘之机。

1. 校纪校规要记牢

为确保学生们的安全，高校都有相应的纪律规定。例如，不得擅自在外租房，按时就寝，不得晚归，等等。但总有一部分学生喜欢打折扣，经常晚归或夜不归宿，这样就给犯罪分子作案提供了机会。

2. 外出结伴不独行

犯罪分子对大学生实施抢劫，被抢对象多为单行者。因此，为了保护自身安全，大学生外出务必结伴而行，晚上最好不外出。

3. 仪表风度不装酷

少数大学生喜欢刻意穿着打扮装酷，这样往往也给自己埋下祸根。

4. 携带现金不要多

现金是犯罪分子抢劫的最主要的目标，大学生常由于携带现金且保管不慎而易被抢劫，因此务必引起高度警惕和注意。一定要将多余的现金及时存入银行，学费最好通过银行汇兑，平时只带少量的零花钱。

5. 偏僻小道不能走

根据高校抢劫案的特点，大学生遭到抢劫多发生在比较偏僻、阴暗的地方。因而，为避免受到不法侵害，大学生应该选择校园内的大道行走，特别是在夜间，莫贪近路走一些偏僻小道。

6. 校外网吧要少进

大学生不要光顾校外网吧，因为一些不法分子在手头较紧时，往往对经常出入网吧的大学生实施抢劫或者敲诈勒索。这类案件在少数校园周围治安环境较差的地方也常有发生。

（三）遭遇抢劫、抢夺时的应对措施

（1）案发时要尽力反抗。只要具备反抗的能力或时机有利，就应发动进攻，以制服或使作案分子丧失继续作案的心理和能力。

（2）与作案分子尽量纠缠。可利用有利地形和身边的砖头、木棒等足以自卫的武器与作案分子形成僵持局面，使作案分子短时间内无法近身，以便引来援助者并对作案分子造成心理上的压力。

（3）实在无法与作案分子抗衡时，可以看准时机向有人、有灯光的地方或宿舍区奔跑。

（4）巧妙麻痹作案分子。当自己已处于作案分子的控制之下而无法反抗时，可按作案分子的要求交出部分财物，并采用语言反抗，理直气壮地对作案分子进行说服教育，晓以利害，从而造成作案分子心理上的恐慌。切不可一味地求饶，应当尽力保持镇定，与作案分子说笑斗口，采取默认方式表明自己交出全部财物并无反抗的意图，使作案分子放松警惕，以便自己看准时机进行反抗或逃脱其控制。

（5）采用间接反抗法。趁其不注意时在作案分子身上留下记号，如在其衣服上擦点泥土、血迹，在其口袋中装点有标记的小物件，在作案分子得逞后悄悄尾随其后注意逃跑去向，等等。

（6）注意观察作案分子，尽量准确记下其特征，如身高、年龄、体态、发型、衣着、语言、行为等特征。

（7）及时报案。作案分子得逞以后，很有可能继续寻找下一个抢劫目标，甚至在作案现场附近的商店和餐厅进行挥霍。所有高校一般都有较为严密的防范措施，能及时报案和准确描述作案分子特征，有利于有关部门及时组织力量布控，抓获作案分子。

（8）无论在什么情况下，遇到抢劫时只要有可能就要大声呼救，或故意高声与作案分子说话，以引起周围行人的注意

三、诈骗

诈骗，是指以非法占有为目的、用虚构事实或隐瞒真相的方法骗取款额较大的公私财物的行为。由于它一般不使用暴力，而是在一派平静甚至“愉快”的气氛下进行的，当事人往往容易上当。提防和惩治诈骗分子，需要大学生自身谨慎防范，认清诈骗分子的惯用伎俩，以防止上当受骗。

（一）诈骗作案的主要手段

1. 伪装身份，直接骗钱

案例三：诈骗分子李某，西装革履，风度翩翩，持某电视台台长名片，提高级摄像机一部，来到一所高校学生宿舍，声称要招收若干名电视台节目主持人，每人先交五十

元报名费，经考试合格录用。当即不少学生与李某结交，并有二十多名学生报名交款。李某为这二十多名学生录了像，说是带回去审核时做参考。结果，李某骗得 1 000 余元后，逃之夭夭。

2. 推销紧俏商品，以假钞骗真钞

案例四：不法分子张某和廖某探听到某高校刚发过奖学金，有意到女生宿舍行骗。她们带着紧俏的真皮背心去推销，优惠价 108 元，称交朋友，只收整数 100 元。行骗者事先就在衣兜里装好一张 100 元票面的假钞，买皮背心的女生付 100 元的真钞，行骗者接过去往衣兜里一插，马上又拿出来还给对方说："最好付零钱。"纯朴的学生万万想不到瞬间返还她的钱已经不是她刚才付的那张真钞了，又拿了两张 50 元的真钞付给对方。等得知上当时，行骗者已经走远了。

3. 假装销"黄"，乘机敲诈

案例五：某高校学生刘某和王某到夜市场闲逛。有一人拿着录像"光盘"鬼鬼祟祟地推销说："享受刺激，难得机会，有意者价格优惠。"这两个学生神魂颠倒，经不住诱惑。刚与其谈好价钱，就冲出一伙人说："我们是便衣，你们敢干违法的事，是当场罚款，还是到所里接受审查。"行骗者诈光学生身上的钱还不满足，又坐出租车到学校里拿钱，碰上校卫队巡逻盘问，才当场抓获。

4. 故意撞人，勒索钱财

案例六：某高校的三名学生在灯光耀眼的大街上散步，莫名其妙地有一名过路人撞了过来。那人拣起落在地上的眼镜说："你眼睛瞎了，我这副眼镜是进口镜片、进口镜架，一共 980 元。"刚想辩解，又走来一伙人，摆出一副公道的样子说："你们撞人不认账，还想打人，若不赔偿，我们要帮他摆平。"三位同学见势不妙，只得掏光身上的钱，还挨了一顿打。在回校的路上才明白，今晚遇到的是合伙作案的骗子和流氓。

5. 骗取信任，掩盖作案真相

案例七：某校附近个体小吃店店主张某，主动与校内几个经常来店进餐的学生拉关系，表现得十分慷慨，不久即与学生交上朋友。学生也常将张某带进学生宿舍玩乐。在以后一年多的时间里，学生宿舍的钱物经常不翼而飞，张某有时还主动资助同学。同学们之间互相猜疑，唯独对张某不曾怀疑。后经校保卫部门周密调查取证，终于查清张某利用往来自由之便多次盗窃学生大量现金、物品的事实。

6. 利用关系，寻机盗窃

案例八：诈骗分子王某在火车上遇一高校回家度假的学生杨某，故作热情大方，攀谈中，该生轻易道出了自己的全部身世及在校情况，并说出自己同班好友龙某假期留校的情况。王某随即下车、返身乘车来到学校找到龙某，声称自己是杨某最要好的"中学好友"，此次特意来找杨某，一同出去进行社会调查。龙某深信不疑，并热情地提供了食宿方便。第二天，学生宿舍内 8 个寝室一片狼藉。王某在盗得 300 余元现金及微型收录机、计算器各 1 部后不辞而别（后在途中被校保卫部门查获）。

7. 投其所好，引诱上钩

案例九：2020年10月9日下午，某高校一新生与另两名同学去市区超市买东西，后来与其他两人走散，走到一货架前，看见有一个钱包在地上，就去捡。这时有三个陌生人叫住他，说是同时看见钱包，要求四人平分，就将这个同学带到一僻静处，要求把四人身上的钱和手机及银行卡全拿出来放到一个大包里，并要求大家把自己的银行卡密码说出来。后让这位同学看着大包（在此期间装钱和手机及银行卡的大包已被另三人用相同的包调换），另三人分别找借口前后离开。李等了一个多小时不见人影，遂打开包，自己的800元、手机及银行卡均不见，后经查，卡里的19 000元钱已被人取走。

（二）如何防止电信诈骗

电信诈骗是指犯罪分子通过电话、网络和短信方式，编造虚假信息，设置骗局，对受害人实施远程、非接触式诈骗，诱使受害人给犯罪分子打款或转账的犯罪行为。说白了，就是犯罪分子通过各种电话或各种网络工具冒充各种角色编造各种理由骗人。

面对电信诈骗，防范措施主要有：

（1）不主动与对方联系，拨打所谓的咨询电话，这样只能使你一步步上钩。

（2）不过分依赖网络，遇到有人借款，要牢记“不决断晚交钱，睡一觉过一天，再找亲人谈一谈”。

（3）在诈骗过程中，犯罪分子往往会利用人的恐慌心理，制造紧张气氛，不停地变换角色，让你来不及分辨真假，并催促你办理。一旦发觉对方可能是骗子，马上停止汇款，防止损失扩大。

（4）马上举报，可拨打官网客服电话、向辅导员等有关部门进行求证或举报。

骗子无处不在，利用数不胜数的手段处处诈骗，千方百计，步步引诱，我们要时刻小心，防止诈骗，保护自己的财产利益。只要我们谨慎行事，捂紧口袋，正确判断，就能远离诈骗，远离骗子。

（三）如何防止打工被骗

每年寒暑假，许多同学会加入打工的行列，特提醒广大同学：打工切忌赚钱心切，上当受骗。打工上当受骗者不外乎存在以下几种情况：

1. 白忙一场型

一些学生被个人或流动服务的公司雇佣，讲好的是以月为单位领取工钱，但雇主往往找个借口拖延一下，拖到学生开学时，就消失得无影无踪。

2. 先付押金型

这类骗子通常发布招工广告，称有文秘、打印、公关等轻松、体面的工作，求职者只需交纳一定的保证金即可上班。但往往是学生付钱以后，招聘单位又推说职位暂时已满，要学生等候消息，接下来便石沉大海。

3. 临时苦工型

一些小公司特别是个体建筑承包者看准暑假大学生挣钱心切，故意将一些苦、脏、累、险的工作交给他们，又不与他们签订合同，一旦发生工伤等事故，打工的学生往往索赔无门、欲哭无泪。

4. 直销、传销型

学生本来以销售人员名义来应聘，但到公司应聘后却被连哄带骗，先买下一些货品，然后公司再让应聘者如法炮制去哄骗他人，并用高回扣做诱饵，一旦上当，学生往往白搭上一笔钱。

5. 模特、特种行业型

这类招工通常以开设模特或歌星、影星培训班为幌子，然后要学生化大价钱拍艺术照参加遴选，最后再找借口说应聘者条件欠缺而予以拒绝。也有的以娱乐场所特种行业的高薪来吸引求职者，有的甚至逼她们做色情交易。同学们到这些场所打工，往往容易误入歧途。

(四) 校园诈骗案件的防范

1. 提高防范意识，学会自我保护

社会环境千变万化，大学生必须尽快适应环境，学会自我保护。要积极参加学校组织的法制和安全防范教育活动，多了解、多掌握一些防范知识，对于自己有百利而无一害。在日常生活中，要做到不贪图便宜、不谋取私利。在提倡助人为乐、奉献爱心的同时，要提高警惕性，不轻信花言巧语。不要把自己的家庭地址等情况随便告诉陌生人，以免上当受骗。发现可疑人员要及时报告，上当受骗后更要及时报案、大胆揭发，使犯罪分子受到应有的法律制裁。

2. 交友要谨慎，避免以感情代替理智

如果只凭感情用事，一味“跟着感觉走”，往往容易上当受骗。交友最基本的原则有两条：一是择其善者而从之。真正的朋友应该建立在志同道合、高尚的道德情操基础之上，相互之间有真诚的感情交流，而不是简单的利益关系，要学会了解、理解和谅解；二是严格做到“四戒”，即戒交低级下流之辈，戒交挥金如土之流，戒交吃喝嫖赌之徒，戒交游手好闲之人。与人交往要区别对待，保持应有的理智。对于熟人或朋友介绍的人，要学会“听其言，察其色，辨其行”。尤其对于初相识的朋友，不要轻易“掏心窝子”，更不能言听计从、任其摆布利用。

3. 同学之间要相互沟通、相互帮助

在大学里，无论哪个系、哪个专业，班集体总是校园中一个最基本的组织形式。在这个集体中，大家向着同一个学习目标，生活和学习是统一的、同步的，同学间的友谊比什么都珍贵，同学间应该加强沟通、互相帮助。

4. 服从校园管理，自觉遵守校纪校规

为了加强校园管理，学校制定了一系列管理制度和规定。制度，是用来约束人们行为的，在执行过程中可能会给同学们带来一些不便，但是其却是必不可缺的。况且，绝大多数校园管理制度都是为控制闲杂人员和犯罪分子混入校园作案，以维护学生正当权益和校园秩序而制定的。因此，同学们一定要认真执行有关规定，自觉遵守校纪校规，积极支持有关部门履行管理职能。

第二节　消防安全

“贼偷偷一点，火烧烧一片”。从某种意义上讲，防火比防盗更为重要。大学校园里，火灾也是威胁师生安全的重要因素。据有关统计资料表明，大学里火灾比盗窃所造成的经济损失要高出数十倍。中华人民共和国成立以来，全日制高校中从未发生过火灾的寥寥无几。有的学校整座教学楼、试验楼、礼堂被烧毁，损失了许多珍贵的标本与图书，甚至还出现了严重的人员伤亡事故，严重影响了学校教学和科研活动的正常进行。

一、高校发生火灾的原因

（1）使用明火不慎，引起火灾。例如，违章点蜡烛、点蚊香、吸烟、使用液化气和焚烧垃圾等。

（2）违章用电、使用电器不当引发火灾。

（3）违反实验室操作规程引发火灾。

二、怎样预防火灾

防止火灾发生的关键是做好火灾的预防工作。广大师生要认真贯彻消防法规，自觉遵守消防安全管理规定，预防火灾的发生。

（1）学生宿舍防火。在宿舍，学生应自觉遵守宿舍安全管理规定，做到不乱拉乱接电线；不使用电炉、电热杯、热得快、电饭煲等电器；使用台灯、充电器、电脑等电器时要注意发热部位的散热；室内无人时，应关掉电器和电源开关；不在宿舍使用明火和焚烧物品。

（2）教室、实验室、教研室防火。在实验室、教研室做实验或工作时，一定要严格遵守各项安全管理规定、安全操作规程和有关制度。使用仪器设备前，应认真检查电源、管线、火源、辅助仪器设备等，使用完毕应认真进行清理，关闭电源、火源、气源、水源等，还应清除杂物和垃圾。尤其在使用易燃易爆危险品时，更要注意防火。

（3）体育馆、报告厅、计算机房、食堂防火。要遵守消防安全制度，做到不携带易燃易爆品，如汽油、酒精等；不吸烟，不随地丢弃烟头、火种；保持安全通道的畅通；等等。

（4）山林草坪防火。严禁到山林或草坪吸烟、玩火，一旦发现火苗，要及时扑救或拨打火警电话。

三、常见火情的处理方式

（1）电路着火：首先关闭电源开关，然后用干粉或气体灭火器、湿毛毯等将火扑火，切不可直接用水扑救。

（2）油锅着火：可直接盖上锅盖，使火焰窒息熄灭，切勿用水浇。

（3）煤气、液化气灶着火：首先关闭进气阀门，然后用湿布、湿围裙或湿毛毯压住火苗，并迅速移开气瓶、油瓶等易燃易爆物。

（4）衣服、织物及小家具着火：迅速将其拿到室外或卫生间等处用水浇灭，切记不要在家中乱扑乱打，以免引燃其他可燃物。

（5）固定家具着火：先用水扑救，如火势得不到控制，则利用消火栓放水扑救，同时迅速移开家具旁的可燃物。

（6）汽油、煤油、酒精等易燃物着火：切勿用水浇，只能用灭火器、细沙、湿毛毯等扑救。

（7）身上衣物着火：可就地打滚压灭身上火苗，千万不要奔跑。

（8）电线冒火花：不可盲目接近，以防发生触电事故，应先关闭电源总开关或通知供电部门，断电后再进行扑救。

（9）密闭房间内着火：扑救房间内火灾时不要急于开启门窗，以防新鲜空气进入后加大火势。

四、正确报警

《消防法》第三十二条明确规定：任何人发现火灾时，都应该立即报警。任何单位、个人都应当无偿为报警提供便利，不得阻拦报警。严禁谎报火警。所以一旦失火，要立即报警，报警越早，损失越小。报警时要牢记以下几点：

（1）要牢记火警电话“119”，消防队救火不收费。

（2）接通电话后要沉着冷静，向接警中心讲清失火单位的名称、地址、什么东西着火、火势大小及着火的范围。同时还要注意听清对方提出的问题，以便正确回答。

（3）将自己的电话号码和姓名告诉对方，以便联系。

（4）打完电话后，要立即到交叉路口等候消防车的到来，以便引导消防车迅速赶到火灾现场。

（5）迅速组织人员疏通消防车道，清除障碍物，使消防车到达火场后能立即进入最佳位置灭火救援。

（6）如果着火地区发生了新的变化，要及时报告消防队，使他们能及时改变灭火战术，取得最佳效果。

五、火场逃生常识

1. 熟悉环境，临危不乱

每个人对自己工作、学习或居住所在的建筑物的结构及逃生路径要做到了然于胸；当身处陌生环境，如入住酒店、进入商场购物、在娱乐场所活动时，为了自身安全，务必留心疏散通道、安全出口及楼梯方位等，以便在关键时刻能尽快逃离火场。

2. 保持镇静，明辨方向，迅速撤离

突遇火灾时，首先要强令自己保持镇静，千万不要盲目地跟随人流相互拥挤、乱冲乱撞。撤离时要注意朝明亮处或外面空旷地方跑，要尽量往楼层下面跑。若通道已被烟火封阻，则应背向烟火方向离开，通过阳台、窗台等通往室外的出口逃生。

3. 不入险地，不贪财物

在火场中，人的生命最重要，不要因害羞或顾及贵重物品，把宝贵的逃生时间浪费在穿衣服或寻找、搬运贵重物品上。已逃离火场的人，千万不要重返险地。

4. 简易防护，掩鼻匍匐

火场逃生时，经过充满烟雾的路线，可用毛巾、口罩蒙住口鼻，匍匐撤离，以防止烟雾中毒或窒息。另外，也可以向头部、身上浇冷水或用湿毛巾、湿棉被、湿毯子等将头、身裹好后，再冲出去。

5. 善用通道，莫入电梯

规范标准的建筑物，都会有两条以上的逃生楼梯、通道或安全出口。发生火灾时，要根据情况选择进入相对较为安全的楼梯、通道。除可利用楼梯外，还可在保证安全的前提下利用建筑物的阳台、窗台、屋顶等攀到周围的安全地带；也可沿着下水管、避雷线等建筑上的凸出物滑下楼脱险。千万要记住，高楼层着火时，不要乘坐电梯。

6. 避难场所，固守待援

假如用手摸房门已感到烫手，此时一旦开门，火焰与浓烟势必迎面扑来。此时，首先应关紧迎火的门窗，打开背火的门窗，用湿毛巾、湿布等塞住门缝，或用水浸湿棉被，蒙上门窗，然后不停用水淋透房间，防止烟火渗入，固守房间，等待救援人员到达。

7. 传送信号，寻求援助

被烟火围困时，尽量待在阳台、窗口等易于被人发现且能避免烟火近身的地方。在白天可向窗外晃动鲜艳的衣物等传递求救信号；在晚上，可用手机、手电筒等不停地在窗口闪动或敲击东西，及时发出有效求救信号。在被烟气窒息失去自救能力时，应努力滚到墙边或门边，这样既便于消防人员寻找、营救，也可防止房屋塌落时砸伤自己。

8. 火已及身，切勿惊跑

如果发现身上着了火，惊跑和用手拍打只会形成风势，加速氧气补充，使火势更旺。正确的做法是：赶紧设法脱掉衣服或就地打滚，压灭火苗。若能及时跳进水中或让人向身上浇水则更有效。

9. 缓降逃生，滑绳自救

高层、多层建筑发生火灾后，可迅速利用身边的绳索或用床单、窗帘、衣服等自制简易救生绳，并用水打湿后，从窗台或阳台沿绳滑到下面的楼层或地面逃生。在低楼层跳楼逃生还要注意选择有水池、软雨篷、草地等地方跳。如有可能，要尽量抱些棉被、沙发垫等松软物品或打开大雨伞跳下。跳楼虽可求生，但会对身体造成一定的伤害，所以要慎之又慎。

可将火灾紧急疏散逃生自救十要素归纳如下：

（1）熟悉环境，记清方位，明确路线，迅速撤离。

（2）通道不堵，出口不封，门不上锁，确保畅通。

（3）听从指挥，不拥不挤，相互照应，有序撤离。

（4）发生意外，呼唤他人，不拖时间，不贪财物。

（5）自我防护，低姿匍匐，湿巾捂鼻，防止毒气。

（6）直奔通道，顺序疏散，不入电梯，以防被关。

（7）保持镇静，就地取材，自制绳索，安全逃生。

（8）烟火封道，关紧门窗，湿布塞封，防烟侵入。
（9）火已烧身，切勿惊跑，就地打滚，压灭火苗。
（10）无法自逃，向外招呼，让人救援，脱离困境。

第三节 游泳安全

每到暑期，因天气炎热，许多大学生便结伴去游泳，有的甚至单独出行，但由于缺少安全防范意识，缺乏自救的设备，时常导致溺水事故的发生。因此，大学生需要掌握一定的游泳安全常识。

一、游泳注意事项

（一）忌饭前饭后游泳

空腹游泳会影响食欲和消化功能，也会在游泳中发生头昏乏力等意外情况；饱腹游泳也会影响消化功能，还会产生胃痉挛，甚至呕吐、腹痛现象。

（二）忌剧烈运动后游泳

剧烈运动后马上游泳，会使心脏加重负担；也会因体温急剧下降，减弱抵抗力，引起感冒、咽喉炎等。

（三）忌月经期游泳

女生月经期间游泳，病菌易进入子宫、输卵管等处，引起感染，导致月经不调、经量过多、经期延长等问题。

（四）忌在不熟悉的水域游泳

在天然水域游泳时，切忌贸然下水。凡周围和水下情况复杂的水域都不宜下水游泳，以免发生意外。

（五）忌长时间曝晒游泳

长时间曝晒会产生晒斑，或引起急性皮炎，亦称日光灼伤。为防止晒斑的发生，在野外安全水域游泳，上岸后最好用伞遮阳，或到有树阴的地方休息，或用浴巾在身上保护皮肤，或在身体裸露处涂防晒霜。

（六）忌不做准备活动即游泳

水温通常比体温低，因此，下水前必须做准备活动，否则易导致身体不适。

（七）忌游泳后马上进食

游泳后宜休息片刻再进食，否则会突然增加胃肠的负担，久之容易引起胃肠道疾病。

（八）忌游泳时间过久

皮肤对寒冷刺激一般有三个反应期。第一期，入水后，受冷水刺激，皮肤血管收缩，肤色苍白。第二期，在水中停留一定时间后，体表血流扩张，皮肤由苍白转呈浅红色，肤体由冷转暖。第三期，在水中停留过久，皮肤出现鸡皮疙瘩和寒颤现象。这是夏季游泳的禁忌，应及时出水。游泳持续时间一般不应超过 1.5~2 小时。

（九）忌有癫痫史者、高血压患者、心脏病患者、中耳炎患者、急性眼结膜炎患者、某些皮肤病患者游泳

有癫痫史的人，在发作时有一瞬间意识失控，如果在游泳中突然诱发，就难免发生意外；顽固性的高血压患者，药物难于控制，游泳有诱发中风的潜在危险，应绝对避免；先天性心脏病、严重冠心病、风湿性瓣膜病、较严重心律失常等患者，对游泳应“敬而远之”；不论是慢性中耳炎还是急性中耳炎患者，应避免游泳，因水进入发炎的中耳，等于“雪上加霜”，使病情加重，甚至可导致颅内感染等；急性眼结膜炎患者应避免到游泳池内游泳；对于各类型的癣和过敏性的皮肤病患者，游泳不仅会诱发荨麻疹、接触性皮炎，而且易加重病情。

（十）忌酒后游泳

酒后游泳，体内储备的葡萄糖被大量消耗，会出现低血糖。另外，酒精能抑制肝脏正常生理功能，妨碍体内葡萄糖转化及储备，从而发生意外。

（十一）忌忽视泳后卫生

泳后，应立即用软质干巾擦去身上水垢，滴上氯霉素或硼酸眼药水，擤出鼻腔分泌物。若耳部进水，可采用“同侧跳”将水排出。之后，再做几节放松体操及肢体按摩，或小憩15~20分钟，以避免肌群僵化和疲劳。

二、游泳意外事故应对

游泳既能降温消暑，又可以健身减肥，这项运动备受大众的青睐。不过，人们在尽情享受游泳带来愉悦的同时，也面临着不少健康与安全隐患。大部分游泳爱好者在水中都出现过身体不适的情况。以下是最常见的几种情况及应对办法。

（一）小腿抽筋

小腿抽筋也叫“腓肠肌痉挛”，主要是指脚心和腿肚抽筋。发作时不仅疼痛难忍，而且不能活动。出现小腿抽筋的主要原因是下水前的热身活动不足，还有一部分原因是身体缺钙或者缺乏运动。游泳时一旦发生小腿抽筋，务必保持镇静，因为惊慌可能导致呛水，致抽筋加剧。此时要深吸一口气，把头潜入水中，使背部浮上水面，两手抓住脚尖，用力向自身方向拉，同时双腿用力，可以反复几次。对于刚学会游泳或正在学习游泳的人，则应马上靠岸或靠近水线；如果情况危急，应大声呼救。

（二）头痛、恶心、呕吐

游泳时头痛，可能是由慢性鼻炎、呛水或身体寒冷、暂时性脑血管痉挛引起供血不足等造成的。这时，游泳者应迅速上岸，用大拇指在头顶百会穴、太阳穴及列缺穴按揉，然后用热毛巾敷头，再喝一杯热开水即可。鼻子呛进脏水，有时会恶心、呕吐。此时，游泳者应赶快上岸，用手指压中脘、内关穴；如果有人丹，也可以含上一粒。

（三）胸闷

下水后，水对人体的压力会变大，有些人特别是刚刚学习游泳的人可能会出现胸闷不适等现象。可以先上岸，多做几次深呼吸或者重新做一次热身运动。

（四）耳痛、耳鸣

耳痛、耳鸣多是由耳朵里灌进水或鼻子呛水引起的。此时要及时排水，方法有：深

呼吸，闭紧嘴，将腮帮鼓起，并将头歪向耳朵进水的一侧，用手拉住耳垂，用同侧腿进行单足跳；手心对准耳道，用手把耳朵堵严压紧，哪只耳朵进水就把头歪向哪边，然后迅速将手拨开，水即会被吸出；游泳结束后，要及时去除耳道内的积水，抹几滴醋或酒精，能防止耳朵因进水而受到损害。

（五）眼睛痒痛

游泳时眼睛痒痛可能是因水不洁净引起的。游泳时应佩戴合格的泳镜；上岸后，应马上用清洁的淡盐水冲洗眼睛，然后用氯霉素或红霉素药水点眼，临睡前最好再做一下热敷。

（六）头晕

游泳时出现头晕、脑胀的主要原因是游泳时间过长，血液聚集于下肢，脑缺血，机体能量消耗较大，身体过度疲劳造成的。此外，饭后1小时内游泳也会头晕，因为此时大脑缺氧，容易犯困、头晕。这时，游泳者应立即上岸休息，全身做好保温措施，并适当喝些淡糖水或盐水。

（七）腹痛、腹胀

刚吃过饭或空腹游泳时会出现腹痛、腹胀症状，这时游泳者应上岸仰卧，用拇指尖点压中脘穴、上脘穴或足三里穴，即可缓解。

三、溺水的应对办法

（一）清除口、鼻中杂物

游泳时如有人溺水，应将溺水者迅速救上岸，擦干其身体，清除口、鼻中的淤泥、杂草、泡沫和呕吐物，使上呼吸道保持畅通。如果发现溺水者喉部有阻塞物，则可将溺水者脸部转向下方，在其后背用力拍打，将阻塞物拍出气管。如果溺水者牙关紧闭，口难张开，救生者可在其身后，用两手拇指顶住溺水者的下颌关节用力前推，同时用两手食指和中指向下扳其下颌骨，将口掰开。

（二）空水

进行上述处理后，应着手将进入溺水者呼吸道、肺部和腹中的水排出。这一过程就是“空水”。常用的一种方法是，救生者一腿跪地，另一腿屈膝，将溺水者腹部搁在屈膝的腿上，然后一手扶住溺水者的头部使口朝下，另一手压溺水者的背部，使水排出。

（三）人工呼吸

人工呼吸是使溺水者恢复呼吸的关键步骤，应不失时机尽快施行，且不要轻易放弃努力，应坚持做到溺水者完全恢复正常呼吸为止。在实践中，有很多人是在做了数小时的人工呼吸后才复苏的。人工呼吸的节律约为15~20次/分。

（四）胸外心脏按摩法

将溺水者救上岸后，如发现溺水者的心跳已停或极其微弱，则应立即施行胸外心脏按摩。具体做法是：将溺水者仰卧平放地上，救生者骑跪在溺水者大腿两侧或其身旁，两手掌相叠，掌根按在溺水者胸骨下端（对儿童，只需用一个手掌），两臂伸直，身体前倾，借助身体的重量稳健地下压，压力集中在掌根，使溺水者胸骨下陷3~4厘米。然后，上体复原，迅速放松双手，但掌根不离位。如此有节奏地进行，每分钟60~80

次。下压时用力要均匀，不宜用力过猛，松手要快。胸外心脏按摩也需要耐心和毅力，有时需要数小时的不懈努力，才能使溺水者起死回生。

第四节　交通安全

随着科技的进步、经济的发展，现代交通运输日益发达，构成了水、陆、空地上地下的立体网络，人们的出行方式也日趋多元化，然而，这一现象的背后，也隐藏着不容忽视的一个重大问题——交通安全问题。道路交通事故已被称为“全球第一公害”。道路交通事故频发，给人们造成巨大的生命和财产损失，引起了世界各国的高度重视。专家指出，通过安全教育，提高自我保护能力，80%的意外伤害事故是可以避免的。因此，我国从 2012 年起，将每年的 12 月 2 日设立为“全国交通安全日”

交通安全是指不发生交通事故或少发生交通事故的主观条件，即指交通参与者要严格遵守交通法规，提高警惕，不因麻痹大意而发生交通事故。大学生交通安全是指大学生在校园内和校园外的道路行走、乘坐交通工具时的人身安全。只要有行人、车辆、道路这三个交通安全要素存在，就有交通安全问题，也许一个小小的意外就会造成严重后果，断送美好的前程，甚至生命。

学院分新、老两个校区，老校区横跨黄家湖东路，道路宽阔，人多、车多且车速较快，在公路上发生车祸的事件屡见不鲜。所以，大学生在校学习期间，要特别注意交通安全。

一、交通安全常识

1. 步行安全常识

步行外出时要注意行走在人行道内，在没有人行道的地方要遵守靠右通行的原则，并尽量靠边走。横穿马路时须走过街天桥或地下通道，没有过街天桥或地下通道的地方应走人行通道；在没划人行通道的地方横穿马路时要注意来往车辆，不要斜穿、猛跑；通过十字路口时，要听从交通警察的指挥并遵守交通信号；在设有护栏或隔离墩的道路上不得横穿马路。

2. 骑车安全常识

骑车外出的同学，出行前要先检查一下车辆的铃、闸、锁、牌是否齐全有效，在保证没有问题后方可上路。要在非机动车道内行驶，没有划分非机动车道的要靠右边行驶；通过路口时要严格遵守交通信号的指挥，停车不要越过停车线；不要绕过信号行驶；不要骑车逆行；不扶肩并行；不双手离把骑车；不攀扶其他车辆；不在便道上骑车；在横穿 4 条以上机动车道或中途车闸失效时，须下车推行；骑车转弯时要伸手示意，不要强行猛拐。

3. 驾车安全常识

凡有驾驶执照的大学生来到学校后，都应到保卫处综合科办理驾驶执照备案手续，综合科会提出安全要求，确定学习时间等。出车前一定要认真检查车辆，确认车辆无故障后方可出车；出车时还要带齐有关证件，行车中要随时注意标志牌，以防走错路线无故造成违章。另外，一定要切记酒后不能驾车。

4. 乘车安全常识

乘公车汽车时要先下后上，排队上车，不要乱拥乱挤，以免踩伤。只有等公共汽车停稳时才能上下车，不能抢车、扒车。乘车时不可将头或手伸出窗外，以免受到伤害。乘任何车均要系安全带。

二、校园内部交通安全应注意的问题

校园内部的交通不像社会上那样熙熙攘攘，但也有其特殊性，主要是：

（1）路面窄，转弯多，容易出事故。

（2）流量不均衡，有的地方流量小，有的地方流量大。

（3）时间上相对集中，开学以后、放假前夕、上下课时间或遇大型集会、文体活动，是交通秩序最为复杂的时期。

（4）与校外交往多，而校内的交通路线并不全为校外的驾驶员所熟悉。

（5）交通安全设施往往被人们忽视，交管人员缺乏。

因此，在大学校园也难免有交通事故的发生，大学生应该注意以下几个问题：

（1）切莫错误地认为校内无事，要树立交通安全观念，时时提高警惕。

（2）熟悉校内路线地形，记住易出事故地段。

（3）走路留神，见到各种车辆提前避让，防止那些认为“校内可以不讲交通规则”的人意外肇事。

（4）骑车、驾车要慢速行驶，复杂地段要缓缓而行。

三、交通遇险自救与互救办法

（一）事故自救常识

每个人都不愿意发生交通事故，可是，天有不测风云，人有旦夕祸福。那么，一旦发生交通事故该怎样处理呢？下面讲述十一种处置方法：

（1）车祸发生时，驾乘者应沉着冷静，保持清醒的头脑，千万不要惊慌失措。

（2）驾驶人要迅速辨明情况，按照“先救人、后顾车；先断电路，后断油路”的原则，把事故损失降到最低。

（3）发生翻车事故时，驾驶人应紧紧抓住方向盘，两脚勾住离合器踏板或油门踏板，尽量使身体固定，防止在驾驶室内翻滚、碰撞而导致伤害。如果驾驶室是敞开式的，翻车时驾驶人应尽量缩小身体往下躲，或者设法跳车。

乘客应迅速趴到座椅上，紧紧抓住前排座椅或扶杆、把手等固定物，低下头，利用前排座椅靠背或手臂保护头部；若遇翻车或坠车，应迅速蹲下身子，紧紧抓住前排座位的椅脚，身体尽量固定在两排座椅之间，随车翻转；车辆在行驶中发生事故时，乘客不要盲目跳车，应在车辆停下后再陆续撤离。

（4）万一人被抛出驾驶室或车厢，应迅速抱住头，并缩成球状就势翻滚，其目的是减小落地时的反作用力，减轻头部、胸部的损伤，同时尽量远离危险区域。

（5）当翻车已不可避免，需要跳车时，应用力蹬双脚，增大向外抛出的力量和距离，不能顺着翻车的方向跳车，以防跳出后又被车辆重新压上。

（6）在撞车事故中，巨大的撞击力常常对人造成重大伤害。为此，搭乘人员应紧握扶手或靠背，同时双脚稍微弯曲用力向前蹬，使撞击力尽量消耗在自己的手腕和腿弯之间，减缓身体向前冲的速度和力量。

（7）驾驶人在寻找自救方法的同时，要兼顾别人的安全及减少货物、财产的损失。

（8）在公路上发生车祸时，要注意保护好现场，及时救护伤员，尽快报警，争取得到交通警察的帮助，防止造成交通堵塞。

（9）在车祸中，如果人的头颅、胸部和腹部受到撞击或挤压，即便仅是隐隐作痛，也要警惕颅内和内脏出血，应及时到医院诊治，千万不可掉以轻心，不要执意回家，防止内出血突然加剧而导致死亡。

（10）车辆意外失火时，应破窗脱身打滚灭火。行车途中汽车突然起火，驾驶人应立即熄火、切断油路和电源，关闭百叶窗和点火开关后，设法组织车内人员迅速离开车体。若因车辆碰撞变形、车门无法打开，可从前后挡风玻璃或车窗处脱身。

（11）车辆落水时，先深呼吸再开车门。汽车翻进河里，若水较深，先不要急于打开车门和车窗玻璃，因为这时车门是难以打开的。此时，车厢内的氧气可供司机和乘客维持5~10分钟，应首先使头部保持在水面上，迅速用力推开车门或玻璃，同时深吸一口气，及时浮出水面。

（二）事故互救常识

由交通事故引发的死亡，往往不是由事故本身造成的，而是伤员得不到及时的救治或被不当救治造成的。假如大学生能了解一些抢救伤员的常识，在关键时刻，可能就能成为伤员的救护神：

（1）首先是设法拨打交通事故报警电话“122”或派人报告公安交通管理部门，告知出事的时间、地点、伤亡情况等；并设法通知紧急救护机构，请求派出救护车和救护人员。

（2）对于伤员，不必急于把他们从车上或车下往外拖，而应该首先检查伤员是否失去知觉，还有没有心跳和呼吸，有无大出血，有无明显的骨折；如果伤员已发生昏迷，可先松开他们的颈、胸、腰部的贴身衣服，将其头转向一侧并清除口鼻中的呕吐物、血液、污物等，以免引起窒息；如果心跳和呼吸都停止了，应该马上进行口对口人工呼吸和胸外心脏按压。

（3）如果有严重的外伤出血，可将头部放低，伤处抬高，并用干净的手帕、毛巾在伤口上直接压迫或把伤口边缘捏在一起止血。

（4）发生开放性骨折和严重畸形，可能由于伤员穿着衣服难以发现，因此不应急于搬动伤者或扶其站立，以免骨折断端移位，损伤周围血管和神经。如果伤员发生昏迷、瞳孔缩小或散大，甚至对光反映消失或迟钝，则应考虑有颅内损伤情况，必须立即送医院抢救。

（5）至于一般的伤员，可根据不同的伤情予以早期处理，让他们采取恰当的体位，耐心地等待有关部门前来处理。

第五节　网络安全

计算机系统的出现，是人类历史上相当重要的一次信息革命，它从1946年诞生至今，经历了科学计算、过程控制、数据加工、信息处理等应用发展过程，功能逐步完善，现已进入普及应用的阶段。网络技术的应用，使得在空间、时间上原先分散、独立的信息，形成庞大的信息资源系统。网络资源的共享，大大提高了信息系统中信息的有效使用价值。

在中国法律管辖的范围内，所有利用计算机信息系统及互联网从事活动的组织和个人，都不得进行相关的违法犯罪活动；否则，必将受到法律的制裁。

一、计算机网络安全的定义

计算机网络的应用已经对经济、文化教育与科学的发展产生了重要的影响，同时也不可避免地带来了一些新的社会、道德、政治与法律问题。计算机网络安全不仅包括组网的硬件、管理控制网络的软件，也包括共享的资源、快捷的网络服务，所以定义网络安全应考虑涵盖计算机网络所涉及的全部内容。

（一）计算机网络安全的概念

计算机网络安全是指“保护计算机网络系统中的硬件、软件和数据资源，不因偶然或恶意的原因遭到破坏、更改、泄露，使网络系统连续可靠地正常运行，网络服务正常有序”。

（二）计算机网络安全的主要威胁

影响计算机网络安全的因素很多，如外来黑客对网络系统的非法侵入、数据的非法修改和窃取等，归纳起来主要有以下4类不同的网络安全威胁。

1. 人为的恶意攻击

人为的恶意攻击是计算机网络面临的最大威胁。来自入侵者的外部威胁是真实存在的，但来自机构内部的损害则更隐蔽、更常见、破坏也更大。这是因为内部用户不但更容易进入系统，还知道最敏感或最重要的数据的存放位置。人为的恶意攻击又可以分为主动攻击、被动攻击两种形式。

2. 未经授权的访问

没有预先经过授权就使用网络或计算机资源，主要包括以下几种形式：假冒身份攻击、非法攻击、非法用户进入网络系统进行违法操作、合法用户以未授权方式进行操作等。

3. 信息泄露或丢失

敏感数据在有意或无意中被泄露出去或丢失，通常包括信息在传输中丢失或泄露。例如，“黑客”利用网络监听或搭线窃听方式截获机密信息。

4. 破坏数据完整性

以非法手段窃得对数据的使用权，删除、修改、插入或重发某些重要信息，以取得有益于攻击者的响应；或恶意添加、修改数据，以干扰用户的正常使用；等等。

二、避免沉溺网络

网络是信息的宝库，同时也是信息的垃圾场。学术信息、娱乐信息、经济信息及各种各样的黄色信息、暴力信息等混杂在一起，使网络成为信息的万花筒。网络信息的复杂性决定了网络中有一些危害人类身心健康的不良信息。

网络不良信息，是指以互联网形式传播的，违背社会主义精神文明建设要求和中华民族优良文化、传统与习惯及其他社会公德的各类信息，其形式包括文字、图片、音乐和视频等。

根据有关调查数据显示，当下的青少年，尤其是刚刚步入大学校园的大学生，接触的不良信息主要有暴力、色情、恐怖等内容，这占其接触所有不良信息的57%。此外，网络赌博、语音室骂聊现象也在未成年人中有蔓延之势。

（一）暴力内容

很多大型的网络游戏及相关网站都存在暴力的内容，这对大学生的健康成长产生了巨大的负面影响。在游戏当中，如果你杀了对方，作为一种奖励你就可以占有他的财产，未成熟的青少年如果大量地接触这类游戏和网站，就会对游戏中的暴力场面和暴力行为习以为常，觉得打人、杀人如家常便饭，不必大惊小怪，并且会形成一种只要打败、杀掉他人就会获得财产的错误思想。在现实生活中，如果遇到一些棘手的事情，青少年往往也不会冷静地思考，而会采取类似的暴力途径解决。

（二）色情内容

在网络上，一些人利用网络无国界、难以控制的特点，把黄色信息散布在世界的各个角落，以致有泛滥成灾的危险。在与网络色情内容有关的信息中经常出现性骚扰，对广大青年女性的身心健康造成了巨大损伤。淫秽色情信息给青少年带来了很多的“精神污染”，严重毒害青少年的身心健康，故有人称之为“电子海洛因”。现在，国家加大整治力度，每年查办此类案件1 000多起，关闭淫秽色情网站上万个，删除各类有害信息100余万条，进一步净化了网络空间。

（三）虚假信息

虚假广告、虚假新闻、虚假身份在整个网络空间中层出不穷，由于网络传播的特性，各种不真实信息在网络上大量出现。这让不少大学生产生一种错觉，认为可以随意在网上发布信息，不用负任何法律责任，于是用假名、说假话、不负责任地胡言乱语成了一种“时尚”。调查发现，76. 4%的被调查对象认为自己不会在网上公布真实的个人信息。

（四）网络赌博

近年来，网络赌博开始盛行，与赌博有关的网络游戏、网站大量出现，由于上网赌博下注相当方便，因而吸引了无数人参与，越来越多的人沉迷于网络赌博而不能自拔。我国的网吧大多设在大专院校和中小学校附近，未成年人经常通宵达旦进行网络赌博。大学生们由于缺乏资金，有些人通过盗窃、抢劫、诈骗等手段去获取，从而走上违法犯罪的道路。

（五）语音聊天、网络直播中的粗俗内容

网络聊天在很大程度上是匿名交流，这为一些不善于社交、性格内向的人提供了一种袒露个人隐私和宣泄情感的方式。据调查显示，语音聊天已经成为吸引未成年人上网的又一重要因素。走进网吧，也许你会看见这样一个场景：一名青少年戴着耳机、对着话筒泰然自若地叫骂，说着不堪入耳的脏话。这就是时下出现的聊天室骂聊现象。骂聊现象是对网络“解除抑制”功能的负面应用，严重污染了健康的网络文化环境。

网络直播是近年来十分流行的社交方式，受到网友尤其是年轻网民的青睐。有些网络直播平台贴上“裸聊”“以露博眼球”等标签，这些平台在为女性提供自我呈现和自我表达的同时，也让身体成了表达的主要载体。作为界面主体的女性身体则直接满足了部分受众在现实生活中敢想不敢为地对女性身体窥视的欲望。网络直播中，女性虽成了关注的主角，然而却是以负面的形象出现，严重污染了网络环境。

三、大学生必须遵守的法律规定

（1）遵守《中华人民共和国计算机信息系统安全保护条例》，禁止侵犯计算机软件著作权。

（2）任何组织或者个人不得利用计算机信息系统从事危害国家利益、集体利益和公民合法利益的活动，不得危害计算机信息系统的安全。

（3）进行国际联网，必须使用工业和信息化部国家公用电信网提供的国际出入口信道。任何单位和个人不得自行建立或者使用其他信道进行国际联网。

（4）从事国际联网业务的单位和个人，应当遵守国家有关法律、行政法规，严格执行安全保密制度，不得利用国际联网从事危害国家安全、泄露国家秘密等违法犯罪活动，不得制作、查阅、复制和传播妨碍社会治安的信息和淫秽色情等信息。若发现上述违法犯罪行为和有害信息，应及时向有关主管机关报告。

（5）任何组织或个人，不得利用计算机国际联网从事危害他人信息系统和网络安全，侵犯他人合法权益的活动。

（6）国际联网用户应当服从接入单位的管理，遵守用户守则；不得擅自进入未经许可的计算机系统，篡改他人信息；不得在网络上散发恶意信息，冒用他人名义发出信息，侵犯他人隐私；不得制造、传播计算机病毒及从事其他侵犯网络和他人合法权益的活动。

（7）任何单位和个人发现计算机信息系统泄密后，应及时采取补救措施，并按有关规定及时向上级报告。

知识链接

《计算机信息网络国际联网安全保护管理办法》第四条、第五条、第六条、第七条的规定如下：

第四条　任何单位和个人不得利用国际联网危害国家安全、泄露国家秘密，不得侵犯国家的、社会的、集体的利益和公民的合法权益，不得从事违法犯罪活动。

第五条　任何单位和个人不得利用国际联网制作、复制、查阅和传播下列信息：

（一）煽动抗拒、破坏宪法和法律、行政法规实施的；

（二）煽动颠覆国家政权，推翻社会主义制度的；

（三）煽动分裂国家、破坏国家统一的；

（四）煽动民族仇恨、民族歧视，破坏民族团结的；

（五）捏造或者歪曲事实，散布谣言，扰乱社会秩序的；

（六）宣扬封建迷信、淫秽、色情、赌博、暴力、凶杀、恐怖，教唆犯罪的；

（七）公然侮辱他人或者捏造事实诽谤他人的；

（八）损害国家机关信誉的；

（九）其他违反宪法和法律、行政法规的。

第六条　任何单位和个人不得从事下列危害计算机信息网络安全的活动：

（一）未经允许，进入计算机信息网络或者使用计算机信息网络资源的。

（二）未经允许，对计算机信息网络功能进行删除、修改或者增加的；

（三）未经允许，对计算机信息网络中存储、处理或者传输的数据和应用程序进行删除、修改或者增加的；

（四）故意制作、传播计算机病毒等破坏性程序的；

（五）其他危害计算机信息网络安全的。

第七条　用户的通信自由和通信秘密受法律保护。任何单位和个人不得违反法律规定，利用国际联网侵犯用户的通信自由和通信秘密。

四、保护计算机安全

（1）防止计算机病毒侵害电脑，要使用正版软件，不要使用盗版软件或来路不明的软件。从网络上下载免费软件要慎重，注意电子邮件的安全可靠性。不要自己制作或试验病毒。

（2）如果计算机接入互联网，经常进行网上冲浪，必须小心“黑客”的袭击。

（3）有了计算机，要选用正版杀毒软件，应选用可靠的、具有实时（在线）杀毒能力的软件。

（4）养成文件备份的好习惯。首先是系统软件的备份，重要的软件要多备份并进行写保护，有了系统软件备份就能迅速恢复被病毒破坏或因误操作被破坏的系统。其次是重要数据备份，不要以为硬盘是永不消失的保险数据库。

（5）要树立计算机安全观念，心理上要设防。网络虽好，可是安全问题丛生，网络陷阱密布，“黑客”伺机做案，病毒层出不穷。

五、防止“黑客”攻击的十种办法

（1）要使用正版防病毒软件，并且定期将其升级更新，这样可以防止“黑客”程序侵入你的电脑系统。

（2）如果你使用数字用户专线或电缆调制解调器连接因特网，就要安装防火墙软件，监视数据流动。要尽量选用最先进的防火墙软件。

（3）别按常规思维设置网络密码，要使用由数字、字母和汉字混排而成，令“黑客”难以破译的口令密码。另外，要经常性地变换自己的口令密码。

（4）对不同的网站和程序，要使用不同的口令密码，不要图省事使用统一密码，以防止被“黑客”破译后产生“多米诺骨牌”效应。

（5）对来路不明的电子邮件或亲友电子邮件的附件或邮件列表要保持警惕，不要一收到就马上打开。要首先用杀病毒软件查杀，确定无病毒和“黑客”程序后再打开。

（6）要尽量使用最新版本的互联网浏览器软件、电子邮件软件和其他相关软件。

（7）下载软件要去声誉好的专业网站，既安全又能保证较快速度，不要去资质不清楚的网站。

（8）不要轻易给别人的网站留下你的电子身份资料，不要允许电子商务企业随意储存你的信用卡资料。

（9）只向有安全保证的网站发送个人信用卡资料。

（10）要注意确认你要去的网站地址，注意输入的字母和标点符号的绝对正确，防止误入网上歧途，落入网络陷阱。

同学们，当你进入计算机网络世界时，要牢记：“黑”人之心不可有，防“黑”之心不可无。

第六节 防性骚扰

一般认为，只要是一方通过语言的或形体的有关性内容的侵犯或暗示，给另一方造成心理上的反感、压抑和恐慌的，都可构成性骚扰。性骚扰和性侵害的对象常以女性为多。因此，女大学生了解一些性侵害和性骚扰的基本情况，掌握一些基本对付方法，是很有必要的。

一、性骚扰侵害的主要形式

1. 暴力型性侵害

暴力型性侵害是指犯罪分子使用暴力和野蛮的手段，如携带凶器威胁、劫持女同学，或以暴力威胁加之言语恐吓，从而对女同学实施强奸、轮奸或调戏、猥亵等。暴力型性侵害的特点如下：

（1）手段残暴。当性犯罪者进行性侵害时，必然受到被害者的本能抵抗，所以很多性犯罪者往往要施行暴力且手段野蛮和凶残，以此来达到自己的犯罪目的。

（2）行为无耻。为达到侵害女大学生的目的，犯罪者往往会厚颜无耻地不择手段，任意摧残凌辱受害者。

（3）群体性。犯罪分子常采用群体性纠缠方式对女大学生进行性侵害。这是因为人多势众，容易制服被害人，还会使原来单个不敢作案的罪犯变得胆大妄为，这种形式危害极大。

（4）容易诱发其他犯罪。性犯罪的同时又常会诱发其他犯罪，如因争风吃醋，引发聚众斗殴，或为了逃避制裁，杀人灭口等。

2. 胁迫型性侵害

胁迫型性侵害是指利用自己的权势、地位、职务之便，对有求于自己的受害人加以利诱或威胁，从而强迫受害人与其发生非暴力型的性行为。其特点如下：

（1）利用职务之便或乘人之危而迫使受害人就范。

（2）设置圈套，引诱受害人上钩。

（3）利用过错或隐私要挟受害人。

3. 社交型性侵害

社交型性侵害是指在自己的生活圈子里发生的性侵害。与受害人约会的大多是熟人、同学、同乡，甚至是男朋友。社交型性侵害又被称为“熟人强奸”“社交性强奸”“沉默强奸”“酒后强奸”等。受害人身心受到伤害以后，往往出于各种考虑而不敢加以揭发。

4. 诱惑型性侵害

诱惑型性侵害是指利用受害人追求享乐、贪图钱财的心理，诱惑受害人而使其受到性侵害。

5. 滋扰型性侵害

其主要形式有：一是利用靠近女生的机会，有意识地接触女生的身体；二是向女生寻衅滋事，无理纠缠，用污言秽语进行挑逗，或者做出下流举动对女生进行调戏、侮辱，甚至可能发展成为集体轮奸。

二、容易遭受性骚扰、性侵害的时间和场所

（1）夏天是女大学生容易遭受性侵害的季节。夏天天气炎热，女生夜生活时间延长，外出机会增多。夏季校园内绿树成荫，罪犯作案后容易藏身或逃脱。同时，由于夏季气温比较高，女生衣着单薄，裸露部分较多，因而对异性的刺激增多。

（2）夜晚是女大学生容易遭受性侵害的时间。这是因为，夜间光线暗，犯罪分子作案时不容易被人发现。所以，女大学生应尽量减少夜间外出。

（3）公共场所和僻静处所是女生容易遭受性侵害的地方。这是因为教室、礼堂、舞池、溜冰场、游泳池、车站、影院、实验室等公共场所人多拥挤时，不法分子常乘机

袭击女生；公园假山，树林深处，夹道小巷，楼顶晒台，没有路灯的街道楼边，尚未交付使用的新建筑物内，下班后的电梯内，无人居住的小屋、陋室、茅棚等僻静之处，若女生单独行走、逗留，很容易遭受到流氓袭击。所以，女生最好不要单独行走或逗留在上述这些地方。

三、女生集体宿舍安全须知

（1）经常进行安全检查。若发现门窗损坏，及时报告学校有关部门修理。

（2）就寝前要关好门窗，在天热时也不能例外，防止犯罪分子趁自己熟睡时作案。

（3）夜间上厕所时要格外小心。如厕所照明设备损坏，应带上手电筒，上厕所前应仔细查看一下。

（4）夜间如有人敲门问讯，要问清是谁再开门。如发现有人想撬门砸窗闯进来，全寝室同学要一起呼救，并准备可供搏斗的东西，做好齐心协力反抗的准备。

（5）周末或节假日，其他同学回家，最好不要独自一人住宿。回宿舍就寝时，要留心门窗是否敞开，防止犯罪分子潜伏伺机作案。如遇异常情况，可请一、两位同学同时进去，以确保安全。

（6）无论是一人还是多人在宿舍，当犯罪分子来侵害时，保持冷静，做到临危不惧，遇事而不乱。一方面呼救，一方面与犯罪分子做坚决斗争。

四、女生夜间行路如何注意安全

（1）保持警惕。如果在校园内行走，要走灯光明亮、来往行人较多的大道。对于路边黑暗处要有戒备，最好结伴而行，不要单独行走。如果走校外陌生道路，要选择有路灯和行人较多的路线。

（2）陌生男人问路，不要带路。向陌生男人问路，不要让对方带路。

（3）不要穿过分暴露的衣衫和裙子，不要穿行动不便的高跟鞋。

（4）不要搭乘陌生人的机动车、人力车或自行车，防止落入坏人的圈套。

（5）遇到不怀好意的男人挑逗，要及时斥责，表现出自己应有的自信与刚强。如果碰上坏人，首先要高声呼救，即使四周无人，切莫紧张，要保持冷静，利用随身携带的物品，或就地取材进行有效反抗，还可采取周旋、拖延时间的办法等待救援。

（6）一旦不幸受到侵害，不要丧失信心，要振作精神，鼓起勇气同犯罪分子做斗争。要尽量记住犯罪分子的外貌特征，如身高、相貌、体型、口音、服饰及特殊标记等。要及时向公安机关报告，并提供证据和线索，协助公安部门侦查破案。

五、怎样摆脱异性的纠缠

大学生中的异性纠缠主要是恋爱中的异性纠缠。这种纠缠来自两个方面：一是单恋者的纠缠，一方有情，另一方无意，有情者积极进攻，穷追不舍。如某大学生追求一同班女同学，遭到拒绝，竟不顾影响，在众目睽睽之下，跪在女同学面前求爱。二是原来有恋爱关系，因为某种原因，一方提出终止恋爱关系，另一方无法接受，因而苦苦纠缠。

为摆脱恋爱中的异性纠缠，应做到：

1. 态度明朗

如果你并无谈恋爱的打算，对于那种单恋的追求者，你应该明确拒绝。如果是正在恋爱中或曾经恋爱过的对象，你要冷静地考虑一下有无重归于好的希望，如果没有，也要明确告诉对方，让对方打消念头。态度暧昧，模棱两可，给对方以幻想，会给自己带来更多的麻烦。

2. 遵守恋爱道德，讲究文明礼貌

在拒绝对方的要求时，要讲明道理，耐心说服。要尊重对方人格，不可嘲笑挖苦，更不能在别人面前揭露对方隐私。例如，不要公开对方追求你的情书，不要谈论对方曾经对你有过某种非礼行为，等等。如果中断恋爱关系，自己有责任的，也应主动承担责任，表示歉意。

3. 要正常相处，但要节制往来

恋爱不成，但仍是好同学、好朋友，不可结怨，更不可成为仇人、敌人。在交往中，最好有节制，不要经常往来，让对方尽快消除由于失恋所造成的心理上的伤害。

4. 遇到困难，要依靠组织

在你认为向对方做了工作以后，效果不大，仍制止不了对方的纠缠，或者发现对方可能采取报复行为，要及时向老师汇报，依靠学校妥善处理，防止发生意外事件。

5. 女生要自爱自重

女生作风上要稳重，生活上要俭朴，不要刻意追求打扮，不要在和男生交往中占小便宜。要大方得体，不要随意向异性撒娇，流露出对异性的好感，以免异性有非分之想。

六、怎样处理好恋爱纠纷

正确处理好大学生中的恋爱纠纷，对于安定大学生生活，帮助大学生创造良好的学习环境，预防和减少刑事、治安案件的发生都具有重要意义。对此问题，应注意以下几点：

（1）处理恋爱纠纷，应当以双方当事人协商处理为主。

（2）要有诚意。不管恋爱结局如何，都要有解决问题的诚意。只有这样，才能在协商调解中冲破障碍，求同存异，妥善解决争端问题。

（3）严以律己，宽以待人。恋爱纠纷双方多做自我批评，防止加剧感情裂痕，铸成难以收拾的僵局。

（4）中断恋爱关系，要持慎重态度。在感情好的时候，要看到对方的短处；在产生感情裂痕的时候，要想到对方的长处。要珍惜已经建立的爱情，不要人为地制造和加大裂痕。在双方感情矛盾中，有过错一方要主动承认错误，以取得对方的谅解。如果确无和好可能，或者一方坚持中断恋爱关系，也要面对现实，为了今后的长久幸福，果断地中断恋爱关系。

（5）对于已中断恋爱关系的，要处理好善后事宜。

七、性骚扰、性侵害的防范

1. 筑起思想防线，提高识别能力

女大学生特别应当消除贪图小便宜的心理。对异性的馈赠和邀请应婉言拒绝，以免因小失大。谨慎待人处事。对于不相识的异性，不要随便说出自己的真实情况，对自己特别热情的异性，不管是否相识都要倍加注意。一旦发现某异性对自己不怀好意，甚至动手动脚或有越轨行为，一定要严厉拒绝、大胆反抗，并及时向学校有关领导和保卫部门报告，以便及时加以制止。

2. 行为端正，态度明朗

如果自己行为端正，坏人便无机可乘。如果自己态度明朗，对方则会打消念头，不再有任何企图。若自己态度暧昧，模棱两可，对方就会增加幻想。在拒绝对方的要求时，要讲明道理，耐心说服，不要嘲笑挖苦。中止恋爱关系后，若对方仍然是同学，不能结怨成仇人，在节制不必要往来的同时仍可保持一般正常往来关系。参加社交活动与男性单独交往时，要理智地、有节制地把握好自己，尤其应注意不能过量饮酒。

3. 学会用法律保护自己

对于那些失去理智、纠缠不清的无赖或违法犯罪分子，女大学生千万不要惧怕他们的要挟和讹诈，也不要怕他们打击报复。要大胆揭发其阴谋或罪行，及时向老师报告，学会依靠学校并运用法律武器保护自己。千万不能“私了”，因为“私了”的结果常会使犯罪分子得寸进尺，没完没了。

第八章　大学生之诚信、感恩、廉洁和励志教育

为让每个大学生树立正确的世界观、人生观和价值观，增强责任心和使命感，激发学习的积极性和创造性，养成良好的道德品质和文明的行为习惯，促进全面发展，实现学校人才培养目标，我们特地编写了有关大学生诚信教育、感恩教育、廉洁教育和励志教育的内容，希望对大家有所帮助。

第一节 诚信教育

一、诚信的内涵及重要性

诚信是中华民族的传统美德，同时也是处理个人与个人、个人与社会之间相互关系的一项基本准则。

（一）诚信的内涵

诚信是立人之本、成事之基。加强大学生诚信教育，应首先弄清大学生诚信教育的真正内涵。

“诚”是儒家为人之道的中心思想。宋代理学家朱熹认为：“诚者，真实无妄之谓。”程颐认为：“实之谓信。”“诚”主要从天道而言，“信”主要从人道而言。故孟子曰：“诚者，天之道也；思诚者，人之道也。”“诚”本自然固有之。效法天道，追求诚信，这是做人的道理、规律。二者在哲学上虽有区别，但从道德角度看，“诚”与“信”则是同义等值的概念，故许慎在《说文解字》中云：“诚，信也。”“信，诚也。”基本含义都是诚实无欺，信守诺言，言行相符，表里如一，这是做人的基本要求。

（二）诚信的重要性

诚信的重要性主要体现在以下几个方面。

1. 诚信是立人之本

子曰：“人而无信，不知其可。”人若不讲信用，在社会上就无立足之地，什么事情也做不成。

2. 诚信是齐家之道

唐代著名大臣魏徵说：“夫妇有恩矣，不诚则离。”只要夫妻、父子和兄弟之间以诚相待，诚实守信，就能和睦相处，达到家和万事兴的目的。若家人彼此缺乏忠诚，互不信任，家庭便会逐渐崩溃。

3. 诚信是交友之基

只有“与朋友交，言而有信”，才能达到“朋友信之”、推心置腹、无私帮助的目的。

4. 诚信是为政之法

《左传》云：“信，国之宝也。”孔子认为，“民无信不立”。历代统治者必须“取信于民”，正如王安石所言：“自古驱民在信诚，一言为重百金轻。”

5. 诚信是经商之魂

诚信更是各种商业活动的最佳竞争手段，是市场经济的灵魂，是企业家的一张真正的“金质名片”。

6. 诚信是心灵良药

古语云：“反身而诚，乐莫大焉。”只有做到真诚无伪，才可使内心无愧，坦然宁静，给人带来最大的精神快乐，诚信是人们安慰心灵的良药。

综观而言，诚信对于自我修养、齐家、交友、经商乃至为政，都是一种不可缺少的美德，可见诚信在人类社会中是非常重要的。

现代意义上的诚信主张的是人格的独立与平等，要求用“契约关系”代替“人身依附”，注重对承诺、协议、契约的遵守和兑现。诚信更强调法治的要求，更多体现为一种外部约束机制，具有强制性和普适性，即人们在行为时首先应遵守法律、法规，履行契约，否则会受到法律的制裁。

（三）大学生诚信教育的重要性

大学生诚信教育，涉及面广，内容繁多，具体来说，包括大学生的遵纪守法、大学生的网络诚信教育、大学生学风建设中的诚信教育、大学生择业中的诚信教育等。

当代大学生是未来我国社会主义现代化建设的中坚力量，是社会主义事业的接班人。大学生诚信素质的如何直接关系到我国经济建设和社会发展的进程。

公民道德建设需要我们加强大学生的诚信教育。大学生是一个普通的社会公民，应该具备一个公民最基本的道德品质。可以说，诚实守信是每一个公民做人立世的根本准则。

市场经济要求我们必须加强大学生的诚信教育。社会主义市场经济是合同经济、法治经济，这就要求作为市场经济的主体必须具备诚实守信的良好品质。在市场经济中，必须要求双方在恪守诚信的原则上行使权利，保障彼此利益的实现。

二、大学生诚信缺失的表现及原因

（一）大学生诚信缺失的表现

从总体情况来看，我国大学生的诚信品质是好的，绝大多数大学生真诚善良、言而有信。但是近年来，部分大学生诚信度有恶化趋势，其诚信缺失行为具体可归纳为以下几点。

1. 学习不诚信是当前大学生不诚信行为最突出的表现

对大学生来说，学习上的诚信缺失是最致命的，它不仅影响大学生自身的学习成绩和发展前途，而且会影响一代人的综合素质，进而影响社会和经济的发展。学习上的诚信缺失主要表现在以下几点。

（1）考试作弊。一些学生对学习不够重视，把大学校园作为轻松、潇洒的乐土，平时把学习和学业置之脑后。一到考试时急得团团转，此时就萌生了作弊的念头。考试作弊的手段也越来越高明，从偷看书本、传递纸条、交头接耳等传统手段发展到了用手机等现代化工具。更有甚者，学生在考试时雇用“枪手”。

（2）抄袭、买卖论文。有些学生在写论文时，图“省时”“省心”，剽窃他人成果，或从网络下载，或借阅图书抄袭文章等。更有甚者在网上发布求购信息，购买毕业论文。

（3）抄袭作业，伪造实验数据。部分同学为了应付老师布置的书面作业和实验作业，不想花太多时间去完成，便抄袭同学的书面作业，在实验过程中伪造实验数据，实验结束后实验报告也敷衍了事地完成。

2. 精神上的不诚信是大学生诚信行为失范的一个重要方面

对大学生来说，精神上的不诚信往往很容易被人忽视，但是一旦出现不诚信，不但会影响自己，还会给他人造成不好的影响。

（1）缺乏理想抱负，捞取政治资本。有些大学生在三好学生评选、奖学金评定、入党、学生干部竞选等方面，不是去实实在在地拼搏争取，而是弄虚作假、投机取巧或编造事实，为达个人目的不择手段。

（2）恋爱动机不纯。大学生谈恋爱较为普遍，但是不少大学生恋爱动机不纯，对待恋爱不够严肃，呈现出明显的非责任化趋向，有相当一部分学生缺乏法律意识和道德修养，把恋爱看成是一种游戏，仅仅是玩玩而已，甚至谈多角恋爱。

3. 经济不诚信是大学生诚信行为失范的又一个重要方面

大学生在经济生活方面的诚信缺失主要表现为恶意拖欠国家助学贷款和恶意拖欠、逃缴学费两个方面。

（1）恶意拖欠国家助学贷款。国家助学贷款制度确实解决了部分家庭经济困难学生的学费问题，但有些学生伪造困难证明，以骗取贷款从事炒股或投资经商等；有些贫困生将获得的贷款用于吃喝玩乐，大肆消费；有些大学生毕业后不能按时缴还利息及本金，甚至有恶意逃款倾向。这些失信行为影响了大学生的信誉形象，同时也为高校德育中的诚信教育敲响了警钟。

（2）恶意拖欠、逃缴学费。有些大学生没有将父母给的学费上缴学校，而是用于吃喝玩乐，然后向老师诉苦，请求帮助。

4. 就业过程中的不诚信是大学生诚信行为失范的重要表现

近年来，大学生就业竞争日趋激烈，求职过程中出现了虚假包装。求职就业过程中的诚信缺失主要表现在以下两点。

（1）在制作简历和面试中弄虚作假。大学生就业压力越来越大，为了提高自己的竞争力，一些大学生弄虚作假，伪造英语四六级证书、计算机等级考试证书及各种获奖证书，编造“三好学生”“优秀学生干部”的履历，极力夸大自己的筹码，不择手段地抬高自己，想以此来获得晋升立业的机会。

（2）违约现象普遍存在。在激烈的就业、择业中，大学生违约率也呈逐年上升趋势，签订就业协议后不履约让用人单位伤透了脑筋。他们有的脚踏“考研”“就业”两只船，一旦考研成功就会不辞而别；也有的大学生这山望着那山高，一旦找到好的工作就会“人往高处走”。种种毁约行为不仅会打乱用人单位的工作计划，同时也增加了用人单位的劳动量。

5. 网络世界中的不诚信是大学生诚信行为失范的一种新的表现形式

互联网作为一种新的信息传播媒介，已成为广大大学生学习、生活中不可或缺的工具。在网络这个虚拟的世界里，由于交往时人们行为的符号化，传统道德关于诚信的制约机制被弱化了，部分大学生放松了自我约束。

（二）大学生诚信缺失的原因

大学生诚信缺失的表现多种多样，关键是要分清是什么原因导致了大学生的不诚信。

1. 社会大环境是诱发大学生诚信缺失的外部原因

在社会主义市场经济转轨时期，整个社会的信用评价体系尚未完全建立，道德价值的迷失、市场经济的负面效应、网络文化的失范等社会环境因素，导致部分大学生诚信意识缺失。

（1）传统道德价值的迷失对诚信道德的根基提出了挑战。在继承与弘扬优秀传统文化方面出现了一些遗憾，没有很好地继承和发扬传统文化中的精髓，优秀文化的道德教化作用在部分大学生身上缺位。

（2）市场经济的负面效应对大学生诚信意识的树立产生了冲击。市场经济作为一种以市场竞争为核心的经济，其本质是追求资源的合理配置，所遵循的根本法则是诚信原则，但是由于体制不够健全，诚信保障机制还未建立，市场经济的趋利性和利益原则导致了拜金主义、功利主义、个人主义思想的滋长，淡化了部分人的社会责任感，导致失信行为大量出现。

（3）网络文化的失范对诚信价值的认可造成了阻碍。大学生在网上作为虚拟的个体可以在没有时空限制、没有权威约束的范围内自由自在地发布和接收信息，黄色信息、虚假信息、欺诈信息等泛滥，这些均阻碍大学生对诚信价值的认可。

2. 家庭教育的缺陷是造成大学生诚信缺失的重要原因

家庭是人们接受道德教育的摇篮，家庭教育对一个人的成长有着潜在性、长远性的巨大影响。在中国传统教育中，家长往往只注重对子女的智力教育，而忽视了对孩子的德育，家长往往关心孩子的成绩和日常生活起居，忽视了对孩子诚信等道德品质的教育、培养和引导，也就忽视了对孩子的诚信监督，这也影响了学校开展诚信道德教育的效果。

此外，有研究表明，经常说谎的孩子往往出自经常说谎的家庭。在家庭环境中，家长的言行举止对孩子有着潜移默化的影响。现实生活中，一些家长表现出了表里不一或自身不诚信、轻视诚信的行为，而这些不良影响在与孩子的长期生活中对他们产生了巨大的负面影响。

3. 学校教育的偏颇是造成大学生诚信缺失的内部原因

学校教育的失衡导致在教育管理方面产生了负面影响，包括学校、教师、思想政治教育等多个方面，这些也容易引发大学生的诚信缺失。一些学校不诚信行为及部分教师道德失范的影响，给大学生塑造了极坏的学习榜样，影响到学生诚信品质的塑造。学校思想政治教育尤其是诚信教育方式、方法和效果都存在一定的问题。

4. 大学生自身素质的缺陷是导致诚信缺失的主要原因

大学生作为一个特殊的群体，由于其自身具有的特点，如年龄小及经验欠缺，自身素质存在某些缺陷等，是导致诚信缺失的主要原因。

（1）自律意识较差，反思能力缺失。当代大学生涉世不深，很多学生都是到了大学才开始独立生活、独立处世，社会生活经历比较简单，基本是学校—家庭两点一线的生活，道德心理不成熟，缺乏理性思辨和分析、选择的能力，缺乏对个人与社会、现实与未来、社会的光明与黑暗之间关系的全面认识，缺乏对失信危害性的认识。

（2）责任意识淡薄。当代大学生是伴随着国家改革开放、市场经济体制的建立而成长起来的，他们具有强烈的市场意识、竞争意识和自主意识等，在这个年代出生的大学生普遍缺乏吃苦耐劳、艰苦奋斗的精神，自私自利，责任意识淡薄。多数大学生懂得诚信是一个人应具备的良好品质，内心是认同的，但是关系到个人利益或安危时，“诚信”在他们眼中就变得不那么重要了，因而放松了对自己的要求，知行背离。

此外，我国到目前为止还没有形成一个完善的信用评估体系和失信惩罚机制，尚未建立起信用保障体系，人们的失信行为得不到惩罚，诚信者的利益得不到有效保障，这在很大程度上纵容了这种失信行为一再发生。高校中对大学生的学习、生活、工作表现缺乏记录和考核，对违反诚信行为规范的学生也没有强有力的惩戒措施，所有这些便助长了大学生失信行为的发生。

三、大学生应诚信立身

大学生应努力加强自身修养，培养诚信的良好品德，从自身做起。

（一）加强自我磨炼并随时准备接受考验

只有加强自我磨炼，其道德修养才能经得住不良的诱惑，才能步入更高的道德境界。

（二）经常性地开展批评与自我批评

内省是一种自我锻炼的修养方法，就是用正确的道德原则和规范，不断摒弃错误的道德观念。只有在内心严于解剖自己，对一切错误的道德观念毫不留情地进行自我批评，坚决抛弃，才可能使自己成为一个符合时代精神的有道德的人。

（三）必须做到知行统一、言行一致

苏格拉底认为：知识即美德。道德知识是道德行为的先导，没有道德知识就不可能有道德行为，所以道德知识的学习很重要。同时，在掌握了道德知识后要学会付诸实践，做到理论与实际相结合。

（四）培养独处自觉精神

所谓独处自觉，是指一个人在独处无人注意或无任何监督的情况下，能自觉地按一定的道德准则思考和行动，而不做任何坏事。自觉精神是一种境界更高、自觉性更强的自我修养方法。在实际生活中，培养这种精神就需要我们做到“勿以恶小而为之，勿以善小而不为”。

（五）培养奉献精神

当代大学生应该具备一种为他人奉献的意识，在工作、学习和生活中，不要为个人的小利益而只知索取，应该多奉献，为社会多做贡献，从而更好地实现人生价值。

第二节　感恩教育

一、感恩教育的内涵

若想深刻理解感恩教育，首先必须弄清楚何为感恩和感恩意识。感恩即 Thanks giving，是个舶来词，《牛津字典》对感恩的定义为：“乐于把得到好处的感激呈现出来且回馈他人。”而在中国文字中，“恩”蕴含这样的意味：从心、从因，因从口大，乃就其口而扩大之意，亦含有相赖相亲之意，心之所赖所亲者，彼此必有厚德至谊，即他人给我或我给他人之情谊。《现代汉语词典》（第5版）对“感恩”的解释为：“对别人所给的恩惠表示感激。”对于感恩，上海大学社会学系教授顾骏说：“感恩的含义很深。感，是感受、感动、感悟，要让孩子有自发的情感与激情参与这样的道德行为。恩，是对承担责任的积极回应。感恩，就应该让学生明白这样一个道理，放弃是为了更多的享受。”感恩意识是指人们感激他人对自己所施的恩惠，并设法报答的内在心理要求，是一种普遍存在于人类社会中的行为规范，也是公认的基本道德。

感恩教育是教育者运用一定的教育方法与手段，通过一定的形式和内容对受教育者实施的识恩、知恩、感恩、报恩以至于施恩的一种人文教育。感恩教育是一种以情动情的情感教育，是一种以德报德的道德教育，更是一种以人性唤起人性的人性教育。感恩教育最终就是要引导学生逐渐养成感恩的心态和习惯，使“感恩”成为一种思维意识和行为习惯，并作为个人个性品质的组成部分馨香而恒久地存在。感恩教育包括三个层次：一是认知层次，认识和了解自身所获得的恩惠和方便，并在内心里产生认可；二是情感层次，在认知基础上，衍生出一种愉悦、温暖和幸福的情感，从而转化为一种自觉的感恩意识，一种回报恩情的冲动；三是实践层次，将感恩的意识和回报的冲动转化为报恩乃至施恩的行为，并形成习惯，即回报恩情、乐善好施、甘于奉献等。这三个层次相辅相成，形成一个有机的统一体。

二、当代大学生感恩意识现状

目前，在校大学生的思想道德修养状况总体上是好的、积极向上的，大多数学生都非常珍惜上大学的机会，对他人所给的帮助与外界提供的方便心存感恩，并以自己的实际行动来给予回报。例如，出身贫寒却得到了社会许多好心人帮助的徐本禹，在大学毕业时毅然放弃了读研的机会，怀着一颗感恩的心，只身来到贵州省大方县猫场镇狗吊岩村支教，并被评为2004年度感动中国十大人物之一。他在聊城大学做报告时向全校同学寄语：愿每一个人都能做一个感恩的人。

但是，由于社会转型时期功利观念的盛行，在一些大学生中也存在着一些令人担忧的不良现象：精神空虚，缺乏动力，不求上进，不比成绩比消费，不讲朴素讲阔气。部分大学生的知恩、感恩、报恩的意识日趋退化，甚至完全丧失。一些大学生以自我为中心，把父母的付出和他人的帮助看成理所当然，漠视宝贵的亲情、友情、师生情。这种与主流价值观偏离的“忘恩”情绪，正成为一股暗流，一步步侵蚀着社会道德最重要的一块阵地——圣洁的校园。2004年11月1日下午，南京大学逸夫楼左前方的公告栏上，一封题为“辛酸父亲给大学儿子的信”映入大家的眼帘。该信记述了大学生儿子与父母之间的一些生活事实：儿子在校花天酒地，盲目攀比，将父母为其所做的一切看作天经地义的事，很少与父母沟通，每次与家里联系时只为索取钱物。这封来信立刻在全国高校师生中引起广泛讨论和巨大震动，广大师生一致认为信中所反映的现象在各大高校都不同程度地存在。一些专家学者认为：该信是否为真实信件虽不能确定，但信中概括了目前部分大学生存在的盲目攀比，视父母为银行，丝毫不体谅父母也不讲孝道的现象。这封沉重的“辛酸父亲给大学儿子的信”已经越过了一对父子、一个家庭、一所学校、一个城市，乃至一代人，给整个社会带来了强烈的心理冲击。

三、大学生感恩意识淡薄的原因及分析

（一）独生子女家庭带来的影响

随着人们物质文化生活水平的逐渐提高，孩子从一出生就受到父母的娇宠和溺爱，大多数20世纪90年代之后出生的孩子基本上没有受到艰苦环境和艰苦教育的锻炼和熏陶，即没有经受过挫折，导致大部分孩子不懂得生活的来之不易，不知道感恩。一些孩子只知“我该怎样”，不知“该我怎样”，只知“我要什么”，不知“要我什么”。认为自己所获得的一切都是理所当然的，社会、家庭、他人给予自己的一切都是天经地义的，感恩与他们毫无关系，甚至连起码的知恩都谈不上。

（二）教育普遍关注个体的智力发展，而忽视其品德教育

现如今，社会评价学校、学校评价教师、教师评价学生，都是以分数、升学率为尺度，社会选拔人才依然要靠高考、中考等手段，重智育轻德育的现象普遍存在。小学的思想品德课，中学的思想政治课及大学的思想政治理论课等，学校或是没意识到其重要性，将其视为副科；或是在中考、高考指挥棒的作用下，将其“智育”化，用分数来衡量人才。实际上，形式上的德育高分并不能代表实质上的德育高水准。这些都使得品德教育被不同程度地忽视，因而也就谈不上感恩教育了。

（三）周围环境的负面影响

改革开放以来，我国由计划经济逐渐过渡到了市场经济，一些腐朽的思想蔓延，并无时无刻不在冲击着人们的传统思想，影响着正处于世界观、人生观、价值观形成时期的青年学生。

四、大学实施感恩教育的优势

（一）传统文化对大学生感恩意识的影响

在中国，感恩有着更为深厚的基础和积淀。这种积淀深刻、久远，更有其特定的历史优势；这种积淀是一种源于内心的、超越了纪念性的、真正的感动与意念；是一种融合了中国传统思想，表现为“首孝悌，次谨信”“仁义礼智信”的自成体系的思维模式；是一种几千年来在潜意识中指导着国人行为的精神因素。古人云：“君子务本，本立而道生，孝悌也者，其为仁之本与?”即是说一个人只有知本、固本、不忘本才能形成高尚的道德情操，建树完整的人格。中国人历来信奉“百善孝为先”，把“孝悌”与“忠君爱国”之大义等量齐观。知恩必图报，图报必图强，图强必有为。翻开四书五经，每一篇目都渗透着感恩的情怀；回首中国浩瀚的五千年历史，感恩的传统已经深入我们民族的骨髓中。隋侯救蛇、忠犬救主、杨雀衔环或许已被人为地赋予了神话的色彩，而《三国志·吴志》有云：“令皆感恩戴义，怀欲报之心。”《战国策》也记载了这样的文字：“人之有德于我也，不可忘也；吾有德于人也，不可不忘也。”中国人读了千年的《论语》更有“慎终追远，民德归厚矣”的教训。“投我以桃，报之以李”“谁言寸草心，报得三春晖”“一粥一饭，当思来处不易；半丝半缕，恒念物力维艰”“滴水之恩，当涌泉相报”，这些俗语表明，感恩文化在中国是源远流长的。为感恩而牺牲性命财产是儒家文化所鼓励倡导的，感恩意识的最大化也是儒家文化的重要特色。这些

都为高校对大学生实施感恩教育提供了客观条件，使感恩教育的开展能够深入人心，能够激发出大学生的爱国情结、民族传统文化情结。

（二）国家对大学生感恩教育的重视

从广义上讲，德育包括爱国主义教育、集体主义教育、社会主义思想道德规范教育、劳动观念及社会主义民主与法制教育、心理教育等多个方面，其中感恩教育是贯穿始终的，是全面加强大学生思想政治教育的突破口，高校只有以感恩教育为主线，在大学生中发扬中华民族悠久灿烂的民族文化，崇文尚礼，提高同学们的感恩意识、责任意识和自我修养，才能进一步改进和提高大学生的思想政治素质。

（三）社会呼唤对大学生感恩教育的推动作用

随着社会对感恩教育的逐渐重视，近几年来感恩现象越来越多，感恩教育正在复苏，已经有许多学校开展了类似的活动。

第三节 廉洁教育

一、对大学生进行廉洁教育的意义

廉洁是对领导干部的基本要求，也是大学生应有的政治修养和品德情操。大学生是祖国未来的建设者，是中国特色社会主义事业的接班人，是高层次人才和党政干部队伍的重要来源之一。大学时期是人生在校学习的重要阶段，是世界观、人生观和价值观逐渐成熟的重要阶段，大学生在走向社会之前要打好思想、政治、道德、身心素质。学校要加强校园廉政文化建设，净化大学生的心灵，陶冶大学生的情操，增强大学生抵御腐败的免疫力，使青年学生在校期间逐步形成积极健康的道德情感和正确向上的价值取向，懂得清清白白做事、堂堂正正做人的道理，提高对社会上腐败现象的识别能力和抵御能力，为他们认识社会、参与生活、适应社会，成长为健康的社会主流，为成为社会主义事业合格的建设者和可靠的接班人打下良好的基础。

1. 大学生廉洁教育是《建立健全教育、制度、监督并重的惩治和预防腐败体系实施纲要》不可或缺的一环

大学生是政工干部的后备军，是各条战线的骨干力量。开展大学生廉洁教育，是确保党和国家事业后继有人的战略性举措，是构建社会主义和谐社会的基础性工程，是丰富和完善高校德育内容体系，促进大学生健康成长的迫切需要。

2. 大学生廉洁教育对净化社会环境有重要意义

高校是一个特殊的组织，是培养人才、输送人才的地方，是人才积聚的地方，是知识汇聚的地方。就大学生廉洁教育工作而言，就是要引导大学生树立强烈的社会责任意识，对构建和谐社会应多一份责任、多一份贡献。高校在教育观、发展观上应该主动为构建和谐社会服务，要把这种观念渗透到大学生培养、科学研究和社会服务的各个方面上去，通过廉洁教育，培养大学生的责任意识。注重学生德、智、体、美、劳的全面发展，大力提高学生的综合素质，让大学生牢牢树立祖国的观念、人民的观念、社会主义的观念和集体的观念。

二、如何开展廉洁教育

廉洁教育要立足于教育。教育的重要功能就是净化人的灵魂。要积极创新廉洁教育的内容和形式，增强教育的针对性和有效性。

1. 把正面教育与学生自我教育相结合

做到系统讲授与形势报告、专题讲座相结合。要把廉洁教育纳入思想政治理论课教学计划，把廉洁教育的内容贯穿于思想政治理论课教学内容之中，使思想政治理论课教学更具现实性、针对性、时代性。通过思想政治教育主渠道开展廉洁教育，从而形成一级抓一级、一级带一级、层层抓落实的廉洁教育体系。

2. 把廉洁教育与社会实践相结合

引导大学生走出校园、走向社会，充分挖掘社会教育资源，开展大学生廉洁教育的社会实践活动。例如，开展廉政社会调查、参加反腐倡廉宣传、参观革命纪念地、参观警示教育基地、到法庭旁听、参观监狱等活动。通过这些实践活动，拓宽廉洁教育的渠道，丰富廉洁教育的内容，增强廉洁教育的针对性和实效性。

3. 把廉洁教育与文化教育相结合

把廉洁内容融入大学生的文化活动中，举办各种有声有色的廉政文化艺术活动，如公益广告大赛、廉政漫画展示、廉政文艺汇演、廉政辩论赛等活动，使大学生在感受艺术、文化熏陶的同时得到潜移默化的廉洁教育，让廉政教育真正做到入耳、入脑、入心。

第四节 励志教育

随着市场经济的迅速兴起，科技革命的迅猛发展，经济全球化的深入发展，中西方文化的交融与冲突，大学生的思想观念、行为方式、价值趋向发生明显变化，大学生思想活动的主体性、独立性、选择性、多变性显著增强。一方面，当代大学生思想状况的主流是积极、健康、向上的；另一方面，一些大学生也不同程度上存在着政治信仰迷茫、理想信念模糊、价值取向扭曲、团结协作观念较差、艰苦奋斗精神淡化、社会责任感缺失、学习动力严重不足等问题。归根究底是由于这些大学生对自我认同、人生意义、价值目标产生危机所引起的。在大学生中开展励志教育，是大学生德育的重要组成部分，尤其在低年级学生中开展励志教育，对大学生找到适合自己的奋斗目标，找准人生定位，树立远大理想，珍惜大学时光，把自己锻造成为高素质的人才有着重要而深远的意义。因此，加强大学生励志教育是高校和社会的重要任务。通过励志教育，努力激发大学生正确的学习动机，引导大学生求真、崇善、趋美，培养大学生积极的心态和健全的人格。

一、在大学中开展励志教育的重要性

有机构对 200 名大一学生进行了调查。在调查中，94%的学生感觉上了大学后，学业压力与高中相比明显减小；39%的学生对自己的前途感到迷茫；61%的学生有明确的奋斗目标，如考研、考公务员、自主创业等，而在这些学生中，有70%的学生不知自己该如何奋斗。目前在校大学生大多是“90后”“00后”，一部分学生入学后，失去了奋斗目标，又没有父母的监督，对自己的前途感到迷茫，缺乏学习的动力。一部分学生在学习目标、生活追求、职业期待和社会理想等方面都存在一定的问题。在学习目标方面，一部分学生以应付考试为目的，缺乏学习的动力；专业的学习仅仅停留在课堂，完成了必要的作业之后就没有进一步地自学深化；旷课、抄袭、作弊等现象也时有发生。在生活追求方面，不少学生更在意物质条件，只有一部分学生关注内在修养的提高。在职业期待方面，不少学生处于迷茫的状态，容易出现过于乐观和盲目消极的极端情绪，不能很好地进行职业规划。在社会理想方面，不少学生表现得比较浮躁，收入成为学生衡量自己事业发展的标准，对社会的贡献思考得较少。因此，在大学生中，尤其是在低年级学生中开展励志教育有着重要的现实意义。

当前，很多大学生都存在一种心理困扰，一方面，对自己生存的环境压力感觉比较大，对未来前途忧心忡忡、茫然无助，心理压力过大；另一方面，缺乏明确的志向，一天到晚不知道自己该干什么，浑浑噩噩，感到空虚、寂寞、茫然、郁闷、无聊与无奈，学习上倦怠并充满消极不满情绪，自理能力、抗挫折能力、社会生存能力令人担忧，这些归根结底都是缺乏励志目标。因此，对当代大学生进行励志教育是学校德育工作的一个重点。通过励志教育，能激发学生的成功需要，引导学生追求真、善、美，从而培养良好的心理品质和行为素质。

（一）加强大学生励志教育是培养大学生健全人格、促进大学生全面发展的根本要求

市场经济的发展带来了物质财富的增长，随之拜金主义、享乐主义大有流行趋势，部分人过分追求金钱、地位，荒芜精神家园，导致精神缺失。部分大学生注重物质利益，缺乏理想追求，缺乏坚定如一、执着不变的人生目标和精神追求。试想，一个人如果具有崇高的理想追求、坚定的信念、高尚的道德修养，怎么可能出现精神空虚？理想是人生的航标，“意志力就是人在为达到既定目标的活动中，自觉行动、坚持不懈、克服困难所表现出的心理素质”。加强励志教育，引导大学生牢固树立正确的理想信念，增强道德修养，内强素质、外塑形象，才能使整体素质得到全面提高。

（二）加强大学生励志教育是增强大学生思想政治教育实效性的核心要素

教育的最优境界就是使教育对象有志气、能自己教育和提升自己。励志教育就是要使教育对象能够正确认识自我，提升自我，善于自我教育。大学生的人生观、价值观如何，关系到高校思想政治教育的效果。这是高校和社会十分关注的问题，更是思想政治教育工作者责无旁贷的责任。加强当代大学生励志教育就是对人性的充分肯定，对人的潜能智慧的信任，最大限度地调动大学生的积极因素，激发大学生的创造活力，使大学生自觉形成与社会主义市场经济相适应、与社会主义共同理想相一致的理想信念，树立积极向上的人生观、价值观，增强信心，自觉地把“他律”转化为“自律”，把对国家的高度责任心和历史使命感转化为德性，增强思想政治教育的针对性、实效性。

（三）加强大学生励志教育是构建和谐社会、实现国家21世纪宏伟目标的迫切需要

大学生是祖国的未来、民族的希望。大学生树立什么样的理想，学到什么样的知

识，具有什么样的能力，对祖国和民族的未来影响关系重大。当前，我国正处于全面建设小康社会，实现中华民族伟大复兴时期，实现“中国梦”应该成为当代大学生的共同理想和追求。我们正处于科学技术发展日新月异的时代，我们从事的事业是一项前无古人的事业，会面临许多新情况、新问题。马克思说，在科学的道路上没有平坦的大道，只有不畏艰险沿着陡峭山路攀登的人，才能达到光辉的顶点。”加强励志教育，增强大学生开拓创新、勇于前进、探索未知世界的信念和勇气，对于构建社会主义和谐社会，实现全面建设小康社会的宏伟目标，确保党的事业后继有人、国家兴旺发达，具有十分重大而深远的战略意义。

（四）加强大学生励志教育是应对全球化发展趋势的必然选择

随着经济全球化、信息网络化的迅猛发展和改革开放的深入推进，国与国之间的交流与合作不断加强，推动着高校教育事业的改革与发展。西方的各种社会思潮不断涌入大学校园，大学校园里出现了形形色色的西方人生观、价值观，大学生面临西方文化思潮的冲击，导致大学生的思想观念和行为方式发生显著的变化。有些大学生理想信念消极，悲观主义意识上升；奉行实用主义、利己主义的处事原则，追求物质享乐；有些大学生丧失了共产主义远大理想，对马克思主义信仰产生怀疑，对社会主义信念开始动摇，导致精神迷茫、理想信念失落。因此，加强励志教育，帮助大学生在多种思想意识中进行比较、鉴别和选择，结合自身状况和社会实际，确立人生目标，坚定社会主义理想信念，这是应对全球化发展的必然要求。

二、大学生励志教育的科学内涵

（一）何谓励志

“励”即激励、鼓励之意。“志”，一指志向、抱负，亦即理想、目标；二指意志、决心、态度，亦即对理想、奋斗目标追求的强烈程度。“励志”，意为振奋精神，奋发志气，始终保持积极向上的精神状态，从而实现远大目标。《辞海》中对“励志”的解释为“激励心志，集中心力于某种事业”。

古往今来，人们十分重视励志教育，注重人生志向的确立与坚持，并把立志视为人生事业成功与否的重要因素。中国古代的尚志理论对志的精神动力作用做了充分的论述。首先表现为志向。即人要立志、确立人生的远大志向。立志是成人成事的基础和前提，是精神的统帅、行动的目标、力量的源泉。正因为如此，古圣贤们十分重视立志。孔子曰：“志于道，据于德，依于仁，游于艺。”认为一个人首先应该有志于道，再根据德，依靠仁，然后巡游于六艺之中。荀子在《劝学》中指出：“无冥冥之志者，无昭昭之明；无惛惛之事者，无赫赫之功。”孟子进一步强调人贵立志，“士贵立志，志不立则无成”。王守仁在《立志》篇中指出：“志不立，如无舵之舟，无衔之马，飘荡奔逸，终亦何所底乎。”古人不仅注重立志，而且提倡树立远大的志向和美好的理想，“志当存高远”。孔子把“老者安之，朋友信之，少者怀之”作为自己的人生追求，为了实现人生理想，而不惜“杀身以成仁”。“志不强者智不达”，只有立下远大的志向和坚强的意志，才能激发人的学习动机。其次表现为意志，强调人要笃志、坚志，以顽强的意志坚持和实现自己立下的志向。《周易·乾卦象传》曰：“天行健，君子以自强不息。”说明人们为了实现人生理想而自强不息、顽强拼搏的精神。孔子十分注重坚志笃志，说：“三军可夺帅也，匹夫不可夺志也。”荀子在《劝学》中说：“锲而舍之，朽木不折；锲而不舍，金石可镂。”无论是求学还是立业，只有锲而不舍、矢志不渝，才能积善德、成大业。古代圣贤们不仅强调要有坚强的意志，坚志笃志，而且提倡要在艰苦的生活环境中磨炼意志。《孟子·告天下》曰：“故天将降大任于是人也，必先苦其心志，劳其筋骨，饿其体肤，空乏其身，行拂乱其所为，所以动心忍性，曾益其所不能。”只有经过艰苦的磨炼，才能锤炼意志，强固心志，实现人生目标。

（二）大学生励志教育的本质

励志教育，是指运用心理学、成功学原理和自我效能理论，唤起大学生的自主意识和成就动机，培养大学生自我规划和自我管理能力及成功品质，激发大学生潜能的教育。通过励志教育，能够最广泛地调动大学生的积极因素，最充分地激发大学生的创造活力，引导大学生树立崇高、坚定的理想信念，养成执着勤奋的学习态度，塑造奋发有为的精神气质，追求高尚的人格品质，培养健康向上的身心素质。

励志教育是人生观教育，是思想政治教育的重要内容，它具有以下特征：

一是思想性和崇高性。励志教育的思想性包括理想信念、爱国主义的教育。励志教育的崇高性表现在激励受教育者树立崇高的理想和坚定的信念，追求卓越的品质。

二是坚定性和超越性。励志教育的坚定性就是鼓励受教育者增强理想信念的坚定性，树立正确的世界观、人生观、价值观，坚定共产主义理想。教育是面向未来的，因此教育的任何组成部分都具有超越现实的本性。励志教育的超越性就是其立足现实，面向未来的发展性、先进性。

三是理论性与实践性。伟大的实践需要伟大的理论做指导。励志教育是以人为实践活动的对象，是思想政治教育的重要组成部分，需要科学理论的指导。但理论必须接受实践的检验，在实践活动中突出教育的社会性、现实性和价值实现的有效性。

四是主体性与示范性。在励志教育中，存在着教育主体和受教育主体。教育者的主体性体现在对教育目标、内容、途径、方法的把握和运用上；受教育者的主体性体现在对教育的形成和发展的自觉意识和对教育活动的主动参与上。因此，教育过程是教育主体与受教育主体双向互动共同完成教育目标的过程。教育的示范性表现为在教育过程中他人的高尚思想、模范行为、优异的成就对受教育者具有潜移默化的影响。

三、根据当前大学生的行为特点开展励志教育

当前，大学生大多是“90 后”“00 后”，是在改革开放时代成长起来的一代人，他们有自身的特点，高校必须针对他们的特点，开展各种励志教育活动。“90 后”“00 后”学生的优点是自信心和自尊心强，喜欢独立思考问题，思想开放，追求时尚，彰显个性；但他们也有缺点，随着生活条件的不断优越，他们生活在人为的“理想”环境中，有很强的优越感，缺乏人际交往的训练和艰苦环境的磨炼，在一定程度上表现出以自我为中心、比较任性、情感较不稳定、意志较薄弱、生活自理能力较差、面对挫折和新环境自我调节能力不强等缺点，这就使得原来比较直接的“理想目标”教育出现效果弱化甚至失效的情形。高校应根据现代大学生的以上特点，开展各种励志教育活动。

1. 开展赏识教育，增强学生的自信心

现代大学生往往自尊心很强，希望被别人赏识和尊重。对于学习成绩较差、缺乏学习动力的学生，高校应适当开展赏识教育，善于发现他们身上的优点，并加以积极的引导。赏识教育是对应试教育、抱怨教育乃至惩罚教育的挑战，以赏识为先导，激发被教育者的主观能动性和潜在的巨大能力，或人的良知与自觉性，从而让教育顺理成章、自然发生，因此，教师要善于用赏识的目光看待每一名学生，发现学生的闪光点。现代教育理论告诉我们，师生关系对学习的效率有决定性影响。师生关系应该是朋友加亲人的关系。教师要放下架子，增强亲和力；要多接触大学生，关心、支持、引导、帮助他们；更要多一份亲切和温情，用阳光般的微笑去照亮每个大学生。

2. 开设就业指导课，引导学生做职业生涯规划，合理制定自己的人生目标

我校在新生入学教育中开设了“大学生职业生涯与发展规划”课程，就是让广大学生尽早了解就业形势，培养就业能力，规划自己职业生涯。学生在大一就要学会如何规划专业、时间，学会理财，规划未来职业，才能有的放矢，才能够根据专业特点和市场需求，不断充实自己、武装自己。我校还会适时开设“创业与就业指导”课程，引导学生转变就业观念，提高综合素质，健康成长成才，帮助学生熟悉国家就业政策，了解社会职业信息，掌握求职技巧，使其正确地实现自己的人生价值和社会价值。“创业与就业指导”课程有利于大学生调整就业心理，有利于大学生自我学习和提高，有利于大学生今后发展成才。因此，在大学生中尤其在低年级大学生中开设“大学生职业生涯与发展规划”“创业与就业指导”课程，对大学生找准自己的人生定位，制定合理的奋斗目标具有重要的意义。

3. 开展知名校友报告会、知名企业家创业讲座等活动，激励学生奋发进取

在对大学生进行励志教育的过程中，高校可以邀请知名校友、知名企业家来校做创业报告。知名校友和知名企业家在讲座中会讲授他们的创业经历和经验，从而让大学生对如何成功、如何创业有一个感性的认识。

4. 注重课堂教学中的励志教育

课堂是励志教育的重要渠道，励志教育的核心是积极导向，高校要引导大学生对任何事情都要从积极的方面去思考。比如，每个人如何正确认识自己的长处和短处，怎样才能学会与人相处，如何学会调整自己的心态和规划自己的人生，如何培养班级团队精神，如何处理好学习与恋爱的问题，如何为将来的择业做好必要的准备，等等，这些都是大学生正在或即将面对并感兴趣的实际问题。教师在课堂教学过程中，不时穿插这些励志教育内容，不仅可以活跃课堂气氛，提高教与学的效率，而且可以让大学生在不知不觉中领悟到做人的道理，从而树立正确的人生观和价值观。

5. 在校园文化活动和校园环境上营造励志教育氛围

高校应当重视并营造富有激励精神的校园文化环境来熏陶学生，让学生经常得到鼓励，处处受到激励，保持强烈的成就动机和成功要求。高校在开展校园文化活动过程中，可以举办与大学生励志教育息息相关的演讲赛、辩论赛、文艺演出等校园文化活动，开展感恩父母、感恩母校等感恩活动；可以充分利用教室、寝室、食堂、图书馆、阅览室、体育馆等校园空间或宣传栏宣传励志格言，营造励志氛围，建设励志校园文化；还可以定期

开展颂励志诗歌、唱励志歌曲、讲励志故事、看励志电影系列活动，并充分利用校园网、宣传栏等媒体宣传励志事迹，宣扬励志理念，树立励志典型，弘扬励志文化。

6. 坚持科学的理论指导

加强励志教育，必须坚持科学理论的指导，组织大学生认真学习马克思主义理论。对大学生进行社会主义核心价值体系的教育，使当代大学生牢固树立马克思主义的崇高理想和坚定信念、热爱国家和民族的高尚情怀、改革创新的超前意识和知荣明耻的道德观念。

7. 坚持四个结合，努力增强大学生励志教育的针对性和实效性

（1）坚持理论教育与社会实践相结合。大学生励志教育要坚持正面灌输，以科学的理论武装人，以优秀的文化培育人。坚持用马列主义、毛泽东思想、邓小平理论、“三个代表”重要思想、科学发展观和习近平新时代中国特色社会主义思想武装大学生，用以爱国主义为核心的民族精神和以改革创新为核心的时代精神鼓舞大学生的斗志，用社会主义核心价值体系引领社会风尚，实现马克思主义中国化的最新理论成果进教材、进课堂、进大学生头脑，让大学生确立实现中华民族伟大复兴的崇高理想和坚定信念。社会实践是大学生励志教育的重要举措，是将外在的教育转化为内在的理想信念的源泉，对理想信念的形成具有重要的强化作用。高校要联系改革开放和社会主义现代化建设的实际，联系大学生的思想状况，认真组织大学生积极参加社会调查、志愿服务、军政训练等实践活动，培养大学生的爱国情怀、改革精神和创新能力，进一步引导大学生汲取知识，磨炼意志，锻炼品格，始终保持艰苦奋斗的作风和昂扬向上的精神状态。

（2）坚持解决思想问题和解决实际问题相结合。思想政治教育专门做人的工作，既要教育人、引导人、鞭策人、鼓舞人，又要尊重人、理解人、关心人、帮助人。因此，我们要结合大学生思想实际和成长成才要求，开展深入细致的思想政治教育和心理健康教育，帮助大学生解决思想问题和实际问题。既要引导大学生自觉把个人理想、前途、荣辱融入国家、民族利益中，坚决反对个人利益至上的错误观念，又要想方设法解决大学生的实际困难。比如，高校要加强对经济困难大学生的资助工作，通过设立助学奖学金、勤工助学基金、特殊困难补助、减免学费等途径，帮助经济困难大学生顺利完成学业。通过建立健全就业指导机构和就业信息服务系统，帮助大学生树立正确的就业观念，提供高效优质的就业服务。通过设立心理咨询中心，帮助大学生解决心理困惑，增强心理素质。

（3）坚持榜样示范与自我教育相结合。榜样的力量是无穷的。教师在向学生传授知识的同时，自身的理想信念、人格魅力、道德修养直接影响学生素质的生成。增强励志教育的实效性，广大教师必须以身作则、率先垂范，以积极的姿态、不懈的努力加强品德修养，锤炼优良品质。养成良好的政治品德，确立正确的世界观；养成良好的现代伦理道德，诚实公正，宽宏大度，努力成为大学生健康成长的指导者和引路人。任何教育活动都离不开受教育者自身的参与。苏霍姆林斯基说过：“只有能够激发学生去进行自我教育的教育，才是真正的教育。”励志教育要取得良好效果，大学生自身的参与是不可或缺的。高校应该搭建学团、社团、学生会等为载体的大学生成才发展平台，引导大学生“自我教育、自我管理、自我服务”，让大学生从身边的具体事情出发，积极参与班级、学校的各种活动，提高思想觉悟水平，培养良好的道德品质，努力使励志教育

落实到具体行动中。

（4）坚持挫折教育与赏识教育相结合。当今大学生面临各种压力，高校要注重人文关怀和心理疏导，加强挫折教育，积极引导大学生化压力为动力。首先，教育大学生确立合理的期望目标。其次，运用良好的心理防御机制，如补偿法、精神宣泄法，培养大学生善于自我调节。最后，培养“压弹”能力。在心理学上，“压弹”则指个人面对生活逆境、创伤、威胁及其他重大压力时的良好适应力，也是个人面对生活压力和挫折的反弹能力。励志教育中，教育者必须学会寻找闪光点，坚持赏识教育。赏识教育是以赏识为先导，通过鼓励表扬，肯定优点，激励受教育者不断追求成功，是教育者与被教育者相互激发与鼓励的过程。这就要求教育者具有较高的素养，善于发现受教育者的闪光点与实施教育的突破口，创造教育情景。

8. 加强校园文化建设，充分发挥大学校园文化在励志教育中的积极作用

柏拉图说：“一个人从他与环境的相互作用中学习……好的行为是一个有好的本性倾向的人与好的环境接触的结果。”校园文化具有强大的育人作用，是引导、鼓舞、激励大学生的外在动力。我们要立足建设体现社会主义特点、时代特征和高校特色的校园文化，指导大学生健康成长成才。加强大学生励志教育，建设校园文化，坚持正确的导向，积极开展丰富多彩的活动是必不可少的条件。在校园文化建设中，坚持弘扬高雅文化、树立崇高理想、塑造高尚人格，坚持以社会主流文化、优秀民族文化为主体，提倡高品位、高格调的文化内容，坚决抵制各种腐朽、落后、消极、颓废的文化侵入校园。同时，根据大学生成长规律，开展丰富多彩、积极向上的文化活动。例如，举办有关人生、理想、奉献的讨论会、演讲会，开展具有教育功能的讲座、调查、阅读活动，寓教于乐；努力办好校报、校广播站、宣传橱窗等，使之成为励志教育的重要渠道。

9. 注重和谐家庭建设

切实为大学生励志教育提供良好的家庭氛围。家庭是子女接受教育的首要场所，父母是子女的第一任教师。家长除了要为子女创造健康向上的生活环境、和谐融洽的家庭关系外，还要坚持不断学习，树立终身学习理念，培养健全的人格品质，成为子女学习的榜样；鼓励子女参与家务劳动和家庭生活，培养其热爱劳动、孝敬长辈、自立自强的优秀品质。良好的家风和家训对大学生励志教育发挥着举足轻重的作用。家风往往通过无意识的潜移默化的方式影响家庭成员，具有持续稳定的影响力。良好的家风和家训是大学生树立崇高理想、坚定人生信念的精神支柱；不良的家风和家训势必影响子女的健康成长。因此，加强励志教育必须注重和谐家庭建设，为大学生成长成才提供良好的家庭氛围。

励志教育是加强和改进大学生思想政治教育的核心，是大众化教育下精英人才培养目标实现的关键。面对在新形势下成长起来的新时期大学生，我们还要不断深化对理想信念和理想信念教育的认识，继续充实理想信念教育的内容，努力探索和实践励志教育的方法。

教育是一项艰巨的任务，绝非一日之功。励志教育不仅要立足于学生的心理，更需要学校的外部条件。所以，要多让学生参与各种励志实践，特别是让学生在生活中励志，学生的自我激励能力才会得到更加有效的培养。离开实践的教育，学生的成功品质的培养只能是纸上谈兵。

第九章　大学生之礼仪和养成教育

文明礼貌是中华民族的传统美德，养成教育是大学生必修的一课。古代著名教育家孔子就十分注重礼仪教育和养成教育，他要求他的学生衣冠整洁，走有走的样子，坐有坐的姿势，为人处世要彬彬有礼、温文尔雅。为了帮助大学新生树立正确的世界观、人生观和价值观，养成健全的人格、健康的心理和顽强的意志，培养他们良好的道德行为习惯、团结协作精神和社会责任感，我们特地为大家编写了礼仪教育和养成教育的内容。

第一节 礼仪教育

一、礼仪概述

礼仪作为人类历史发展中形成的一种丰厚的文化，不仅是社会生活的要求，也是个人乃至民族文明程度的体现。我国自古就是一个讲究礼仪的国家，礼仪文化源远流长，素有“礼仪之邦”的美称。

（一）礼仪的概念与含义

礼仪作为人类交际的表现形式之一，同其他绘画、文字等表现形式一样，是人类不断摆脱愚昧、野蛮，逐渐走向文明、开化的标志和见证。因此，了解礼仪的概念和含义有助于我们对人类文明的发展有一个更清晰的认识。

1. 礼仪的概念

礼仪是指人们在社会交往中受历史传统、风俗习惯、宗教信仰、时代潮流等因素的影响而形成的，既为人们所认同，又为人们所遵守，是以建立和谐关系为目的的各种符合交往要求的行为准则和规范的总和。总而言之，礼仪就是人们在社会交往活动中应共同遵守的行为规范和准则。

从个人修养的角度来看，礼仪可以说是一个人内在思想水平、文化修养及交际能力等的外在表现。从交际的角度来看，礼仪可以说是人际交往中适用的一种艺术、一种交际方式或交际方法。礼仪是人际交往中约定俗成的示人以尊重、友好的习惯做法。从传播的角度来看，礼仪可以说是在人际交往中相互沟通的技巧。

2. 礼仪的含义

礼仪属于道德范畴，是礼节和仪式的总称，是在人际交往中，以一定的、约定俗成的程序、方式来表现的律己、敬人的过程。礼仪的本质就是通过规范化行为表示人际的相互尊重、友善和包容。

礼仪涉及穿着、交往、沟通、情商等内容，可大致分为社交礼仪、政务礼仪、商务礼仪、服务礼仪、涉外礼仪五大分支。礼仪是综合性的学科，所谓五大分支，仅是相对而言的，各分支礼仪内容都是相互交融的。

（二）礼仪的起源与发展

礼仪作为社会生活的行为规范，是与人类社会同时产生、同步发展的。每个阶段都会形成与之相适应的礼仪。每种礼仪形式都有一个从无到有、从低级到高级、从局部到整体的演变过程。

1. 礼仪的起源

了解礼仪的起源，有利于认识礼仪的本质，自觉地按照礼仪的规范要求进行社交活动。对于礼仪的起源，研究者们有各种观点，可大致归纳为以下几种。

第一种观点认为，礼仪起源于祭祀。东汉许慎的《说文解字》对“礼”字的解释是这样的：“礼，履也。所以事神致福也。”意思是实践约定的事情，用来给神灵看，以求得赐福。“礼”字是会意字，“履”（发 jì 音）指祭祀时盛祭品的器皿，从中可以分析出，“礼”字与古代祭祀神灵的仪式有关。古时祭祀活动不是随意进行的，它是严格地按照一定的程序、一定的方式进行的。郭沫若在《十批判书》中指出：“礼之起，起于祀神，其后扩展而为人，更其后而为吉、凶、军、宾、嘉等多种仪制。”这里讲到了礼仪的起源及礼仪的发展过程。

第二种观点认为，礼仪起源于法庭的规定。在西方，“礼仪”一词源于法语的“etiquette”，原意是“法庭上的通行证”。古代法国为了保证法庭中活动的秩序，将印有法庭纪律的说明文件发给进入法庭的每个人，作为遵守的规矩和行为准则。后来“etiquette”一词进入英文，演变为“礼仪”的含义，成为人们交往中应遵循的规矩和准则。

第三种观点认为，礼仪起源于风俗习惯。人是不能离开社会和群体的，人与人在长期的交往活动中渐渐地产生了一些约定俗成的习惯，久而久之这些习惯成为人与人交际的规范，当这些交往习惯以文字的形式被记录并同时被人们自觉地遵守后，就逐渐成了人们交际交往固定的礼仪。遵守礼仪，不仅使人们的社会交往活动变得有序、有章可循，同时也能使人与人在交往中更具有亲和力。1922 年美国学者伊丽莎白·波斯特的《西方礼仪集萃》一书问世，开篇中这样写道：“表面上礼仪有无数的清规戒律，但其根本目的却在于使世界成为一个充满生活乐趣的地方，使人变得平易近人。”

从礼仪的起源可以看出，礼仪是在人们的社会活动中，为了维护一种稳定的秩序，为了保持一种交际的和谐应运而生的。一直到今天，礼仪依然体现着这种本质特点与独特的功能。

2. 我国礼仪的发展

（1）萌芽。我国素有“礼仪之邦”的美誉，礼仪文化源远流长。“礼”最早出现在金文里面。在人类发展的最初期，人们对火山、地震、电闪雷鸣等自然现象无法解释，认为天地间有神的力量、有鬼的存在。出于对天地鬼神的惧怕、敬仰，人们就会举行一些仪式，用物品来祭拜，这从“礼”字的繁体“禮”中可以看出。北京的“天坛”“地坛”就是古代国君用来祭天祭地的建筑。这就是礼的萌芽。

（2）发展。古代尧舜时期，已经有了成文的礼仪制度，即“五礼”：祭祀之事为吉礼，冠婚之事为嘉礼，宾客之事为宾礼，军事之事为军礼，丧葬之事为凶礼。

尧舜时期制定的礼仪经过夏、商、周这三个时代的总结、推广而日趋完善。周朝前期历经文王、武王、成王三个君主，重新“兴正礼乐，度制于是政，而民和睦，颂声兴”。周公还在朝廷设置礼官，专门掌管天下礼仪，使礼仪臻于完备。在这个时期，礼仪被打上了阶级的烙印。为了维护自己的统治地位，奴隶主开始将原始的宗教礼仪发展为符合奴隶社会政治需要的“礼制”，并将礼仪制度化，形成了典章制度和刑典法律。

春秋战国时期，诸子百家争鸣，礼仪也产生了分化。国家典章制度为国礼，民众交往的礼俗逐渐成为家礼。《管子·牧民》中有“大礼”和“小礼”之说，注释为“礼之大者在国家典章制度，其小者在平民日用居处行为之间”。以孔子、孟子为主的儒家学者系统地阐述了礼制的起源、本质和功能，第一次在理论上全面而深刻地论述了社会等级秩序划分及其意义。

从秦汉到清末，纵观封建社会的发展历程，可以说历代统治者都十分重视礼仪，自秦汉以后的历代统治都推崇儒家的“礼治”。汉武帝时期，“废黜百家，独尊儒术”的治国方略确定之后，礼仪作为社会道德、行为标准、精神支柱，其重要性提高到了前所未有的高度。统治者根据自己的统治需要，在演习周礼的基础上，不断对礼制加以修改、补充、完善。“导之以德，齐之以礼”，让人们以“礼”为准绳，不得逾越。这种“以礼治国”的做法，对于稳定当时的社会秩序起了重要作用。统治者还在朝廷设置掌管天下礼仪的官僚机构，如汉代的大鸿胪、尚书礼曹，魏晋时的祠部（北魏又称仪曹），隋唐以后的礼部尚书（清末改为典礼院）等。

纵观封建社会的礼仪，内容大致有涉及国家政治的礼制和家庭伦理两类。礼制的核心思想已从奴隶社会的“尊君”观念发展为“君权神授”的理论体系，所以“天不变，道亦不变”，这里的“道”指的就是封建的“三纲五常”。“三纲”即“君为臣纲，父为子纲，夫为妻纲”，“五常”即“仁、义、礼、智、信”，形成了完整的封建礼仪道德规范。到了宋代，封建礼制有了进一步的发展，产生了封建理学理论，并把道德和行为规范作为封建礼制的中心，“三从”“四德”就是这一时期女子道德礼仪的标准。封建礼仪中的“君权神授”夸大、神化了帝王的权力，“三纲五常”“三从”“四德”压抑了人们的个性发展，限制了人们之间的平等交往。

近代以来，西方侵略者的入侵，使中国在进入半殖民地半封建社会的同时，也受到了西方政治、经济、文化及资本主义的道德礼仪的影响。西方文明和文化对中国传统伦理秩序产生了巨大的冲击。资本主义礼仪规范在中国的推广和实施，简化了中国传统礼仪的繁文缛节，客观上促进了世界各国礼仪道德文化之间的交流和相互之间的取长补短。

（3）新生。中华人民共和国成立后，我国逐渐确立了以平等相处、友好往来、相互帮助、团结友爱为主要原则的具有中国特色的新型社会关系和人际关系。中华人民共和国的“五讲四美三热爱”给予那个时代强有力的精神支持。改革开放以来，随着中国与世界的交往日趋频繁，西方一些先进的礼仪、礼节陆续传入我国，同我国的传统礼仪一道融入社会生活的各个方面，构成了社会主义礼仪的基本框架。许多礼仪从内容到形式都在不断变革，对传统礼仪文化不断扬弃，现代礼仪的发展进入了全新的发展时期。中共中央在2001年9月20日印发了《公民道德建设实施纲要》，体现了社会主义的价值导向，它是引领社会风尚的一面旗帜。人们学习礼仪知识的热情空前高涨，讲文明、讲礼貌蔚然成风。今后，随着社会的进步、科技的发展和国际交往的增多，礼仪必将得到新的完善和发展。

（三）现代礼仪的特征与原则

礼仪发展演变至今，成为现代交际礼仪，归属道德范畴。现代礼仪具有道德的一般特点，但作为道德的一个特殊方面，又有着自身的特点和原则。

1. 现代礼仪的特征

（1）规范性。礼仪和道德、法律一起被称为人类社会的三大规范。礼仪规范是约定俗成、相沿成习的，其对人们在交际场所的约束性，使人们自觉不自觉地遵守礼仪规范。人们也都在用礼仪规范来衡量和判断他人，所以礼仪的规范性是客观存在的。

（2）共同性。所谓共同性是全社会的约定俗成，是全社会共同认可、普遍遵守的准则。一般来说，礼仪代表一个国家、一个民族、一个地区的文化习俗特征。但我们也看到不少礼仪是全世界通用的，具有全人类的共同性。例如，问候、打招呼、礼貌用语、各种庆典仪式、签字仪式等，大多是世界通用的。礼仪的共同性主要源于共同的经济生活和文化生活。经济的共同性必然导致礼仪的变化。比如，现代经济的快节奏、高效率，使现代礼仪向简洁、务实方向发展。共同的文化培育了共同的礼仪。

（3）传承性。礼仪的形成和完善是历史发展的产物，任何国家的现代礼仪都是本国古代礼仪的继承和发展。礼仪经历不同的发展阶段，经过不同时期的“过滤”，逐渐形成相对固定的内容，而且一旦形成，通常会世代相传，经久不衰。礼仪的继承性是选择性的继承，任何礼仪的形成与发展都不是食古不化、全盘沿用，而是取其精华、去其糟粕的传承发展。

（4）差异性。“十里不同风，百里不同俗。”不同的国家和民族，因其历史与文化背景的不同，其礼仪的表现形式和思想观念也各不相同。这种民族差异性使得不同国家、不同民族的礼仪文化各具特色、丰富多彩。例如，东方民族的含蓄、深沉，西方文化的坦率、开放；东方人见面习惯拱手、鞠躬、握手，西方人见面习惯亲吻和拥抱。

（5）时代性。世界上任何事物都是发展变化的，礼仪虽然有较强的相对独立性和稳定性，但它也毫不例外地随着时代的发展而发展变化。礼仪具有时代性，同一国家、同一民族的礼仪文化在不同时代的发展过程中都会被打上时代的烙印。如中国古代礼仪的“礼不下庶人”，而现代礼仪则讲究礼仪面前人人平等。又如社会交往的扩大，各国的礼仪文化都会互相渗透，尤其是西方礼仪文化引入中国，使中华礼仪在保持传统民族特色的基础上，也更文明、更简洁、更实用。

2. 现代礼仪的基本原则

（1）遵守。在社会生活中，每一位参与者都必须自觉、自愿地遵守礼仪，用礼仪去规范自己在交际活动中的一言一行、一举一动。遵守的原则是对行为主体提出的基本要求，更是人格素质的基本体现。遵守礼仪规范，才能赢得他人的尊重，才能确保交际活动达到预期的目标。

（2）尊重。尊重是礼仪的情感基础，人与人之间彼此尊重，才能保持和谐愉快的人际关系。尊重原则是指在自尊自爱的基础上，尊重他人的人格、劳动、价值和感情。孔子曾经对礼仪的核心思想有过一次高度的概括，子曰：“礼者，敬人也。”所谓尊重的原则，就是要求人们在交际活动中，与交往对象既要互谦互让、互尊互敬、友好相待、和睦共处，更要将对交往对象的重视、恭敬、友好放在第一位。在礼仪的两大构成部分中，有关对待他人做法的这一部分，比对待个人的要求更为重要，这一部分实际上是礼仪的重点与核心。而对待他人的诸多做法之中最重要的一条，就是要常存敬人之心，处处不可失敬于人，不可伤害他人的个人尊严，更不能侮辱对方的人格。

（3）真诚。真诚是对人对事的一种实事求是的态度，是待人真心实意的友善表现。真诚表现为在人与人之间进行信息传递、情感交流、思想沟通的过程中，诚信无欺，言行一致，表里如一，待人以诚，不说谎、不虚伪、不欺骗、不侮辱等。

（4）平等。平等是人与人交往时建立情感的基础，是保持良好的人际关系的诀窍。现代礼仪是在平等的基础上形成的，是一种平等的、彼此间的相互对等关系的体现，即对任何交往对象，都必须以礼相待、一视同仁，给予同等程度的礼遇。表现为不骄狂，不我行我素，不自以为是，不厚此薄彼，不傲视一切、目空一切，更不能以貌取人，或以职业、地位、权势压人，而应该时时处处平等谦虚待人。

(5) 适度。礼仪是一种程序规定，而程序自身就是一种“度”，没有“度”，施礼就可能进入误区。交往应把握礼仪分寸、得体适度，根据具体情况、具体情境而行使相应的礼仪。如在与人交往时，既要彬彬有礼，又不能低三下四；既要热情大方，又不能轻浮谄谀；既要自尊，又不能自负；既要坦诚，又不能粗鲁；既要相信别人，又不能轻信别人；既要活泼，又不能轻浮；既要谦虚，又不能拘谨；既要老练持重，又不能圆滑世故。

(6) 宽容。宽容是要求人们在交际活动中运用礼仪时，既要严于律己，又要宽以待人。要多容忍他人，多体谅他人，多理解他人，而千万不要求全责备，斤斤计较，苛求，咄咄逼人。在人际交往中，要允许他人有个人行动和独立进行自我判断的自由。对不同于己、不同于众的行为要耐心容忍，不必要求其他人处处效法自身，与自己完全保持一致，这实际上也是尊重对方的一个主要表现。

(7) 从俗。从俗就是指交往各方都应尊重相互之间的风俗、习惯，了解并尊重各自的禁忌。如果不注意禁忌，就会在交际中引起障碍和麻烦。由于国情、民族、文化背景的不同，在人际交往中，实际上存在着非常大的地域文化差异。对这一客观现实要有正确的认识，不要唯我独尊，简单否定其他人不同于己的做法。必须坚持入乡随俗，与绝大多数人的习惯做法保持一致，切勿随意批评、否定其他人。遵守从俗原则，会使人们对礼仪的应用更加得心应手，更加有助于人际交往。

二、大学生礼仪

大学生应重视礼仪修养，以更好地自如应对日益激烈的国内外竞争，承担起建设祖国、强盛国家的重任。

(一) 大学生礼仪概述

讲究礼仪，遵从礼仪规范，可以有效地展现一个人的教养、风度与魅力，更好地体现一个人对他人和社会的认知水平和尊重程度，也使个人的学识、修养和价值得到社会的认可和尊重。适度、恰当的礼仪不仅能给公众以可亲、可敬、可合作、可交往的信任和欲望，而且会使与公众的合作过程更和谐、更易成功。

大学生是知识层次较高的群体，也是中国明日发展的引领者、顶梁柱，在道德水准上、在礼仪修养方面应当有更高的要求。一个优秀人才，不仅应当有高水平的专业知识，还必须有良好的道德品质修养和礼仪修养。礼仪是良好品德修养的表现形式，也是良好道德品质养成的重要途径之一，良好的道德品质需用彬彬有礼的方式去体现。一个知书不达礼、知识水准和道德水准严重不协调的学生，不可能成为一个优秀人才。追求个性是当代年轻人的特点，在追求突出个性的过程中，却有一些大学生把丑陋当成了个性，许多不文明、不礼貌，甚至丑陋、陈腐、粗俗的东西被当作“新潮”“潇洒”。在现在的大学校园里面，经常可以看到衣冠不整者、行为不端者、张口骂人者、随地吐痰者，其他不讲礼、不懂仪的现象亦不鲜见。

造成一些大学生礼仪素养低下的原因是多方面的。第一，应试教育对学生的行为习惯产生一定程度的影响。在这个层面上，家长、教师乃至整个教育体系都负有不可推卸的责任。高考指挥棒的魔力使中小学的教育成为以“分数”“考试”为中心的教育，德育和美育长期受到不应有的冷落。只用学习成绩的名次来衡量学生的优劣，只在教学上下功夫而在塑造孩子的灵魂方面却很少花费时间和精力。第二，当社会处于价值转型期时，大学生难以做到独善其身，大学必然要受到社会大文化的影响和侵蚀。第三，大学生受到社会不良风气的影响，如校园里的学术抄袭、“课桌文学”“厕所文学”等，都对大学生的思想和灵魂造成了诸多不良影响。

（二）在大学生中开展礼仪教育的必要性

礼仪是人类文明进步的重要标志，是适应时代发展、促进个人进步和成功的重要途径。我国历来是“礼仪之邦”，但从当代大学生礼仪素质的现状来看，存在着许多不尽如人意的地方，因此，必须重视和加强大学生的礼仪教育。

1. 礼仪教育是促进社会主义精神文明建设的需要

礼仪教育是社会主义精神文明教育体系中最基础的内容。讲文明、讲礼貌是人们精神文明程度的实际体现，普及和应用礼仪知识则是加强社会主义精神文明建设的需要。礼仪教育让大学生明确言谈、举止、仪表和服饰能反映出一个人的思想修养、文明程度和精神面貌。每个人的文明程度不仅关系到自己的形象，同时也影响着整个学校的精神面貌乃至整个社会的精神文明。

2. 礼仪教育是大学生提高思想政治素质的需要

目前，部分大学生存在着这样的现象：接受的是高层次教育，而其实际行为却连基本道德水平也达不到，这在很大程度上与缺乏必要的礼仪教育有关。礼仪是一种非法律社会规范，主要包括道德规范、宗教规范、习俗、共同生活准则等，是调整社会成员行为的基本准则。对大学生进行系统的礼仪教育，使其掌握基本的行为准则，不仅可以丰富礼仪知识，掌握符合社会主义道德要求的礼仪规范，懂得在实际生活中按照礼仪规范表现自己的行为，而且可以做到把内在的道德品质和外在的礼仪形式有机地统一起来，成为名副其实的、有较高道德素养的现代文明人。

3. 礼仪教育是大学生建立良好人际关系的需要

大学期间能否与他人建立良好的人际关系，对大学生的成长和学习有着十分重要的影响。美国华盛顿大学心理学家约翰·戈特曼的研究结果显示，那些懂得以适当的方式解决身边问题和处理生活中烦心事的孩子，其身心更加健康，而且更会关心他人，更富有同情心，朋友更多，学习成绩更好。戴尔·卡耐基（美国著名的人际关系学大师、西方现代人际关系教育的奠基人）的《成功之路》及吉米·道南（吉米·道南，英国人，成功取得了从航天工程到全球市场营销的转变，他是网络21国际企业的创办人及总裁）与约翰·麦克斯韦尔（享誉美国的领导力和人际关系大师，20多年来一直致力于帮助人们发挥领导力潜能）合著的《成功的策略》都导出同一条公式：“个人成功=15%的专业技能+85%的人际关系和处世技巧。”因此，通过人际交往活动，在交往中获得友谊，是大学生适应新的生活环境的迫切需要，是从“依赖于人”的人发展成“独立”的人的迫切需要，也是建立良好的人际关系、成功地走向社会的迫切需要。

4. 礼仪教育是大学生完成成长课题的需要

大学生成为人格完善的“社会人”，不断提高心理健康水平和心理承受能力是其成长的重要课题。大学生堪称“准社会人”，还不是真正的社会人。他们有一种强烈地走向社会的需要，同时又普遍存在一些心理困惑。比如，走上工作岗位后如何与领导、同事打交道，如何建立良好的人际关系，如何进行自我形象设计，如何尽快地适应社会生活等。一个具有良好的心理承受力的人，在交际活动中遇到各种情况和困难时，都能始终保持沉着、稳定的心理状态，根据所掌握的信息，迅速采取最合理的行为方式，化险为夷，争取主动。相反，一些缺乏良好心理承受力的人，在参加重大交际活动前，常会出现惊慌恐惧、心神不定、坐卧不安的状况，有的在交际活动开始后，甚至会出现心跳加快、四肢颤抖、说话声调不正常的现象。对大学生进行礼仪教育，让大学生掌握符合社会要求的各种行为规范，不仅能够满足大学生走向社会的需要，还可培养大学生适应社会生活的能力，提高心理健康水平和心理承受力。

身居礼仪之邦，应为礼仪之民。知书达理，待人以礼，应当是当代大学生的一个基本素养。对大学生进行礼仪教育具有跨时代的特殊意义，这不仅是教育的必需，也是社会文明进步的强烈要求。

礼仪修养的最佳途径是：了解自己，坚定信念，控制情绪，有理想，进取，诚实，正直，认真做好自己的事。

三、语言沟通礼仪

（一）倾听

国际倾听协会将“倾听”定义为：倾听是接受口头及非语言信息、确定其含义和对此作出反应的过程。“听”的繁体写法为“聽”，表达了听的几层含义：“耳”表示要用耳朵；“一”和“心”表示一心一意，要专心地听；“罒”代表眼睛，听时要用眼睛看着对方；“王”表示尊重和恭敬，给说话的人以王者礼遇。

1. 倾听的作用

莎士比亚说：“最完美的交谈艺术不仅是一味地说，还要善于倾听他人的内在声音。”与人交谈不但要善于表达自己的意思，而且要善于聆听对方的讲话，这是人际沟通中非常重要的环节。认真倾听对方的谈话，是尊重对方的表现；善于倾听对方的谈话，能有效地提高谈话的效果。

（1）倾听是尊重和重视对方的表现。认真地倾听，能够传达对对方的尊重和重视，使谈话者形成愉悦的心态，舒缓压力，产生信赖，给忧伤的心灵提供释放的空间，从而实现有效沟通，达到预期效果；反之，会让谈话者产生被忽视、被冷淡、被孤立甚至被抛弃的感觉。

（2）倾听是了解对方、分辨事实的最佳途径。当双方沟通时，掌握信息是十分重要的。谈话是传递信息，倾听是接受信息。在倾听中可捕捉信息、处理信息、反馈信息。一个好的倾听者应当善于从倾听中了解对方的意图、打算、目的、心态，了解事情的来龙去脉，掌握事实。

阅读材料

不该发生的悲剧

圣诞节那天，一个美国男人为了和家人团聚兴冲冲地从异地乘飞机往家赶，一路幻想着团聚的喜悦情景。恰恰老天变脸，这架飞机在空中遭遇猛烈的暴风雨，飞机脱离航线，上下左右颠簸，随时有坠毁的可能。空姐也脸色煞白，惊恐万状地吩咐乘客写好遗嘱并将之放进一个特制的口袋里。这时，机上所有的人都在祈祷。就在这万分危急的时刻，飞机在驾驶员的冷静驾驶下终于平安着陆。

这个美国男人回到家后异常兴奋，不停地向妻子描述在飞机上遇到的险情，并且满屋子转着、叫着、喊着。然而，他的妻子正和孩子们兴致勃勃地分享着节日的愉悦，对他经历的惊险没有丝毫兴趣。男人叫喊了一阵子，发现没有人听他倾诉，他死里逃生的巨大喜悦与被冷落的心情形成了强烈的反差。在妻子去准备蛋糕的时候，这个美国男人却爬到楼阁，用上吊这种古老的方式结束了从险情中捡回的宝贵生命。

分析：案例中的男子大难不死，为何选择了自杀？倾听有着怎样的作用？

在人际交往中，很多人口中所道并非肺腑之言，他们的真实想法往往被隐藏起来。所以，倾听者要保持清醒的头脑，根据自己所掌握的情况，进行分析、过滤，确定哪些是正确的信息，哪些是错误的信息。要注意琢磨对方话中的微妙感情，细细咀嚼品味，以便弄清其真正意图。

（3）倾听是提高工作效率、建立良好人际关系的基础。善于倾听对方，会避免交流失误而导致行为出现偏差，从而提高工作效率。倾听还可增进人与人之间的相互关系，避免不必要的纠纷，保持与他人的顺畅沟通，建立良好的人际关系。

2. 倾听的方式

倾听可以用耳朵听，用心灵去“听”。每一种聆听的方式会带来不同的效果。沟通学研究者认为倾听有以下四种方式。

（1）被动倾听。被动倾听是最普遍的一种听取他人观点的方式。在这种情况下，无论是非语言表达方式还是语言表达方式，倾听者都不会呈现出来。被动倾听者经常表现出的行为有：目光接触，面无表情，偶尔点头，偶尔回应，如“嗯”“哦”等，在电话中更为明显。

被动倾听者虽然在跟着讲话者的思路，却很少给出促进谈话继续的信息。有人形容与一个被动倾听者交谈是在“唱独角戏”，所以经常会有挫败感。在这种情况下，谈话者会经常怀疑对方是否愿意倾听或是否理解了自己表达的信息。

（2）选择倾听。选择倾听与被动倾听同样普遍。选择倾听通常被定义为想听的时候才听。对于想要听到的信息，倾听者就会非常投入、理解力很强；对于不想听到的信息，倾听者就会不理睬谈话者或起反作用。换句话说，选择倾听者在听的整个过程中表现不一致，行为有反差。

当一个选择倾听者听他不想听的信息时，通常表现的行为是：环顾四周，流露出不感兴趣的表情，对某个问题的反抗情绪高涨，随便插话，即便是以询问的方式，也打断讲话者目前正传达的信息。

从不理睬到情绪反抗，选择倾听者沟通中一直在有意或无意地制造障碍。他们阻碍了听众听取完整的信息，并且增加了谈话的紧张气氛。

（3）专注倾听。专注倾听是指倾听者专注于谈话者，时刻跟随谈话者的思路。专注倾听的效率比起被动倾听或选择倾听高得多。专注倾听者通过语言或非语言的方式更多地参与，更少地判断。专注倾听者通常表现出的行为有：有稳定的目光接触，呈现诚恳的面部表情，不时点头表示理解，提供简单的鼓励信息，如“明白了”“好的”“是的”等，提出问题来维持谈话，提问以询问更多的细节。

事实（或内容）和情感（或情绪）这两个方面加在一起构成了讲话者所传达信息的真正含义。

一个专注的听众会获取讲话者想要展示给他的信息。当信息都是事实的时候，他倾听的效果会很好。但当信息中卷入更多的个人情感时，他也会盲目相信。这就是专注倾听的短处。专注倾听者并不能很好地获取完整意义上的全部信息。

（4）积极倾听。积极倾听是人们倾听的最有力的方式，指有响应或回应地听。积极的倾听者不但能细致接受并尊重讲话者的意愿，捕捉到事实及讲话者的情感，而且能尽力验证自己对谈话者信息的理解，这正是谈话者所希望的方式。

积极倾听者表现出来的行为包括了“专注倾听”中列出的积极方面及其他几个方面，如表现出耐心，反馈自己对信息的总结，用讲话者的情绪理解信息，探求讲话者严重情绪偏向的原因，提出对某个不清楚或混乱信息的质疑，等等。

3. 倾听的艺术

倾听是一种艺术，也是一种技巧。中国有句俗语：“人长着一张嘴巴，两只耳朵，就是为了少说多听。”外国也有句谚语：“用 10 秒钟的时间讲，用 10 分钟的时间听。”据美国俄亥俄州立大学一些学者的研究，成年人在一天时间里，有 7%用于交流思想。在这 7%的时间里，有 30%用于讲，高达 45%的时间用于听。

（1）倾听的态度。耐心、专注、有礼的态度可以帮助倾听者掌握更多信息，提高倾听的效率和效果。

① 耐心。在日常交谈中，并非每句话都包含着重要的信息，也并非第一句话就是谈话者的主题和真实含义，一般谈话内容可能会比较零散或混乱，观点不突出或逻辑性不强。要鼓励对方把话说完，否则，容易自以为是地去理解，可能会断章取义，甚至曲解对方的意图，导致交流失败。

另外，他人对事物的观点和看法有可能是自己不认同，甚至是无法接受的，若遇到这种情况应试着去理解对方的心情和情绪，耐心听完，才能达到倾听的目的。

阅读材料

耐心倾听

有一次，美国知名主持人林克莱特访问一名小朋友，问他说："你长大后想要当什么呀?"小朋友天真地回答："嗯，我要当飞机驾驶员!"林克莱特接着问："如果有一天，你的飞机飞到太平洋上空，所有引擎都熄火了，你会怎么办?"小朋友想了想："我会先告诉坐在飞机上的人绑好安全带，然后我挂上我的降落伞先跳出去。"

当现场的观众笑得东倒西歪时，林克莱特继续注视着这孩子，想看他是不是自作聪明的家伙。没想到，接着孩子的两行热泪夺眶而出，这才使得林克莱特发觉这孩子的悲悯之情远非笔墨所能形容。于是林克莱特问他："为什么要这么做?"小孩的回答透露出一个孩子真挚的想法："我要去拿燃料，我还要回来！我还要回来!"

分析：这个故事让我们真正明白了倾听的艺术。反思我们自己，有没有常常中途打断对方的讲话，是不是又自以为是地进行反驳呢?

② 专注。走神是影响倾听效果的大敌。心不在焉、注意力不集中、频频做小动作都不是专注倾听的表现，它们将极大地影响倾听效果，这种表现的流露还可能会让谈话者产生被轻视的感受。

美国著名企业家玛丽·凯·阿什就说过一件令其刻骨铭心的事："有一次，我同一位销售经理共进午餐并就某些事情进行商谈。然而，每当一位漂亮的女服务员经过我们的桌子旁边，那位经理总是目送她走远。我对此感到很气愤。我觉得自己受到了侮辱。心里暗想，在他看来，女服务员的两条腿比我讲的话重要得多。他并不在听我的讲话，他简直没把我放在眼里!"

③ 有礼。倾听时，应抱着虚心的态度，谦和亲切。如果对他人抱有成见，如"这个人老是爱贪小便宜"等，会直接影响对谈话者谈话内容的理解，甚至导致错误判断。有些人认为自己在某一问题上比别人懂得多，常常中途打断别人的讲话，急于阐述自己的观点，喜欢教育别人。这种"强势推销""好为人师"的人不会成为好的倾听者。

（2）倾听的礼仪。在倾听的过程中，倾听者应保持一定的礼仪，这是有涵养、有素质的表现，同时也表达了对谈话者的尊重和重视。

① 身体前倾，表情自然。身体前倾表达了倾听者尊重和重视的态度。自然的表情可以让沟通更顺畅；反之，眉头紧锁、假笑、扬起眉头都会造成倾听障碍。

② 保持与谈话者的视线接触，不东张西望。与谈话者的视线接触，是认真倾听的行为之一。眼睛专注于谈话者，不东张西望，有助于提高倾听的效果。

③ 注意力集中，情感投入。面无表情，无精打采，传递出的信号是不感兴趣或不愿参与谈话，这种行为会让谈话者感觉非常疲惫，像是在对着一堵墙说话。

④ 不做小动作，不随意看表。双手不停抖动，时常看表，摆弄文件夹、钢笔或手头的东西，会让对方感觉你的注意力在别处，没有全部投入，也没有接收谈话的全部信息。

⑤ 不随意打断对方的谈话。随意打断别人的谈话，或借机把谈话主题引到自己的事情上，任意地加入自己的观点做出评论和表态，等等，都是很不尊重对方的表现，比不听别人谈话产生的效果更加恶劣，一定要避免。

⑥ 适时进行鼓励和表示理解，提供建设性的反馈。要专心静听，并不是完全被动地、静止地听，而是要不时地通过表情、手势、点头等，向对方表示你在认真地倾听。谈话者往往都希望自己的经历受到别人的理解和支持，因此在倾听中加入一些简短的语言，如“对的”“是这样”“你说得对”等或点头微笑表示理解，都能鼓励谈话者继续说下去，并引起共鸣。

（3）倾听的技巧。掌握倾听的技巧，可以帮助我们提高倾听效率，更好地达到倾听的目的。

① 保持中立心态。在别人向自己倾诉时，调整好自己的心态很重要。我们在日常生活中，多数倾诉者是自己的亲人或朋友，对于对方的事情往往特别关心。我们往往容易受倾诉者的不良情绪的影响，把倾诉者的坏心情变成自己的坏心情。这样不但帮不了倾诉者，反而让自己陷入困境。

因此，在倾听时最好保持中立的心态，这样既可以客观地帮助对方分析问题和解决问题，又不至于表现出对对方漠不关心。一个人独处的时候，要及时转移自己的情绪，从事件中跳出来。当心里郁积了太多不快时，也应尝试向别人倾诉。

② 观察并恰当地使用肢体语言。与人交谈时，我们内心的感觉会在我们开口之前透过肢体语言清清楚楚地表现出来，如果倾听者表现出封闭或冷淡，谈话人会感觉对方不重视自己或对自己的谈话内容不感兴趣，因而就不会敞开心胸；相反，如果倾听者态度开放，愿意接纳对方，谈话人会认为他很想了解自己的想法，从而受到鼓舞。常用的肢体语言包括点头、微笑、身体稍微前倾、眼神交流等，在倾听的过程中要适时使用这些肢体语言。另外，还要注意避免出现交叉双臂、手放在脸上等动作。

③ 运用反应式倾听。重述刚刚所听到的话便是反应式倾听，这是一种很重要的沟通技巧，运用这种倾听方式时，对方会知道我们一直在听，而且也听懂了他所说的话，但是反应式倾听是用自己的话总结对方的重点，而不是像鹦鹉一样，完全重复他说的话，反应式倾听会让对方觉得自己很重要，有利于对话的持续。

④ 注意提问的方式。

a. 开放性提问。所谓开放性提问，是指在倾听时，为了让对方对有关问题、事件做出较为详尽的反应而提出的问题，通常使用“什么”“怎样”“为什么”等词语，这时候要注意文句的方式、语调，不能太生硬或随意。

b. 封闭性提问。所谓封闭性提问，是指在试图澄清事实真相、验证结论与推测、缩小讨论范围等时，用“是不是”“对不对”“行不行”等词语发问，让对方对有关问题作出“是”或“否”的简短回答。回答这些问题时要简洁、明确，只需要一两个字、词或一个简单的点头或摇头等即可。但采用封闭性提问要适度，过多地使用会使对方处于被动地位，压抑其自我表达的愿望与积极性，产生沉默和压抑感及被审讯的感觉。

⑤ 有效的情感反应。对对方情绪、情感的反馈称为情感反应。相对于过去的情感而言，针对对方现时的情感反应会更为有效。另外，在运用这一技巧时，为了使对方深

切体验到被人理解的感觉，要时刻注意到对方的瞬间情感并及时做出反应。

阅读材料

倾听的小猫

小猫长大了。

有一天，猫妈妈把小猫叫来，说：“你已经长大了，三天之后就不能再喝妈妈的奶了，要自己去找东西吃。”

“那我该吃什么东西呢？”小猫疑惑地问妈妈。

猫妈妈说：“用我们祖先留下的方法吧！这几天夜里，你躲在人们的屋顶上、梁柱间、陶罐边，仔细倾听人们的谈话，你会在其中找到答案。”

第一天晚上，小猫躲在陶罐边，听见一个妇人对孩子说：“把香肠和腊肉挂在梁上，把小鸡关好，别让小猫偷吃了。”

第二天晚上，小猫躲在屋顶上，从窗户看到一个女子叨念自己的丈夫：“奶酪、肉松、鱼干吃剩了，也不会收好，小猫的鼻子很灵，明天你就没得吃了。”

第三天晚上，小猫躲在梁柱间，听到一个大人对小孩子说：“小宝，小猫最爱吃鱼和牛奶了，把鱼和牛奶放在冰箱里吧。”

就这样，小猫每天都很开心，回家跟妈妈说：“妈妈，果然像您说的一样，只要我仔细倾听，人们每天都会教我该吃些什么。”

（二）交谈

20世纪伟大的心灵导师美国人戴尔·卡耐基（Dale Carnegie，1888—1955）曾说过，与人进行有效的交谈，并且赢得他们的合作，这是那些奋发向上的人应该培养的一种能力。交谈是交流思想和表达情感最直接、最快捷的途径，作为一种最基本的媒体形式，在很大程度上关系到社会交往的成败。俗话说，“一言兴邦，一言丧邦”“好言一语三冬暖，恶语伤人六月寒”，都说明了交谈及语言的意义和作用。

阅读材料

笑话一则

某人请5个人吃饭，还差一位左等右等也没到。见此情景，主人说道：“该来的怎么还不来？”

客人甲听了，心想：“这不是说我们不该来的倒来了吗？真气人！”于是说：“对不起，我有点事，得先走了！”

主人见他走了，很着急，就说道：“不该走的怎么走了呢？”

客人乙心想："这分明是暗示我该走却赖着不走。"于是说："我有点儿事，失陪了。"

主人更着急了，脱口而出："唉，他俩真多心，我说的又不是他们!"

客人丙、客人丁大怒，心想："那你说的肯定是我们俩了!"于是他们铁青着脸一言不发，拂袖而去。

一场宴席就这样还没有开始就不欢而散了。

1. 交谈的语言要求

语言作为人类的主要交际工具，是沟通不同个体的桥梁。准确、有效、恰当的语言可以使谈话达到事半功倍的效果。

（1）语言的有效性。不被接受的话显然等于白说。谈话者首先考虑的问题就应该是语言的有效性。

① 好嗓音。好嗓音既能使交谈双方感到愉悦，又可以使对方印象深刻。"好嗓音"主要包括清晰的吐字、动听的声音、焕然的生机；与此相反，"坏嗓音"则指吐字模糊、鼻音混浊或尖锐刺耳，导致对方听不清而产生反感。

② 时代感。语言的时代感是非常重要的，脱离时代的语言陈腐而不合时宜，很难被人接受。

③ 好时机。讲话时，要考虑时机是否适合，比如对方能否听得懂、是否感兴趣、接受程度怎样等。对牛弹琴，大可不必；班门弄斧，贻笑大方；扬汤止沸，收效甚微。在生日、节日、纪念日、成功之日、获奖之日等特定的时刻、特殊的日子，一句由衷的祝贺、一段真诚的赞美会锦上添花；在他人心情沮丧或陷入困境之时，一番恳切的鼓励、一句贴心的问候更会雪中送炭。

（2）语言的正确性。在你开口之前你就应该意识到，说话的正确性是对人最起码的尊重。

① 实事求是。空话、大话、假话必须避免。"狼来了"的故事告诉大家，捉弄人一次、两次可能成功，但第三次就必然受到惩罚了。栽赃、陷害、伤人、诽谤会对别人造成极大的伤害。挨打的皮肉之伤易愈合，哀怨的心灵创伤难平复。因此，冤枉他人是礼仪的大忌。

② 用词准确。有求于人时，要考虑对方能否办到及能否领会。

太直接的问话显然令人不好回答。例如，"能否借一样东西给我?""可以借一笔钱给我吗?"不能准确表达意思的话也是失礼的。例如，你手指着书架说："请帮我把书递过来，好吗?"尽管用了客气委婉的语气，但由于没有准确表达是什么书，会令人无所适从。

③ 区分场合。正式场合与一般场合、书面语与口头表达所使用的语言有所区分。例如，称呼尊者、领导时，在正式场合和书面文件上要规范，一般用全称，如张三教授、李四副教授、王五副校长等。但在一般场合和口头语上往往用简称，一般会省略"副"字，如张教授、李教授、王校长，同时这也算作是一种敬称。

对令人敏感的谐音姓氏，如“郑某某”“傅某某”，要特别避免误会和尴尬。即便在一般场合，也应该说出其“姓名+职位”的全称。

④ 把握语意。在日常社交生活中，处于特定的需要和惯例场合中，使用客套语、反语及善意的“谎言”，不能将其视为虚伪和失礼。

在初次见面时，往往要说一些恭维式、自谦式的客套话，如“久仰大名”“幸会幸会”“光临寒舍”“蓬荜生辉”，这已经是约定俗成的社交客套话，虽然有点言过其实，但令对方感到舒服，觉得受到尊重，不能算作是失礼的表现。

(3) 语言的情感性。人是高级动物中最富有情感的，当人获得礼遇后自尊心得到了满足，故语言的情感性就显得非常重要。

① 诚恳的态度。与人交谈时，应神情专注，态度诚恳亲切；表示祝贺时，应表情热情，而不是冷冰冰地敷衍，甚至讽刺；与人交谈时，应神态专一，而非失礼地东张西望、漫不经心、答非所问。

② 礼貌地倾听。本杰明·富兰克林曾说过，与人交谈取得成功的秘诀就是多听，永远也不要不懂装懂。学会倾听就是指不要只顾自己讲话，也要给对方说的机会。认真倾听对方讲话，并经常用一些点头之类的体态语来交流，这样可使对方觉得自己受到重视。千万不要表现出不感兴趣，更不能去打断对方的话语。

③ 细微的差别。在丰富多彩的人类话语中，有时一字之差就会改变所表达的感情。例如，坐、上坐、请坐、请上座，喝茶、请喝茶、请用茶，就令人明显感受到所获礼遇等级的差别。

2. 交谈的礼仪

交谈中，只有遵从一定的礼仪规范，体现对对方的尊重，才能达到双方交流信息、沟通思想的目的。

(1) 多用礼貌用语。用词文雅可以体现出一个人的学识教养，在文明社会，尤其是当今社会，社会活动中的礼貌用语尤为重要。

① 尽量用敬语。礼仪的核心内涵是尊敬，而其在语言上的体现就是要常用敬语。例如，您—你，先生—喂，小朋友—小孩，这样给人的感受就完全不同。同样是一种意思，但效果会由于语言载体的形式不同而大相径庭。《西游记》中猪八戒向两个抬水的女妖问路，张口便叫“妖精”，路没问成，还挨了一顿打。对此事他不明白，求教孙悟空。孙悟空说不能叫“妖精”，应该到她前面行个礼，看她多大年纪，若与我们差不多，叫她“姑姑”；若比我们老些，叫她“奶奶”。八戒照做，果然十分奏效。

② 少命令，多商量。例如，“麻烦让一下！”“让开！”所表达的都是同一种意思，但两者的口吻相差甚远。

人们认为“请”与“叫”所表达的意思似乎一样，所以往往不太注意这两者之间的区别。实际上，一个人礼仪教养的水平就可以从“请”“叫”中分别出来。

③ 了解传统敬语、谦辞。我国是历史悠久的礼仪之邦。据记载，古人非常重视使用礼貌用语，而在现代语言中礼貌用语则被淡化了很多。对祖国优秀的文化传统，现代人还是要继承、借鉴、更新、发扬光大、古为今用。

例如，古人常用“令”“尊”“贤”来尊称对方及其亲属，其中“令”可通用，

“尊”只用于称呼长辈，“贤”则用于称呼平辈和晚辈，但当称呼对方配偶时则“尊”“贤”皆可通用，如令尊、令堂、令郎、令爱，贤弟、贤妹、贤侄，尊夫人、贤夫人，等等。

敬语可以分为以下几类：问候语，如“您好!”“早上好!”等；欢迎语，如“欢迎您!”“见到您很高兴!”等；回敬语，如“非常感谢!”“让您费心了!”等；致歉语，如“请原谅!”“很抱歉!”等；祝贺语，如“工作顺利!”“祝您好运!”等；道别话，如“再见!”“走好!”等；请托语，如“拜托!”“劳驾!”等。

阅读材料

礼貌用语

初次见面应说“幸会”	请人解答应用“请问”
看望别人应说“拜访”	赞人见解应用“高见”
等候别人应说“恭候”	归还原物应说“奉还”
请人勿送应用“留步”	求人原谅应说“包涵”
对方来信应称“惠书”	欢迎顾客应叫“光顾”
麻烦别人应说“打扰”	老人年龄应叫“高寿”
请人帮忙应说“烦请”	好久不见应说“久违”
求给方便应说“借光”	客人来到应用“光临”
托人办事应说“拜托”	中途先走应说“失陪”
请人指教应说“请教”	与人分别应说“告辞”
他人指点应称“赐教”	赠送作品应用“雅正”

（2）慎重选择话题。人们在交谈中所涉及的题目范围和谈资内容统称为话题。换言之，话题是一些由相对集中的同类知识和信息构成的谈话资料及其相应的语体方式、表述语和语气词的总和。在人际交往中，选择一个好的话题，就能使谈话有个良好的开端。

① 适宜的主题。例如，对方或自己擅长的话题；安全话题（即公共话题），如哲学、历史、地理、艺术、建筑、风土人情等；轻松愉快的话题，如电影、电视、体育比赛、美容美发、休闲娱乐、旅游观光、名胜古迹、流行时尚、烹饪小吃、天气状况等。

② 忌谈的主题。例如，涉及国家和政府的政治话题；涉及国家秘密和行业秘密的话题；涉及交往对象的隐私话题，如收入、年纪、婚姻家庭、健康状况、个人经历等；格调不高的话题。

由于人们的学历、职业、精力、兴趣状况不同，每个人所掌握的话题状况也会有所差距，因此必须尽量扩大话题储备。在现实生活中，肯花工夫学习，多看书报，有意识地积累自己的知识，将会对自己选择话题有很大帮助。

（3）讲究提问技巧。提问和回答是交谈的基本形式，善于提问可以更顺利地接近并与对方相识，同时可以获得信息、解除疑点、加深了解，能打破交谈的僵局，控制交谈言路的方向，保证交谈的顺利进行，因此提问往往是交际的起点，它在交谈中占主导地位。在交谈中要讲究问得其所，问得所需。

① 看清对象。“上什么山唱什么歌，见什么人发什么问。”提问要根据对方的年龄、身份、职业、性格的不同因人而异，选择不同的提问方式。

② 把握时机。在交谈中，发问的时机非常重要，要善于掌握对方的心理。要选择恰当的时机发问，时机掌握得好，发问效果才佳。例如，当对方伤心或失意时，不宜提太复杂、太生硬，使对方不愉快的问题；当对方遇到困难或麻烦，需要单独冷静思考时，最好不要提任何问题。

③ 抓住关键。提问问题时抓住关键和重点，可以引导对方的思路，并使问题显得清晰，从而避免对方摸不着头脑，觉得回答起来无从下手。

④ 精选类型。在提问时往往要准备多种提问方式，因为不是任何人一开始就愿意如实回答你所提出的问题，他往往会用各种借口来推托你的问题。当一种提问方式不行时，要试着换另一种方式提问。提问大体可以分为以下几种类型。

a. 正面直问。开门见山，直接提出你想了解的问题。

b. 两面提问。既问好的，也问坏的；既问主要的，也问次要的。这种提问可以较好地了解人的全貌和事物发展的全过程，可以帮助我们克服主观片面性。

c. 迂回侧问。若正面或反面都不好问，就从侧面或另一角度入手，迂回之后，再回到正面问题上来。

d. 假设提问。站在对方的立场上，提出一些假设，启发对方思考，引导对方回答。

e. 步步深问。打破砂锅问到底，随着对方的谈话，步步深入。

当然，想使对方愿意回答自己提出的问题，也要注意自身形象的塑造，比如着装要得体、大方、自然，称呼要得当，给人真诚可信的感觉。这样，在“问者谦谦，言者谆谆”的合理氛围中交谈就会进展得比较顺利。

3. 交谈的艺术

（1）有备而谈。日常生活中，成年人不能像小孩子一样。童言无忌是天真可爱的，如果成年人说话冒失，则会令人反感。在社交活动中，要提前准备谈话的话题，并讲究技巧，而不是随心所欲、信口开河。

① 仪表仪态、端庄得体。仪表端庄，举止得体，神态饱满，气质上佳，风度翩翩，良好的第一印象显然有助于谈话的成功。

② 思路清晰，主旨明确。明确的宗旨、细致的步骤及备用方案等要在会谈前准备好，谈话时不要啰唆，思路应清晰。同时，要通过对方的反应寻找共同的话题，使谈话得以继续。

（2）掌握分寸。谈话要有放有收，不过头，不嘲弄，把握好“度”；谈话时不要唱独角戏，夸夸其谈，忘乎所以，不让别人有说话的机会；说话时要察言观色，注意观察对方的情绪，对方不爱听的话少讲，一时接受不了的话不急于讲。开玩笑的时候要看对象、性格、心理、场合。一般来讲，不随便开女性、长辈、领导的玩笑；一般不与性格内向、多疑、敏感的人开玩笑；当对方情绪低落、心情不快时不开玩笑；在严肃的场合、用餐时不开玩笑。

① 身份意识。主从不分、没大没小是不礼貌的，所以说话时应注意自己和对方的身份。例如，“吃东西前要洗手，懂吗”对小孩说是很平常的，但对成年人说则不妥。

② 顾及他人。说者无意，听者有心，说话者要顾及他人，避免无意刺伤他人，令人尴尬。要确保对方能听懂自己的话，比如商业交往不宜用方言，而且应避免与人耳语。另外，要将心比心，与人为善。揭人伤疤，说刻薄的话，伤人自尊都是极为失礼的言行。还要注意不要在公共场合冷落某方面不如自己的人。

③ 考虑措辞。直率固然是优良品格，但在有些场合不宜太“直率”，否则容易使人误会，认为没有教养。在商务活动中要注意不宜居高临下、咄咄逼人，而应谦恭礼让、委婉客气。

阅读材料

臣子妙答

曹操很喜爱曹植的才华，想废了曹丕转立曹植为太子。当曹操将这件事征求贾翊的意见时，贾翊一声不吭。曹操就很奇怪地问：“你为什么不说话？”贾翊说：“我正在想一件事呢！”曹操问：“你在想什么事呢？”贾翊答：“我正在想袁绍、刘表废长立幼招致灾祸的事。”曹操听后哈哈大笑，立刻明白了贾翊的言外之意，于是不再提废曹丕的事了。

在南朝时，齐高帝曾与当时的书法家王僧虔一起研习书法。有一次，高帝突然问王僧虔说：“你和我谁的字更好？”这问题比较难回答，说高帝的字比自己的好，是违心之言；说高帝的字不如自己，又会使高帝的面子搁不住，弄不好还会将君臣之间的关系弄得很糟糕。王僧虔的回答很巧妙：“我的字臣中最好，您的字君中最好。”皇帝就那么几个，而臣子却不计其数，王僧虔的言外之意是很清楚的。高帝领悟了其中的言外之意，哈哈一笑，也就作罢，不再提这事了。

分析：在许多场合，有一些话不好直说、不能直说，也无法明说，于是，旁敲侧击绕道迂回，就成为人们所采用的方法。

（3）幽默风趣。在交谈中常常会因为意见不同而产生争论或分歧，但交谈本身就是一个寻求一致的过程。这就需要在交谈中，用应变和机智抛开或消除障碍。幽默可以化解尴尬局面并且增强语言的感染力。它建立在高尚的情趣、较深的涵养、丰富的想象、乐观的心境和对自我智慧、能力的自信基础上。

有幽默感的人在谈话中总是受人欢迎的，幽默不但能很好地表达自己的意思，同时还可以活跃谈话气氛，使谈话更容易继续下去。

（三）演讲

演讲是一门运用语言的艺术。它是指演讲者在公共场合，运用口语，借助于表情手势，郑重、系统地阐述自己的见解和主张，以教育或感召听众的一种口语表达方式。演讲可以分很多类，如政治演讲、学术演讲、法庭演讲、社会生活演讲等。

1. 演讲的要素

从演讲定义的阐述中我们可以清楚地看到演讲是一种最直接、最灵活、最经济和极有效的口语表达形式和宣传教育艺术，它有着与一般口头语言和书面文章不同的特点和作用。

（1）特定的时境。演讲的时境指的是演讲者和听众同处一起的时间与环境。特定的时境是演讲的重要基础之一，是演讲活动不可缺少的物质要素。同时，特定的时境又对演讲这一口语表达活动起着突出的制约作用，随着特定时境的转移与变化，演讲的内容、语言和表情动作等也都要做相应的调整与变化。只有这样，才能适应特定时境这一物质要素转移与变化的需要，才能取得演讲的最佳效果。

（2）有声语言。有声语言是演讲活动最主要的物质表达手段，它以流动的方式，运载着演讲者经过组织的思想与感情，传入听众的听觉器官，从而产生很强的说服力、吸引力与感召力。好的有声语言具有准确清晰、清亮圆润、富于变化、有耐久力的特征。它能在流动的过程中产生一种美感，勃发一种情趣，形成一种“余音绕梁，三日不绝”的佳境。

（3）态势语言。态势语言是演讲中重要的信息交流手段，又称为形体语言或无声语言，它是指能在一定程度上表达思想感情的眼神、面部表情、手势动作、体态、举止和礼仪等。如同话剧演员、戏剧演员的形体动作那样，这种态势语言也属流动着的形体动作，这种动作如果运用得自然、真实、鲜活，也能在一定程度上弥补有声语言的不足，增强有声语言的表现力和感染力。

2. 演讲的心理技能

演讲是一种强烈的精神劳动产物，它不仅是对演讲者思想、文化、知识、表达能力的考验，也是对演讲者心理素质的严峻考验。良好的心理素质可以帮助演讲者获得演讲的成功，而心理素质差的演讲者也许还没有登场就败下阵来了。因此，培养演讲者良好的心理素质，是取得演讲成功的先决条件。演讲者要具有的心理素质主要有以下几个方面。

（1）求真的心理素质。追求真理应该是我们每一个演讲者演讲中所追求的目的，也只有追求真理、弘扬真理的演讲才是最具有生命力的演讲，才会是名垂青史的演讲。恩格斯的《在马克思墓前的讲话》如此，林肯的《葛底斯堡演讲》如此，闻一多的《最后一次演讲》也是如此。这一切都是演讲者追求真理的结果，如果没有他们对真理追求的内在思想品质和良好的心理素质，那么要想产生这些名垂青史的演讲传世之作是不可能的。

（2）创作上的心理素质。在演讲创作中需要哪些心理素质呢？大体说来有两个方面：一是形象思维和逻辑思维；二是联想与想象。

在演讲创作中逻辑思维占主导地位，演讲创作者要通过自己的创作说明问题、解决问题，最后昭示给人们的也不是某一具体的形象，而是一个抽象的道理。所以形象思维在演讲创作中只是暂时的、阶段性的，占主导地位的是逻辑思维。但是形象思维在演讲创作中并不是可有可无的，它在演讲创作中也起着逻辑思维不可替代的作用，如事例的陈述、形象的描绘等。离开了形象思维同样完不成演讲任务。

德国哲学家黑格尔说过："想象是创造性的。"想象可以为我们的思想插上一双展翅高飞的翅膀。没有了想象，我们的思想就飞不高、飞不远，我们的心灵就不会丰富，我们的生活也不会多彩；而联想又可帮助我们在错综复杂的事件之间找到联系，让我们在千头万绪中找出头绪，在千变万化中找到根本。想象和联想可以让我们的演讲创作得到升华，让我们的演讲主题更深刻，让我们的思维材料更丰富，让我们的演讲构思更灵活。

（3）表达的心理素质。演讲是需要勇气的，这种勇气到了演讲的表达阶段显现得更为突出。这时演讲者一般要做好以下几种心理准备。

① 克服怯场心理。怯场是人人都有过的经历，许多著名的演讲家在初登讲台时也会心里发慌，两腿发抖。古罗马雄辩家西塞罗曾在一次讲演后说："演讲一开始，我就感到自己面色苍白，四肢和整个心灵都在颤抖。"后来他成为著名的演讲家。我们同样也一定会从不能到能。要知道演讲是人人都可以做到的，只要鼓起勇气，勇敢登台，你就已向成功迈出了第一步，胜利已离你不远了。

② 情绪饱满。演讲者一定要想方设法在登台演讲前把自己的情绪调整到最佳状态，以饱满的情绪登台演讲。古希腊著名的哲学家亚里士多德曾经说过，一个充满了感情的演说者，常常使听众和他一起感动，哪怕他所说的什么内容都没有。而且饱满的情绪也能吸引听众、感染听众、打动听众。因此，在登台以前，一定要调整好自己的状态，给听众留下美好的第一印象，让听众对你的演讲充满信心。

③ 善于沟通。演讲是一种双向交流。因此，演讲者在登上讲台之后，就要学会与听众交流，随时注意听众的反馈信息，并根据这些反馈信息及时调整自己的演讲内容。只有如此，你的演讲才会是适时的、得体的，也才会是成功的。

演讲者千万不能自视过高，不论你知识多么丰富，阅历如何广博，准备怎样周详，都不要忘了"群众才是真正的英雄"，听众中并不乏真知灼见者，在演讲中，演讲者与听众往往也是可以"说听相长"的。

3. 演讲的语言技巧

演讲是一门艺术，也是一门科学。良好的语言组织、适当的语言技巧是演讲成功的关键。它能以起伏自如、轻重有致、自然和谐、音义兼美的艺术魅力，使广大听众受到思想上的感染，得到精神上的熏陶和艺术上的享受。

（1）语言适度夸张。演讲不同于教学，演讲需要语言的适度夸张来强化自己的观点，使听众形成深刻的印象。如"我说过一万遍了，现在我要第一万零一遍地再次强调……"。

（2）采用各式问句。适度采用设问、反问、连续追问等手法，可直击听众心灵，达到激起兴趣、引发思考、引起共鸣的效果，如"难道这就是网络文化的含义吗？"

（3）设计悬念。在演讲的开头或过程中有意设计一些悬念，可激发听众的好奇心，引导听众耐心地听下去。好的开头，比如一个动作、一句有力的称谓、一个幽默的自嘲、一个引人入胜的故事、一个有趣的问题等，可以马上将听众的注意力集中到演讲中来，激发出听众的兴趣，或直接切换到演讲者期望的情绪中来。

（4）运用适当的排比。排比句是非常煽情的，在演讲的高潮部分适度加入排比句，能起到锦上添花的效果。

(5) 运用情景描述、比喻、类比等手法。用自己描述性的语言将听众带入一种场景，使大家在一个共同的场景和氛围中感受演讲内容，而比喻、类比能将复杂的观点简单化、形象化，帮助听众更直观地理解演讲内容，使听众更容易引起共鸣。

(6) 语言具有渲染力。语言的渲染力主要靠日常的语言习惯养成，但也可以进行设计。同样的语意可以用不同的语句表达。例如，“那天是 1997 年 7 月 1 日”与“记住这个日子吧！1997 年 7 月 1 日”效果相差很多。很明显，后一个句式能够给听众留下更深的印象。

另外，富于变化的语速、适当的音量和语调、恰当的停顿等，都会为演讲增色。

4. 演讲的非语言技巧

(1) 站姿。演讲时应挺直、舒展、自然，不要左右摇摆。在向听众表达一种传递信息的欲望时，应适度前倾；在表达一种神圣感或渲染某种深远的情绪，希望将听众共同带往一种情绪境地时，可采用微仰头、仰望苍穹等姿态。

(2) 手势。手势以自然为佳，最好就是日常的习惯性手势，在此基础上，可进行适当的修饰和设计，改掉一些不良的手势习惯。手势宁少勿多，不要让人感到生硬。指向听众或自己时不要用手指，而要用手掌。

常用手势：双手或单手有力地指向对方或自己；用力握拳；屈起手指敲击桌面以加强语气；用力挥一下手；自然连续地转动手腕；双手平摊、耸肩；用手指表达数字；伸大拇指表示极度肯定和赞赏；摆 V 字造型表达胜利的信心或快乐；轻摆手指表示否定或轻蔑；用手指轻敲太阳穴表示思考；等等。

(3) 目光。目光要有力，凝视听众，但不可在一处停留过久，否则该处听众会不自在，也不可跳跃太频繁，一句话未说完时尽量不要转移目光，否则给人以游离、不自信的感觉。除非是表达悲痛的情绪，否则眼角不要向下垂。

(4) 表情。演讲时首先要自信和从容，然后应有一些变化，配合演讲的内容，善用眉头、眼角、嘴唇等易控制的部分，可有效地传达自己的情绪。一般情况下要面带微笑，尽量避免表情呆滞，或显得过于呆板。

第二节 养成教育

一、养成教育溯源

养成教育可谓源远流长，它经历了一个从“养”到“养成”，再到“养成教育”的漫长过程。

“养”的出现是人类文明进步的起点。人类形成之初，面对的一切都是“野”的——野生植物、野生动物等，人类自身也处于野的状态。到了原始社会末期，人们逐步认识了野生植物的生长规律和野生动物的习性，产生了驯养动物、种养植物的想法，并取得了成功，开始了从野到养的历史新时期，开创了人类文明进步的起源。这一“养”的过程，就是“驯、育、培”的过程，在这一过程中，经过了无数次的反复、比较、选择，摒弃了种种恶习，继承和发展优良的东西。当某种优良行为规范一旦适应社会各种关系，成为协调社会发展的优良习惯，它便有着强大的生命力，成为人们言行的准则，于是又出现了“养成”的发展过程。

所谓“养成”，就是培养而形成。人们按其公认的准则或规范，通过家庭、学校、社会等思想教育途径，要求社会公民去遵守大家公认的准则或规范。现代社会，有优良的习惯，也有不良的习惯。我们提倡的是养成优良的习惯，反对和摒弃不良的习惯，这就需要我们去培养和教育，于是便产生了养成教育。

养成教育通过严格管理、规范行为、长期践行、外在培养与自我内化等多种教育手段，是进行思想品德教育的一种重要途径，它侧重于行为教育，与认知教育相对应，二者相辅相成，互相促进，全面提高受教育者的知、情、意、行等素质，使之形成良好的符合社会道德规范要求及发展方向的道德品质和行为习惯。

二、大学生养成教育的特点

当代大学生同样需要养成教育。养成教育与高等教育相结合后，便从较高层次和较完备的意义上获得了新的内涵。高等学校的养成教育由高校的培养目标、培养手段和育人环境决定，是教育者为使受教育者具有良好的素质、能力及行为习惯，而对受教育者进行反复和长期的教育、疏导、训练及培养的过程，它是经过受教育者的自觉体验和实践而逐步完成的。

大学生的养成教育具有如下显著的特点。

（1）与学科教学活动相联系，具有高层次性。

（2）贴近学生思想实际和人际关系实际，具有实践性。

（3）融入管理教育、思想政治工作和校园文化活动中，具有渗透性。

（4）集德育、美育、体育及心理健康教育为一体，具有综合性。

（5）作为日常的大量的非程序化的特殊教育活动，具有随机性。

（6）作为学生的自我教育、自我管理和自我服务活动，具有群众性。

这些特点决定了养成教育在高等学校的存在和发展中，不仅是必然的，而且是必需的。

三、大学生养成教育的主要内容

养成教育是指对大学生进行良好的道德行为习惯的培养，以大学生的基础文明道德和日常行为规范的养成为主要内容。

1. 爱国主义、集体主义、社会主义教育

坚持不懈地对大学生进行爱国主义、集体主义和社会主义教育，引导大学生深化对我国历史和国情的认识，深化对改革开放 40 多年伟大功绩的认识。深入进行弘扬抗震救灾精神所焕发出的民族精神教育，深入开展中华民族优良传统和中国革命传统教育，培养团结统一、爱好和平、勤劳勇敢、自强不息的精神，树立民族自信心和自豪感，增强坚持走中国特色社会主义道路的信心和决心。要重视引导青年学生正确表达爱国情怀，不断提高自身综合素质，教育和引导大学生把爱国热情转化为刻苦学习的实际行动，时刻心系民族命运、国家发展。

2. 法制和校规校纪教育

进一步做好法律法规、校纪校规和安全常识的宣传教育工作，这是学校教育工作的重要内容。通过开展安全普法和校规校纪宣传教育，传播遵纪守法理念，增强大学生的法律意识，使大学生群体具备基本的自我防范意识，保护自身的生命及财产安全，特别是在紧急情况下能采取适当措施，保护个人及国家、集体的利益不受伤害；同时要加强纪律意识教育，帮助学生增强纪律观念，减少和杜绝迟到、旷课等不良现象，养成自觉遵守学校规章制度的良好习惯。

3. 社会公共道德教育

社会公共道德教育要以公民基本道德规范为基础，同时充分考虑当代大学生的自身特点和现实生活中少数学生道德方面的缺失，着重对公共场所随地吐痰、乱丢垃圾、损坏公物、打饭插队、休息时间大声喧哗、课桌上乱刻乱画、不尊敬老师等各种不文明现象进行深入教育，引导大学生自觉地履行文明礼貌、助人为乐、爱护公物、遵纪守法等道德规范，积极开展道德实践活动，把道德实践活动融入大学生学习生活之中。引导大学生从身边事做起，从具体的事情做起，着力培养良好的道德品质和文明行为。

4. 公民意识教育

公民的意识主要包括平等意识、参与意识、监督意识、责任意识、法治意识、规则意识等内容。当代大学生主体具有先进的公民意识，但也有个别学生公民意识淡薄，重公民权利，轻公民义务，法治意识和规则意识不强，功德意识缺失，见利忘义、不讲信用、极端自私自利等行为时有发生。应该运用多种途径，把大学生的公民意识教育与课堂教学、校园文化建设结合起来，理论与实践活动结合起来，教育与日常生活结合起来，对大学生开展卓有成效的公民意识教育。

5. 日常生活习惯和行为规范教育

进一步加强对大学生的生活习惯和行为规范教育，这是学校加强大学生思想政治教育的重要内容。要坚持从大学生日常生活中的小事入手，教育大家在日常起居、饮食娱乐、待人接物等方面加强修养，逐渐养成勤俭节约的习惯，创造一种宽松和谐、与人为善的公共生活环境。同时要在大学生中加强行为规范的宣传和教育，使他们能够真正理解规范的内容、要求和意义，能依据规范来对照自己的行为，明理而知耻，见贤而思齐，将规范的要求变为他们的自主行为。

6. 社交礼仪教育

社会交往中的礼貌和礼仪是个人修养最直接的外现形式，也是促进人际交往的重要媒介。大学生要做到言谈举止彬彬有礼，这是赢得别人尊重的前提，也是成功进行社会交往的重要基础。加强对大学生的礼仪教育，要从大学生的仪表、举止、谈吐、待人接物、文明交往等方面入手，塑造学生良好的形象，培养学生高雅的气质、文明的举止，以提升学生的社会竞争力；同时引导学生在人际交往过程中，深入体会克己、慎重、适度得体、表里如一、诚实信用等人际交往原则，真正理解和掌握好礼仪自身的规律及核心理念。

7. 环保意识教育

环保意识不仅是与大学生的日常生活息息相关的重要素质，也是建设和谐社会、实现科学发展的重要的现代文明理念，从侧面反映出一个人的道德素质和人文修养。加强环保意识教育，要充分结合建设和谐社会，实现科学发展教育、道德教育、公民意识教育、生活习惯和行文规范教育，把讲究卫生、爱护环境的观念真正融入同学们的心里，化为大学生群体自觉、自然的良好行为习惯。

四、大学生养成教育的指导思想及原则

大学生养成教育要以马列主义、毛泽东思想、邓小平理论、“三个代表”重要思想、科学发展观和习近平新时代中国特色社会主义思想为指导，以《公民道德建设实施纲要》《高等学校学生行为准则》为要求，以思想道德建设为基础，大力开展大学生爱国主义教育、集体主义教育、道德教育、公民意识教育、法制及校规校纪教育、生活习惯和行为规范教育、礼貌礼仪教育、环保教育。引导广大青年学生继承和发扬中华民族优良道德传统，树立正确的审美观、道德观，从身边事做起，从具体的事情做起，着力培养学生良好的道德品质和文明行为规范，自觉地遵守校规校纪，营造文明守纪、宽松和谐、健康向上的校园氛围，有效地发挥大学生群体在基础文明方面的社会榜样作用，引导、促进和谐文化氛围的形成。

加强大学生基础文明教育，要坚持教育引导与管理服务相结合的原则、科学素质与人文精神相结合的原则、环境教育与自我教育相结合的原则、理论与实践相结合的原则、长期性与阶段性相结合的原则。

五、大学生养成教育中应注意的问题

长期的应试教育只注重对学生学习成绩的提高，而忽视了对学生的养成教育，这种偏颇的后果在学生上大学以前巨大的升学压力下未能显现出来。但当升入大学后，升学压力一旦消失，面对大学新生活，大学新生们一时很难适应，进而会表现出各种各样的问题。

1. 心理不适

现在的大学生大多是独生子女，普遍缺乏坚韧不拔的毅力和抵抗挫折的能力，有孤僻、任性、我行我素、情感脆弱等性格特征。

刚刚进入大学的新生，无论是学习环境还是生活环境均发生了巨大变化，由此带来了心理的变化。经过高考的激烈竞争，他们成了时代的宠儿、竞争的胜利者，此时优越感达到了顶峰。但当进入英才荟萃的大学后，经过一段时间的学习，他们发现自己的优势不存在了，入学时的荣誉感与自豪感也慢慢消失，再加上远离亲朋、只身到异地求学、人际关系处理不善等因素，部分新生情绪低落，出现了心理不适。这种不适既有环境改变造成的不适应和学习目标不明确造成的忧虑，又有感情不畅造成的苦闷，条件差异造成的极端不平衡，还有人生观、价值观的模糊不清造成的迷茫。

2. 学习目标缺失

（1）学习目的性和职业性不强。对所学专业现状及发展前景不了解，没有长远的职业发展规划。受社会大环境的影响，功利心强，多数学生都期望 4 年大学后能找到一份稳定的工作，不能兼顾近期个人目标和人生长远目标，可持续发展能力差。

（2）学习能力较差。一方面，学生对新的大学学习方法和生活不能很快适应；另一方面，学习缺乏主动性和积极性，学习中遇到问题，不能多渠道、多方式地主动解决问题，最终积重难返，失去学习兴趣。

（3）团队意识淡薄。由于社会和高校的竞争日益激烈，学生之间因就业、评奖等激烈的竞争，导致自我意识过度增强，团队意识减弱，同学们极少在学习方面积极主动地互帮互助、相互促进。

大学新生在中学阶段有着明确的奋斗目标，那就是考上理想中的大学。一旦被高校录取，为之奋斗多年的目标终于实现，有相当一部分新生进入大学后便觉得万事大吉，没有及时树立新的奋斗目标。目标的缺失造成行为的放纵。他们不再将自己的主要精力用于学习，而是沉迷于享受重压之后的自由。正是这种心理造成了大学新生精神的迷茫，目标的缺失使他们缺乏继续前进的动力，部分新生难以适应大学生活，甚至沉沦而无法自拔。

3. 生活缺乏自律，独立性差

（1）缺乏文明的生活习惯。娇生惯养、缺乏独立意识、自理能力差；有的学生寝室狼藉一片，就寝时间随意性强；节俭观念差，有攀比、高消费的现象；某些学生还有吸烟、酗酒等不良嗜好；在人际交往中自私、偏见、狭隘，缺少团队精神，难以适应集体生活。

（2）自律性差。学生考上大学后，有松口气的思想及初涉社会的新鲜感，经常旷课、泡吧，投入较多精力进行社交。

高中三年，学生都是在老师和家长的严格管控下，自己可支配的时间较少，一切都已习惯于在老师、家长的安排下进行。到了大学后，课余时间增多，可支配的自由时间很多，由于他们习惯于在别人的督促和管制下安排一切，在高校相对宽松的管理模式下，一些新生缺乏自我约束能力，不能适应大学独立自主的学习模式，不能严格遵守校规校纪，自律意识很差，表现得很散漫，经常迟到、旷课，缺席集体活动。部分新生在大学第一学期功课就亮起了红灯。

（3）当进入大学远离父母朋友后，面对新的生活，缺少了父母的时刻呵护，部分新生表现出了极大的不适。他们不知道应该如何安排大学期间的空余时间，不知应该如何处理与同学、朋友之间的关系，甚至不知应该从何处入手去处理大学的学习与相对较多的社团活动之间的关系。这种独立性的缺失使大学新生很难融入大学丰富多彩的生活，体会大学教育的真谛。

对上述缺陷如不及时弥补，不仅影响大学生在校期间的学习、生活，而且不利于他们就业。所以，在新生入学时，学校会采取切实可行的措施开展养成教育，调动他们的学习热情，帮助其树立正确的世界观、人生观和价值观，养成健全的人格、健康的心理和顽强的意志，培养团结协作精神和社会责任感。

结 语

各位新同学，因为你的加入，南昌交通学院将会更加欣欣向荣，将会变得更加生动和美丽！

在结束的时候，似乎要告诉给新生的话还有很多，总想把所知道的和很多错失的美好全都写出来，让你们一件都不要错过，也想让你们在走过大学之后没有丝毫的遗憾，甚至希望铸造一个理想的完美的大学生活模子，然后把你们一个个浇灌进去，塑造出来的都是无悔的青春，塑造出来的都能成就年轻的激情和梦想。然而每个人的大学都是一个故事。我们共同的大学更可能是人生理想的起航，是思考自己存在意义的开始，因为也许从大学开始你才意识到自己的存在。孩提时代懵懂的记忆是不能从意义的角度去思考的，所以有过大学的人生都是从大学开始作为人生的起点去追忆，每个走过大学的人总会有属于他自己的大学故事、大学情结。走过大学，不管他的大学有多么的精彩，总是会留有遗憾，因为年少轻狂的日子总是要犯错的。告诉你们也并不是苛求你们不犯错，只是希望你们少犯错，在大学里少点遗憾、多点精彩。

大学丰富多彩的生活，是值得我们终生回味的。同学之间真诚相见，结下了终生的友谊；有的人步入了爱情的早春季节，开始品尝那甜蜜而青涩的人生初恋。

经过高考，进入大学，你会有更多时间读自己喜欢的书；离开高中，迈入大学，不会有老师时刻监督你读书。读书与否，会决定大学四年的收获和厚度。大学时期也是一个人读书的最好期，希望你可以在最美好的时光里多读书，请让阅读成为你成长的自觉行动。现将一些值得阅读的图书推荐给大家。

一、值得阅读的图书

《周易》《诗经》《荷马史诗》《尚书》《孙子兵法》《老子》《伊索寓言》《论语》《孟子》《历史》《几何原本》《理想国》《政治学》《庄子》《史记》《物性论》《黄帝内经》《山海经》《九章算术》《徐霞客游记》《伦理学》《一千零一夜》《源氏物语》《梦溪笔谈》《资治通鉴》《马可·波罗游记》《神曲》《十日谈》《三国演义》《水浒传》《乌托邦》《天体运行论》《西游记》《哈姆雷特》《太阳城》《堂吉诃德》《新工具》《关于托勒密和哥白尼两大世界体系的对话》《自然哲学的数学原理》《政府论》《哲学

通信》《人性论》《论法的精神》《经济表》《社会契约论》《常识》《国富论》《纯粹理性批判》《红楼梦》《人口原理》《拿破仑法典》《精神现象学》《作为意志和表象的世界》《论实业制度》《红与黑》《浮士德》《战争论》《人间喜剧》《共产党宣言》《政治经济学原理》《物种起源》《悲惨世界》《罪与罚》《资本论》《战争与和平》《文明论概略》《经济学原理》《权力意志》《母亲》《实用主义》《变形记》《约翰·克利斯朵夫》《吉檀迦利》《狭义与广义相对论浅说》《民主主义与教育》《精神分析引论》《国家与革命》《新教伦理与资本主义精神》《阿Q正传》《历史与阶级意识》《马克思主义和哲学》《历史研究》《新民主主义论》《逃避自由》《存在与虚无》《围城》《经济学》《老人与海》《哲学研究》《禅宗》《铁皮鼓》《百年孤独》《正义论》《资本主义文化矛盾》《第三次浪潮》。

二、共勉的话

另外，还有一些话送给大家，与大家共勉。

1. 进入大学，接触到新的环境和新的人，这是你最好的重新塑造自己形象的时候，改掉以前的缺点，每进入一个新的环境，都应该以全新的形象出现。

2. “我是谁?”这是一个角色定位和角色认同问题。对“大学生”这一角色如果模糊不清，就会出现角色错乱。

3. “我来做什么”“该怎么做”，这是个主题定位和态度问题。大学的主题是什么?是单纯求学，两耳不闻窗外事，还是修身求学，一心追求真善美?是做单一型人才还是当复合型人才?是被动求学还是主动奋斗?选择不同，文凭的含金量自然不同。

4. “我到哪里去?”这是个定向问题。进入大学，前途选择并没有结束。将来是赶快毕业直接工作，还是考研究生继续深造?不管怎样选择，改变命运的钥匙掌握在自己手里，成功的机遇总是偏爱有准备的人。

5. 经常给家里打个电话，始终记住：儿行千里母担忧。

6. 军训是新生们入学的第一课，至于苦与乐，只有经历过的人才知道其中的感受。至今，我都很怀念军训的那一段短暂的时光，它给我留下很深的印象，同样也留下了美好的回忆。还望大家好好珍惜!

7. 军训时要在穿的鞋子里垫鞋垫。

8. 不论是男生还是女生，仅注重外表，而不注重内在，早晚会吃亏。

9. 每个星期一定要抽时间锻炼身体。根据自己的特长选择适合自己的项目。

10. 喝酒只能点到为止，不可喝醉；否则，你只会沦为别人的谈资和笑柄。

11. 你遇到的不公平可能恰恰是别人的公平。所以，你不如去努力地奋斗，争取最适合你的公平。

12. 如果你4年内很少去图书馆的话，你就等于浪费了一大笔财富。所以，经常去那里，随意翻翻都会有收获。

13. 男生，你长得可以不帅，但你内心一定要帅，而且那才是真正的帅（当然，女生也是同样的道理）。所以，不必在穿着打扮上花太多心思。

14. 大学里可能有真实的爱情，真爱是值得追求的。但建议还是多花点心思在学习上，不要有从众心理。

15. 很多事情当你再回忆时会发现其实没什么。所以，不管你当时多么愤怒或有别的情绪，要告诫自己保持冷静。

16. 如果你的个性让很多人对你敬而远之，那么你的个性是失败的，成功的个性在于吸引，而不是排斥。

17. 新学期如果你接新生的话，当被问到学校怎么样之类的问题时，你要记住你不但是这个学校的一分子，你更要给你学弟学妹带来信心，你走过大一，你应该知道新生对学长的信任有多深。

18. 要走向成功，唯一的诀窍是实力，永远不用怀疑。

19. 要尊重学生会干部，不是因为他们是干部，他们只是你的学长。事实上，大家都只是学生而已。

20. 在大学里就要开始训练自己遇事冷静处理的能力。

21. 永远不要嘲笑你的老师无知或单调，因为有一天当你发现你用瞌睡来嘲弄老师时，你在社会上已经碰到很多钉子。

22. 如果周围有人嫉妒你，那么你可以把他从你的竞争者之列排除，嫉妒心强的人难以成大事。

23. 应该相信一句话：只要努力，没有不可能的事情！

24. “我爱你。”别对很多人说这句话，这既是尊重你爱的人，更是尊重你自己的感情。

25. 若有人向你表达爱意，不管你接不接受，你都应该感谢对方，这是他/她对你表示了尊重。

26. 在晚上，听听收音机也是种快乐和幸福，不要老玩手机。

27. 别抱怨英语四级、六级考试，那是证明你语言能力很好的佐证材料。

28. QQ与微信是联系朋友的工具，利用好可以为我们服务，但也别轻易相信QQ和微信上的友谊，更不要轻易去见陌生网友。

29. 每个人都有潜在的能量，只是很容易被习惯所掩盖，被时间所迷离，被惰性所消磨。

30. 还能冲动，表示你对生活有激情；总是冲动，表示你还不懂生活。

31. 考研，早点准备比晚点准备肯定好。

32. 日出东海落西山，愁也一天，喜也一天；遇事不钻牛角尖，人也舒坦，心也舒坦。

33. 在大二、大三的时候就去看看学校的招聘会吧。你会感觉到对前途的危机，同时也会给你一些前进的动力。

34. 好好利用在公共场合说话的机会，可以展示或锻炼自己，对以后会有很大的帮助。

35. 别说脏话，你应该知道习惯的力量。找工作或和别人接触时，你随便讲的一句话或者几个字会让你在别人心中的形象大打折扣。

36. 喜欢一个人，就勇敢地告诉他或她。追求你真正爱的人，只要自己认为值得，那就是值得的。

37. 如果你的家庭一般，那么记得为了你的家人和你自己的前途，永远别乱花钱。如果你的家庭富足，也要记住你用的钱是你爸爸妈妈的血汗钱。

38. 我不去想是否能够成功，既然选择了远方，便只顾风雨兼程；我不去想身后会不会袭来寒风冷雨，既然目标是地平线，留给世界的只能是背影。在你遇到挫折的时候就想想它吧。

39. 后悔是一种耗费精神的情绪。后悔是比损失更大的损失，比错误更大的错误，所以不要后悔。

40. 相信时间的力量，它可以冲淡很多东西。

41. 优秀是一种习惯。

42. 多笑笑，会慢慢地让自己真的快乐起来。

43. 要学会认知。认知能力的获取，是未来在社会生存的一项基本技能。

44. 要学会创新。当我们以全面、发展的眼光关注世界范围内的科技进步和社会发展的时候，会深深地感受到，“创新是一个民族进步的灵魂，是国家兴旺发达的不竭动力”。

45. 雷锋是一代又一代人的榜样，如果你能做到雷锋所做的事情，那么无疑会提高你的人格魅力和存在价值。

46. 你大学的朋友很可能就是你将来事业的一部分，他们会帮助你，但是你也应该让自己有帮助他们的实力，所以，你要努力，你和你的朋友会一起在将来打造一个很辉煌的事业。

47. 外面的世界很精彩，但是别忘记了，家里的人都在惦记着你，假期多回家看看。

48. 面试时很多公司负责人会问你，你会做什么？你现在就可以记住这个问题，好好准备答案。

49. 要学会做人。对于经过大浪淘沙走进象牙塔里的大学生来说，知识、方法可以很快掌握，但是良好的习惯、优秀的品质、高尚的品德却不是朝夕可就的。只有把求知与做人完美地结合起来，才能成长为一个对社会有用的人，才能真正实现自己的价值。

50. 作为一个社会人，与社会的联系越紧密，机会也就会越多，也就越能锻炼自己，以后走上社会了，能做的事情也就越多。

51. 从绝望中寻找希望，人生终将辉煌。

52. 如果你不抽烟的话，你的精力将比抽烟的时候好得多，这是绝对的。

53. 对陌生人，或把对方当作一张白纸，或把对方当你的朋友，总之别当作敌人，即使你听到再多的关于他（她）的不好的传闻。

54. 大一时千万不要放松学习，确立自己的领先位置，这样对以后的学习比较有好处。

55. 一定要学好计算机知识，这对以后的继续学习很重要。千万别不当回事。

56. 宿舍里不要太邋遢，否则影响学习效率。

57. 千万别迷恋网络游戏。

58. 多看电影，提高一下艺术修养，与人交流也有谈资。

59. 为了以后就业，注意在大学里积累相关的工作经验。

60. 参加其他系的跨学科的活动是非常有好处的。

61. 多看本学科的一些杂志，掌握本学科前沿的动态。

62. 大学里男生要有风度一些。女生总是有各种各样的问题需要男生来解决，这个时候男生可以充当修理工、电工、木匠的角色，要乐于助人。

63. 养成良好的生活习惯，不要放纵自己。

64. 笔记本电脑、平板电脑不用时一定要放入柜子锁好，千万不要把贵重物品随手放在桌子上和床头，防人之心不可无。

65. 要勇于挑战自己不会的东西。在大学里面一定要不耻下问，不要怕丢面子。

66. 如果你有创业的念头，不妨平时多跟同学沟通，也许你们可以组成一个团队来参加创业计划大赛呢。

67. 大学里时间比较充裕，如果没有计划，很容易荒废过去。最好给自己制订一个学习计划。

68. 大学教育将赋予一个人人格的提高、灵魂的升华；将引导一个人去认真思考怎样的一生才是有意义的人生；将重新树立你的世界观、人生观、价值观。总的说来，大学4年每个人都将接受灵魂的洗礼。

69. 安全始终是做任何事情的第一要素。要爱护自己，珍惜自己，因为没有什么比失去健康、失去生命更重要！请大家一定要注意安全，爱惜自己。记住：无论何时都不要自暴自弃！

70. 很多事情别人通知你了，要说谢谢，没有通知你，不要责怪，因为那些事你其实应该自己弄清楚。

71. 虽然电子邮件E-mail的问世给我们生活带来了很大的方便，传统的写信方式仍然有着无法比拟的优势，正所谓“见字如面”，手捧着远方的你亲手写的信纸，那种亲切的感觉便会油然而生。朋友们，当你有空的时候不妨写封信吧。

72. 别总想依靠别人，慢慢地你就会明白有时别人是靠不住的，到那时就晚了，还是相信自己、靠自己吧。做一个讲诚实、守信用的人吧！

73. 大众化时代的大学生不能再自诩为社会的精英，要怀着一个普通劳动者的心态和定位去参与就业选择和就业竞争。

74. 态度决定一切。

75. 近朱者赤，近墨者黑。

76. “与其诅咒黑暗，不如点亮蜡烛。”我们应该乐观地展望一下未来，并且从此刻起继续前进。

77. 我们期待行动，而不是抱怨；我们应该传播希望，而不是谣言。

78. 这个世界是公平的，给谁的都不会太多。一个人在一些地方获取了什么，注定要在另一些地方失去些什么，这只是时间的问题。

79. 学习不仅是为了通过考试。在大学里，成绩固然重要，但是我们应该在策略上重视它，在战略上藐视它。

80. 不要束缚自己的能力。尽可能地去想一些新奇、大胆，甚至疯狂的主意，不要束缚自己的想象力，用实践去检验你的猜想。很多时候我们不是做不到，而是想不到。

81. 老师不仅是教授你知识的人，而且是能指点你前进的长者，是能和你一起探讨知识的伙伴。

82. 记住该记住的，忘记该忘记的；改变能改变的，接受不能改变的，用智慧去分辨两者。

83. 言力所能及之言，做力所能及之事，思力所不及之思。

84. 始终像你并不需要钱一样工作；始终像你从未受到过伤害一样恋爱；始终像没有人在注视你一样跳舞；始终像你住在人间天堂一样生活。

85. 世界上最美好的东西很多，其中之一便是有几个正直、志同道合的朋友。

86. 今天你们是芬芳的桃李，明天你们是中国的精英。

87. 力所能及的事情，只要我们认真做了，我们的生活就很充实；小小的愉快，我们体会到了，就是我们给自己的奖赏！

88. 从现在开始，让琅琅的书声回荡在美丽的校园，让矫健的英姿装扮运动的赛场，让多彩的画笔描绘绚丽的未来，让敲击的键盘连接五湖四海，让天使的翅膀直挂云帆，让激昂的青春迎风飞扬。

89. 天道酬勤，一分耕耘孕育一分收获，一分汗水浇灌一分成功。让我们共同播撒希望的种子，辛勤耕耘，翘首以待下一个丰收的秋天！

90. 今天你们以母校为荣，明天母校以你们为傲！